Grund- und Aufbauwortschatz Schwedisch

LOTHAR UND IRMELA ADELT

Grund- und Aufbauwortschatz Schwedisch

9.000 Wörter zu über 100 Themen

HELMUT BUSKE VERLAG
HAMBURG

Bibliografische Information der Deutschen Nationalbibliothek

Die Deutsche Nationalbibliothek verzeichnet diese Publikation in der Deutschen Nationalbibliografie; detaillierte bibliografische Daten sind im Internet über <http://dnb.d-nb.de> abrufbar.
ISBN 978-3-87548-533-2

www.buske.de

 Satz: Type & Buch Kusel, Hamburg. Druck: freiburger graphische betriebe GmbH & Co. KG. Gedruckt auf alterungsbeständigem Papier; hergestellt aus 100% chlorfrei gebleichtem Zellstoff. Printed in Germany.

Inhaltsverzeichnis

Vorwort IX

1. Auto 1
   1.1 Auto und Autoteile 1
   1.2 Werkzeug und Reparatur 5
   1.3 Fahren, tanken und andere Tätigkeiten 6
   1.4 Verkehr 9
   1.5 Unfall und Versicherung 11
2. Bank, Polizei, Post und andere Behörden 13
   2.1 Allgemeines 13
   2.2 Bank 21
   2.3 Polizei 25
   2.4 Post 26
   2.5 Weitere Behörden und Einrichtungen 31
3. Berufe 34
   3.1 Allgemeines 34
   3.2 Land- und Waldarbeiten 36
   3.3 Arbeiten in der Produktion 37
   3.4 Handwerksarbeiten 40
   3.5 Weitere Tätigkeiten und Berufe 43
4. Bildung, Ausbildung, Schule 45
   4.1 Allgemeines 45
   4.2 Schule und Unterricht 47
   4.3 Unterrichtsfächer 53
   4.4 Texte und Bücher 56
   4.5 Studium und Weiterbildung 59
5. Einkaufen 62
   5.1 Allgemeines 62
   5.2 Behältnisse 70
   5.3 Obst 72
   5.4 Gemüse 73

5.5 Getränke ... 75
5.6 Zigaretten und Süßigkeiten ... 77
5.7 Lebensmittel ... 78
5.8 Backwaren ... 81
5.9 Fleisch- und Wurstwaren ... 82
5.10 Fischwaren und Schalentiere ... 84

6. Familie und soziale Fragen ... 86
6.1 Familie und Zuhause ... 86
6.2 Vater, Mutter, Kind ... 89
6.3 Großeltern ... 92
6.4 Weitere Verwandtschaften ... 92
6.5 Geboren, verliebt, verlobt, verheiratet, geschieden ... 93
6.6 Freunde und Bekannte ... 99
6.7 Soziale Fragen ... 101

7. Körper, Gesundheit und Krankheit ... 103
7.1 Körper ... 103
7.2 Gesund oder krank ... 114
7.3 Arzt und Krankenhaus ... 119
7.4 Apotheke ... 121
7.5 Rauchen, Doping ... 124

8. Haus und Wohnen ... 125
8.1 Grundstück und Grundbesitz ... 125
8.2 Haus ... 126
8.3 Teile des Hauses ... 128
8.4 Räumlichkeiten ... 131
8.5 Möblierungen ... 133
8.6 Im und ums Haus ... 136
8.7 Wohnen ... 139

9. Heimwerken im Hause ... 141
9.1 Materialien ... 141
9.2 Werkzeug, Arbeitsgeräte und Zubehör ... 146

10. Küche zu Hause und im Restaurant ... 151
10.1 Kochen, braten, backen ... 151
10.2 Essen und trinken ... 154
10.3 Zutaten ... 155
10.4 Besteck und Geschirr ... 156
10.5 Einrichtungen ... 159

11. Kleidung 161
11.1 Allgemeines 161
11.2 Oberbekleidung 162
11.3 Unterwäsche 164
11.4 Schuhe, Strümpfe, Taschen 165
12. Kultur, Kunst und Religion 168
12.1 Kultur und Kunst 168
12.2 Kirche und Religion 179
13. Natur, Landschaft, Umwelt 183
13.1 Natur 183
13.2 Landschaften 184
13.3 Umweltschutz 189
13.4 Himmelsrichtungen 191
14. Pflanzen und Tiere 194
14.1 Botanik 194
14.2 Zoologie 198
15. Politik 204
15.1 Allgemeines 204
15.2 Das politische System Schwedens 208
15.3 Bevölkerung 214
15.4 Schwedens Platz in der Welt 215
15.5 Ausländer 220
15.6 Krieg und Frieden 221
16. Presse, Rundfunk und Fernsehen 224
16.1 Allgemeines 224
16.2 Zeitung 225
16.3 Rundfunk und Fernsehen 225
17. PC und Internet 227
17.1 Der Computer und seine Teile 227
17.2 Tätigkeiten am Computer 228
17.3 Anwendungsgebiete 229
17.4 Internet 230
18. Reisen und Touristik 232
18.1 Allgemeines 232
18.2 Reisen 234
18.3 Freizeitaktivitäten 242
18.4 Unterkunft 251

19. Sport ... 253
19.1 Allgemeines ... 253
19.2 Sportarten ... 257

20. Zeit – Tag und Nacht ... 262
20.1 Der Tag ... 262
20.2 Tageszeiten ... 264
20.3 Begrüßungen am Tag und in der Nacht ... 266
20.4 Tägliche Mahlzeiten ... 267
20.5 Tägliche Tätigkeiten ... 268

21. Zeit – Uhrzeit, Wochentage, Monatsnamen, Jahreszeiten, Festtage und andere Zeitangaben ... 269
21.1 Zeit allgemein ... 269
21.2 Uhrzeit ... 270
21.3 Woche ... 272
21.4 Monat ... 273
21.5 Jahr ... 273
21.6 Jahreszeiten ... 274
21.7 Feiertage ... 276
21.8 Weitere Zeitangaben ... 277

22. Klima und Wetter ... 279
22.1 Allgemeines ... 279
22.2 Himmelskörper: Sonne, Mond und Sterne ... 280
22.3 Wettererscheinungen ... 281
22.4 Wetterlage ... 285

23. Einige wichtige Verben ... 287
23.1 Sinneseindrücke, Empfindungen, Wahrnehmungen ... 287
23.2 Geistige Tätigkeiten ... 290
23.3 Rasten, ruhen und bewegen ... 301
23.4 Arbeiten und wohnen ... 306
23.5 Hobbys ... 315
23.6 Verben, die Gegensätze ausdrücken ... 317

24. Einige wichtige Adjektive und Adverbien ... 327
24.1 Farben ... 327
24.2 Adjektive und Adverbien, die Gegensätze ausdrücken ... 329

Hinweise zur PC-Version ... 366

Vorwort

Liebe Schwedischlernende!

Hauptanliegen dieses sowohl für Anfänger als auch für Fortgeschrittene konzipierten Lehrwerks ist es, das Lernen von schwedischen Vokabeln zu erleichtern, vielleicht sogar zu einem geistigen Vergnügen werden zu lassen.

Zu jedem Stichwort haben wir möglichst eine Reihe weiterer Vokabeln zusammengestellt. Dahinter steht der Gedanke: Wenn Sie dieses Wort lernen, prägen Sie sich mehr oder weniger automatisch vielleicht 10 oder auch mehr damit in engem Zusammenhang stehende Wörter oder auch Wendungen ein. Diese Sortierung des Vokabelschatzes nach Wortfamilien bringt einmalige Vorteile beim Lernen.

Sprachliche oder inhaltliche Beziehungen zu anderen Vokabeln sind durch das Handsymbol gekennzeichnet.

Um Ihnen das Nachschlagen in Wörterbüchern zu ersparen, finden Sie zu den Stichwörtern die folgenden grammatischen Formen: bei Substantiven die mit dem bestimmten Artikel und dem Plural, bei Verben die zum Infinitiv, Präsens, Präteritum und Partizip Perfekt (Partizip II). Bereits mit wenigen grammatischen Kenntnissen können Sie so alle anderen Formen bilden.

Einige Sätze verdeutlichen die Anwendung dieser Wörter im heutigen Schwedisch; sie sind bewusst einfach gehalten, sodass Sie sich auf dieses Anliegen konzentrieren können und sich nicht mit der Übersetzung komplizierter Satzkonstruktionen beschäftigen müssen.

Die Sätze veranschaulichen im Allgemeinen die grammatischen Formen in deren Reihenfolge. Nur wenn dies keine neuen Erkenntnisse für Sie bringen würde, haben wir auf Sätze verzichtet, manchmal aber auch einige weitere typische Redewendungen („Idioms") hinzugefügt, die für das Erlernen der gebräuchlichen modernen schwedischen Alltagssprache nützlich sein können.

So finden Sie beispielsweise unter dem Stichwort „näsa" oder „Nase" nicht nur die schwedischen Ausdrücke bzw. Übersetzungen für Nasenbein, Nasenbluten und Nasentropfen, sondern auch für „Er hat einen guten Riecher für ...", „Geh immer der Nase nach!" oder „Er steckt seine Nase in jeden Dreck".

Ganz im Interesse dieses Vokabellernens sind manche Worte bewusst mehrfach in unterschiedlichen Zusammenhängen aufgenommen worden. Seien Sie also bitte nicht überrascht, wenn Sie zum Beispiel beim Lernen von Wörtern zum Thema „Küche" (kök) unter anderem „dörren till köket" finden und Ihnen diese Wendung beim Thema „Tür" (dörr) neben anderen Wörtern mit dörr auch wieder begegnet.

Bei der Übersetzung haben wir versucht, der Sprache, wie der Schwede schwedisch und der Deutsche deutsch sprechen, möglichst nahe zu kommen. Daher werden Sie feststellen, dass manchmal keine wörtliche Übertragung angegeben wird.

Für diesen Grund- und Aufbauwortschatz haben wir alle auf dem deutschen Markt gängigen Schwedischlehrbücher „durchforstet" und den Wortschatz aller dieser Lehrbücher zusammengestellt. Unabhängig davon, mit welchem Buch welches Verlages Sie Schwedisch lernen oder gelernt haben – Sie werden diese Vokabeln hier wiederfinden, sicherlich auch einige mehr.

Eventuell bereiten Sie sich auf eine Sprachkundigenprüfung vor. Die EU gibt vor, welchen Wortschatz und welche Sätze Sie für die Sprachkundigenprüfung I (A2) und II (B1) beherrschen müssen. Wir haben das gesamte Vokabular für diese Sprachkundigenprüfungen (Swedex-Zertifikat) einschließlich entsprechender Sätze aufgenommen. Für die Vorbereitung auf diese Prüfungen sollte dieses Buch ein unbedingtes Muss sein.

Um das Lernen je nach Interesse zu ermöglichen, haben wir das Vokabular nach Themen sortiert und in 24 Kapitel aufgeteilt:

Wenn Sie beispielsweise Schweden als Tourist besuchen und sich mehr als das übliche „God morgon!" oder „Hej då!" zutrauen, werden Sie nicht nur in dem Kapitel „18. Reisen und Touristik" alles finden, was Sie brauchen.

Sollten Sie zu den Naturliebhabern gehören, die immer wieder nach Schweden kommen, sollten Sie zu den Anglern gehören, die mit anderen Fischern und über Fische sprechen wollen oder sollten Sie zu denen gehören, die mit Gewehr oder Fotoapparat den Tieren nachstellen – Sie werden nicht nur in den Kapiteln „13. Natur, Landschaft, Umwelt" und „14. Pflanzen und Tiere" die notwendige sprachliche Ausstattung finden.

Wenn Sie dabei sind, Schweden als ein zweites Zuhause zu entdecken, vielleicht sich mit dem Gedanken tragen, hier ein Grundstück und ein Haus an einem der verlockend schönen Seen zu erwerben, oder wenn Sie gar schon glücklicher Besitzer einer solchen zweiten Heimat geworden sind – nicht nur in den Kapiteln „8. Haus und Wohnen" und „9. Heimwerken im Hause" werden Sie das notwenige sprachliche Handwerkzeug zur Verständigung finden.

Schweden hat eine sehr geringe Arbeitslosigkeit. Händeringend werden Arbeitskräfte aus allen Bereichen gesucht: medizinisches Personal, Handwerker, qualifizierte Arbeiter verschiedenster Gebiete. Nicht nur in den Kapiteln „2. Bank, Polizei, Post und andere Behörden" und „3. Berufe" werden Sie das notwendige sprachliche Rüstzeug dafür finden.

Sollten Sie sich als Studierende(r) auf Ihr Studium in Lund, Malmö, Uppsala oder Stockholm freuen, so entdecken Sie wichtige sprachliche Voraussetzungen im Kapitel „4. Bildung, Ausbildung, Schule".

Und vor allen Dingen, wenn Sie in Schweden Freunde gewinnen und sich natürlich in der Sprache Ihrer Freunde verständigen möchten – Sie werden alles dazu Notwendige in diesem Buch finden.

Ein weiterer Gesichtspunkt für die Auswahl der Vokabeln war, dass Ihnen als deutsche Muttersprachler das Lernen Spaß machen sollte. Sie können viele gemeinsame Wurzeln entdecken, die häufig aus der Zeit stammen, als Kaufleute und Handwerker von Lübeck und anderen Hansestädten kommend, Schweden so dicht bevölkerten, dass fast jeder dritte Bürgermeister Deutscher war und damit viel deutsches Sprachgut nach Schweden gebracht wurde. Es ist doch sicherlich ein Vergnügen, beim Lernen „min fru", „mitt hus", „värdshus", „min hund" och „min katt" wieder zu entdecken, zumal das Lernen solcher Vokabeln uns Deutschen ganz bestimmt leichter fällt als anderen. Wir haben daher Wörter mit Sprachverwandtschaft zum Deutschen besonders gern ausgewählt und hoffen, dass sie auch Ihnen gefallen.

Freilich gibt es dabei für uns manchmal auch gefährliche Stellen, die schnell zu (eventuell peinlichen) Missverständnissen führen können. Solche „Fallen" – „svårt sjuk" heißt schwer krank, aber „svart sjuk" bedeutet eifersüchtig und „gott" heißt gut und Gud heißt „Gott" – sind entsprechend gekennzeichnet.

Die PDF-Datei auf der beigefügten CD-ROM bietet Ihnen die Möglichkeit, den Wortschatz dieses Buches auch am Computer zu lernen. Hinweise hierzu finden Sie auf der letzten Buchseite.

Ob Sie nun lieber mit dem Buch oder mit der PC-Version oder abwechselnd mit beiden arbeiten – wir wünschen Ihnen viel Freude beim Erlernen der schwedischen Sprache.

Last, not least bedanken wir uns bei Marion Hartman-Rylander, weil sie dafür Sorge getragen hat, dass Sie in diesem Buch ein korrektes und modernes Schwedisch finden, und unseren schwedischen Freunden danken wir für viele wertvolle Hinweise, die sehr zum Gelingen dieses Buches beigetragen haben.

Värnamo, im Januar 2009 Lothar und Irmela Adelt

1

Auto

1.1 Auto und Autoteile

bil, bilen, bilar	**Auto, Kraftwagen**
Det är min bil.	*Das ist mein Auto.*
Jag har fel på bilen.	*An meinem Auto ist etwas kaputt.*
Den här bilen är min.	*Dieses Auto ist meins.*
bilavgaser ☞ 6	Autoabgase
bilbarnstol, -stolen, -stolar	Autositz für Kinder
bilbälte, -bältet, -bälten	Sicherheitsgurt
bildäck, -däcket, -däck	Autoreifen
bilförsäkring ☞ 11, -försäkringen, -försäkringar	Autoversicherung
bilindustri, -industrin, -industrier	Autoindustrie
bilism, bilismen	Autofahren (das)
bilförare, -föraren, -förare	Autofahrer
bilist, bilisten, bilister	Autofahrer
bilfärja, -färja, -färjor	Autofähre
bilkö, -kön, -köer	Autoschlange
bilmärke, -märket, -märken	Automarke
bilnummer, -numret, -nummer	Autonummer, (polizeiliches) Kennzeichen
bilolycka, -olyckan, -olyckor	Autounfall
bilmekaniker, -mekanikern, -mekaniker	Automechaniker
Bilmekanikern arbetade mycket bra.	*Der Automechaniker hat sehr gut gearbeitet.*
bilradio, -radion, -radior	Autoradio
bilskatt, -skatten, -skatter	Kraftfahrzeugsteuer
Jag måste betala bilskatten.	*Ich muss die Kraftfahrzeugsteuer bezahlen.*
bilskola, -skolan, -skolor	Fahrschule

bilstöld, -stölden, -stölder	Autodiebstahl
biltelefon, -telefonen, -telefoner	Autotelefon
biltunnel, -tunneln, -tunnlar	Autotunnel
biltur, -turen, -turer	Autofahrt
bilverkstad, -verkstaden, -verkstäder	Autowerkstatt
Bilverkstaden har öppet mellan 8.00 – 20.00 på vardagar.	*Die Autowerkstatt hat an Werktagen von 8.00 bis 20.00 Uhr geöffnet.*
bilägare, -ägaren, -ägare	Autobesitzer
bärgningsbil	Abschleppwagen
köra bil	Auto fahren
bila, bilar, bilade, bilat	Auto fahren, mit dem Auto reisen
Vi bilar till Sverige.	*Wir fahren (mit dem Auto) nach Schweden.*
bilväg, -vägen, -vägar	Autostraße
bilring, -ringen, -ringar	Autoreifen
bilfri, -fritt	autofrei

aber:

ring, ringen, ringar	Ring; Kreis
bilring	Fettrolle, Sahneröllchen
bilägga, -lägger, -lade, -lagt	beilegen, schlichten
bilägga en tvist	einen Streit schlichten

siehe auch:

motorväg 4, -vägen, -vägar	Autobahn

siehe auch:

säkerhetsbälte	Sicherheitsgurt

del, delen, delar	**Teil**
bildel	Autoteil
reservdel 4	Ersatzteil

axel, axeln, axlar	**Achse**
hjulaxel	Radachse

bagage, bagaget	**Gepäck**
bagagelucka, -luckan, -luckor	Kofferraum, Kofferraumdeckel
bagageutrymme, -utrymmet, -utrymmen	Kofferraum
batteri, batteriet, batterier	**Batterie**
Min bil har ett mycket bra batteri.	*Mein Auto hat eine sehr gute Batterie.*
Volvo producerar alla sina bilbatterier i Sverige.	*Volvo produziert alle seine Batterien in Schweden.*
broms, bromsen, bromsar	**Bremse**
bromsvätska, -vätskan, -vätskor	Bremsflüssigkeit
däck, däcket, däck	**Autoreifen**
bakdäck	Hinterreifen, -rad
Det är lite luft i bakdäcket.	*Es ist wenig Luft im Hinterrad.*
förgasare, förgasaren, förgasare	**Vergaser**
gång, gången, gångar	**Gang**
tomgång ☞ 342	Leerlauf

aber:

en gång	einmal

hjul, hjulet, hjul	**Rad**
Hjulet är platt.	*Der Reifen ist platt.*
bakhjul, (framhjul)	Hinterrad, (Vorderrad)
hjulspår, -spåret, -spår	Wagenspur
koppling, kopplingen, kopplingar	**Kupplung**
Kan du vara snäll och kontrollera kopplingen.	*Kontrolliere bitte die Kupplung.*
kylare, kylaren, kylare	**Kühler**
kylarvätska, -vätskan, -vätskor	Frostschutzmittel
kylning, kylningen, kylningar	Kühlung
kylvatten, -vattnet	Kühlwasser
kylsystem, -systemet, -system	Kühlsystem
kyla ☞ 290, kyler, kylde, kylt	kühlen

motor, motorn, motorer	**Motor**
Motorn startar inte.	*Der Motor startet nicht.*
motorcykel, -cykeln, -cyklar	Motorrad
Motorcykeln är nyinköpt.	*Das Motorrad ist eine Neuanschaffung.*
motorhuv, -huven, -huvar	Motorhaube
Hela motorhuven är intryckt.	*Die ganze Motorhaube ist eingedrückt.*
motorstopp, -stoppet, -stopp	Panne
Jag hade ett motorstopp.	*Ich hatte eine Autopanne.*
motorväg, -vägen, -vägar	Autobahn
Det går snabbt om du kör motorvägen från Trelleborg till Stockholm.	*Das geht schnell, wenn du auf der Autobahn von Trelleborg nach Stockholm fährst.*
pump, pumpen, pumpar	**Pumpe**
bränslepump	Benzinpumpe
Det var fel på bränslepumpen.	*Die Benzinpumpe war kaputt.*
oljepump	Ölpumpe
pumpa, pumpar, pumpade, pumpat	pumpen
ratt, ratten, rattar	**Lenkrad**
rattfylleri, rattfylleriet	Trunkenheit am Steuer
rem, remmen, remmar	**Riemen**
fläktrem	Keilriemen
reserv, reserven, reserver	**Reserve, Ersatz**
reservdel, -delen, -delar	Ersatzteil
reservdäck, -däcket, -däck	Reservereifen
reservnyckel, -nyckeln, -nycklar	Reserveschlüssel, zweiter Schlüssel

siehe auch:

reservutgång, -utgången, -utgångar	Notausgang

slang, slangen, slangar	**Schlauch**
snökedja, -kedjan, -kedjor	**Schneekette**
snö ☞ 284, snön	Schnee

spegel, spegeln, speglar	**Spiegel**
backspegel	Rückspiegel
strålkastare, -kastaren, -kastare	**Scheinwerfer**
stråla, strålar, strålade, strålat	strahlen
stänkskärm, -skärmen, -skärmar	**Kotflügel**
stöt, stöten, stötar	**Stoß**
stötdämpare, -dämparen, -dämpare	Stoßdämpfer
stötfångare, -fångaren, -fångare	Stoßstange
stöta, stötar, stöttade, stöttat	stoßen
säte, sätet, säten	**Sitz**
framsäte, (baksäte)	Vordersitz (Rücksitz)
tändstift, -stiftet, -stift	**Zündkerze**
vindruta, -rutan, -rutor	**Windschutzscheibe**
vindrutespolare, -spolaren, -spolare	Scheibenwaschanlage
vindrutetorkare, -torkaren, -torkare	Scheibenwischer
växel, växeln, växlar	**Gang, Getriebe**
växling, växlingen, växlingar	Schaltung

aber:

växel, växeln, växlar	Wechsel
växelkurs, -kursen, -kurser	Wechselkurs

1.2 Werkzeug und Reparatur

verktyg, verktyget, verktyg	**Werkzeug**
Verktyget ligger i lådan.	*Das Werkzeug liegt in der Schublade.*

avgas, avgasen, avgaser	**Abgas**
avgaskontroll, -kontrollen, -kontroller	Abgasuntersuchung
avgasrör, -röret, -rör	Auspuff, Auspuffrohr
Avgasröret är sönder.	*Das Auspuffrohr ist kaputt.*
avgassystem, -systemet, -system	Auspuffsystem

domkraft, domkraften, domkrafter	**Wagenheber**

garage, garaget, garage	**Garage**
I vinter måste du ha din bil i ditt garage.	*Im Winter musst du dein Auto in deiner Garage haben.*

kabel, kabeln, kabel	**Kabel**
Han bytte kabel.	*Er hat das Kabel ausgetauscht.*
kabelanslutning, -anslutningen, -anslutningar	Kabelanschluss
kabelbrott, -brottet, -brott	Kabelbruch

laga, lagar, lagade, lagat	**ausbessern, flicken**
laga bussen	den Bus reparieren
Tack för att du lagade bilen.	*Danke, dass du das Auto repariert hast.*

aber:

laga ☞ 151	kochen

packning, packningen, packningar	**Dichtung**

tätning, tätningen, tätningar	**Dichtung**

1.3 Fahren, tanken und andere Tätigkeiten

blinka, blinkar, blinkade, blinkat	**blinken; Zeichen geben**
Jag blinkade åt höger.	*Ich habe rechts geblinkt.*
blinker, blinkern, blinkrar	Blinker
Blinkern fungerar mycket säkert.	*Der Blinker funktioniert sehr sicher.*
blinkljus, -ljuset, -ljus	Blinklicht

aber:

blinka	zwinkern, blinzeln
göra ngt utan att blinka	etwas tun, ohne mit der Wimper zu zucken

fara ☞ 303, far, for, farit	**fahren**

köra ☞ 304, kör, körde, kört	**fahren**
köra bil	Auto fahren
köra iväg	davonfahren
uppkörning, uppkörningen, uppkörningar	Fahrprüfung
fortkörning	Geschwindigkeitsüberschreitung

siehe auch:

förare, föraren, förare	Fahrer

åka ☞ 236, 303, åker, åkte, åkt	**fahren**

parkera, parkerar, parkerade, parkerat	**parken**
Var kan jag parkera min bil?	*Wo kann ich mein Auto parken?*
parkeringshus, -huset, -hus	Parkhaus
Parkeringshuset är öppet.	*Das Parkhaus ist geöffnet.*
parkeringsplats, -platsen, -platser	Parkplatz
parkeringsavgift, -avgiften, -avgifter	Parkgebühr
parkeringsautomat, -automaten, -automater	Parkuhr
parkeringsförbud, -förbudet, -förbud	Parkverbot

vända, vänder, vände, vänt	**wenden**
vändpunkt, -punkten, -punkter	Wendepunkt

tanka; tankar; tankade, tankat	**tanken**
Tanka själv!	*Selbst tanken!*
tank, tanken, tankar	Tank
tankbil, -bilen, -bilar	Tankauto

aber:

tanke, tanken, tankar	Gedanke

bensin, bensinen	**Benzin**
bensinmack, -macken, -mackar	Tankstelle
bensinstation, -stationen, -stationer	Tankstelle
Finns det många bensinstationer på motorvägen E4 till Stockholm?	*Gibt es viele Tankstellen an der Autobahn E4 nach Stockholm?*
bensinpump, -pumpen, -pumpar	Zapfsäule

aber:

bränsle, bränslet, bränslen	Treibstoff
bränslepump, -pumpen, -pumpar	Benzinpumpe

siehe auch:

mack, macken, mackar	Tankstelle
Macken har söndagsöppet.	*Die Tankstelle hat sonntags geöffnet.*

olja, oljan, oljor	**Öl, (Motor)öl**
motorolja	Motoröl
Jag köpte motorolja till bilen.	*Ich kaufte Motoröl für das Auto.*
byta olja, byter ..., bytte ..., bytt ...	Öl wechseln
oljebyte, -bytet, -byten	Ölwechsel
fylla på olja, fyller ..., fyllde ..., fyllt ...	Öl auffüllen, Öl nachfüllen
Vi måste fylla på motorolja i bilen.	*Wir müssen Motoröl im Auto auffüllen.*
olja, oljar, oljade, oljat	ölen
oljeblandad	mit Öl gemischt
oljefilter, -filtret, -filter	Ölfilter
oljehaltig, -haltigt	ölhaltig
oljekanna, -kannan, -kannor	Ölkanne
oljeledning, -ledningen, -ledningar	Ölleitung

oljepump, -pumpen, -pumpar	Ölpumpe
oljetryck, -trycket, -tryck	Öldruck
oljig, oljigt	ölig

siehe auch:

oljeeldning, -eldningen, -eldningar	Ölheizung
oljefärg, -färgen, -färger	Ölfarbe
oljetank, -tanken, -tankar	Öltank
oljetanker, -tankern, -tankrar	Öltanker

aber:

öl, ölet, ölen	Bier ☞ 76

1.4 Verkehr

trafik, trafiken	**Verkehr**
Vilken trafik det är i dag!	*Was für ein Verkehr das heute ist!*
Hörs trafiken mycket här på natten?	*Hört man den Verkehr nachts hier sehr?*
trafikhinder, -hindret, -hinder	Verkehrshindernis
trafikmärke, -märket, -märken	Verkehrszeichen
trafikolycka ☞ 11, -olyckan, -olyckor	Verkehrsunfall, -unglück
trafikpolis, -polisen, -poliser	Verkehrspolizei
trafikregel, -regeln, -reglar	Verkehrsvorschrift
trafikreglemente, -reglementet, -reglementen	Verkehrsordnung
trafikförsäkring, -försäkringen, -försäkringar	Autohaftpflichtversicherung
trafikkort, -kortet, -kort	Führerschein
trafikmärke, -märken, -märker	Verkehrszeichen
trafikskola, -skolan, -skolor	Fahrschule
Hon anmälde sig till trafikskolan.	*Sie meldete sich bei der Fahrschule an.*
trafikljus, -ljuset, -ljus	Verkehrsampel
Ta till vänster vid det första trafikljuset.	*Wende dich nach links bei der ersten (Verkehrs-)Ampel.*
trafiksignal, -signalen, -signaler	Verkehrsampel
trafikstockning, -stockningen, -stockningar	Verkehrsstau, Stau
Det är trafikstockning.	*Der Verkehr stockt (staut sich).*

trafiksyndare, -syndaren, -syndare	Verkehrssünder
trafiksäkerhet, -säkerheten, -säkerheter	Verkehrssicherheit
trafikant, trafikanten, trafikanter	Verkehrsteilnehmer
trafikvakt, -vakten, -vakter	Politesse

siehe auch:

lapplisa, -lisan, -lisor	(Spitzname für) Politesse

aber:

turistbyrå, -byrån, -byråer	Verkehrsbüro
kommunikationsdepartement, -departementet, -departement	Verkehrsministerium

buss, bussen, bussar	**Bus**
busstation, -stationen, -stationer	Busbahnhof
busshållplats, -platsen, -platser	Bushalteplatz

hastig 358, hastigt	**eilig, schnell, rasch, hastig**
hastighet, hastigheten, hastigheter	Geschwindigkeit
medelhastighet	*Durchschnittsgeschwindigkeit*
högsta hastighet	*Höchstgeschwindigkeit*
hastighetsbegränsning, -begränsningen, -begränsningar	Geschwindigkeitsbeschränkung
Vad är det för hastighetsbegränsning här i Sverige?	*Was für eine Geschwindigkeitsbegrenzung gibt es hier in Schweden?*
hastighetsmätare, -mätaren, -mätare	Geschwindigkeitsmesser, Tachometer

radar, radaren	**Radar**
radarkontroll, -kontrollen, -kontroller	Radarkontrolle

1.5 Unfall und Versicherung

bärga, bärgar, bärgade, bärgat	**bergen**
Bilen är bärgad.	*Das Auto wurde abgeschleppt.*
bärgning, bärgningen, bärgningar	Bergung
bärgningsbil, -bilen, -bilar	Abschleppwagen
Bärgningsbilen kör strax.	*Der Abschleppwagen fährt sofort.*
bogsera, bogserar, bogserade	**abschleppen**
Det var inget problem att bogsera bilen.	*Es war kein Problem, das Auto abzuschleppen.*
försäkring, försäkringen, försäkringar	**Versicherung**
Jag skulle vilja ta någon extra försäkring när jag reser mycket.	*Ich möchte gern eine extra Versicherung abschließen, wenn ich viel reise.*
bilförsäkring	Autoversicherung
Bilförsäkringar är dyrare i stora städer.	Autoversicherungen sind in großen Städten (Großstädten) teurer.
trafikförsäkring, -försäkringen, -försäkringar	Autohaftpflichtversicherung
obligatorisk försäkring	Pflichtversicherung
försäkringsbolag, -bolaget, -bolag	Versicherungsgesellschaft
försäkringsbesked, -beskedet, -besked	Versicherungsbescheid
försäkringsbrev, -brevet, -brev	Versicherungsschein, Police
försäkringspremie, -premien, -premiet	Versicherungsprämie
försäkringstagare, -tagaren, -tagare	Versicherungsnehmer
teckna en försäkring	eine Versicherung abschließen
krock, krocken, krockar	**Zusammenstoß**
smäll, smällen, smällar	**Aufprall**
lycka, lyckan	**Glück**
olycka, olyckan, olyckor	Unglück
bilolycka	Autounfall
trafikolycka	Verkehrsunfall, -unglück
svår olycka	schweres Unglück

lycklig, lyckligt	glücklich
olycklig	unglücklich
lyckligtvis	glücklicherweise

registrering, registreringen, registreringar	**Registrierung**
registreringsnummer, -numret, -nummer	Zulassungsnummer
Polisen kom och antecknade registreringsnumret.	*Die Polizei kam und schrieb die Zulassungsnummer auf.*
registreringsskylt, -skylten, -skyltar	Nummernschild
nummerplåt, -plåten, -plåtar	Nummernschild

stockning, stockningen, stockningar	**Stockung**
Det är trafikstockning.	Der Verkehr stockt.
stocka sig, stockar ..., stockade ..., stockat ...	stocken, sich stauen
Trafiken stockar sig inte så ofta på svenska motorvägar.	*Der Verkehr stockt selten auf den schwedischen Autobahnen.*

varna, varnar, varnade, varnat	**warnen**
Jag har varnat.	*Ich habe gewarnt.*
Jag har blivit varnad.	*Ich bin gewarnt worden.*
varning, varningen, varningar	Warnung; Verwarnung
varning för	Warnung vor
varningsrop, -ropet, -rop	Warnruf
varningssignal, -signalen, -signaler	Warnsignal
varningsskylt, -skylten, -skyltar	Warntafel

vittne, vittnet, vittnen	**Zeuge**
Jag fann inget vittne till bilolyckan.	Ich fand keinen Zeugen für den Autounfall.
vittna (om, att), vittnar, vittnade, vittnat	zeugen (von); bezeugen, (dass); aussagen (über)
vittnesberättelse, -berättelsen, -berättelser	Zeugenaussage

2

Bank, Polizei, Post und andere Behörden

2.1 Allgemeines

anmäla, anmäler, anmälde, anmält	**anzeigen, anmelden**
Du måste anmäla din bil.	*Du musst dein Auto anmelden.*
anmälningsdisk, -disken, -diskar	Anmeldeschalter
Du måste först gå till anmälningsdisken och betala din avgift.	*Du musst erst zum Anmeldeschalter gehen und deine Gebühr bezahlen.*
anmälningsblankett, -blanketten, -blanketter	Anmeldeformular

siehe auch:

kryss, krysset, kryss	Kreuz
kryssa, kryssar, kryssade, kryssat	kreuzen
kryssa för	ankreuzen

teckna ✍ 317, tecknar, tecknade, tecknat	**zeichnen**; ein Zeichen geben
teckna en försäkring	eine Versicherung abschließen
underteckna	unterschreiben, unterzeichnen
namnteckning, -teckningen, -teckningar	Unterschrift
Jag ber om din namnteckning här.	Ich bitte um deine Unterschrift hier.
tecknad	gezeichnet

underskrift, underskriften, underskrifter	**Unterschrift**
skriva under, skriver ..., skrev ..., skrivit ...	unterschreiben

ansökan (om)	**Bewerbung** (um)
ansöka (om ngt)	(etwas) beantragen
ansökningsblankett, -blanketten, -blanketter	Antragsformular
ansökningsformulär, -formuläret, -formulär	Antragsformular
ansökningstid, -tiden, -tider	Antragsfrist
sökande, sökanden, sökande	Antragsteller

begäran	**Antrag**, Verlangen, Forderung, Bitte
på (allmän) begäran	auf (allgemeinen) Wunsch
begär, begäret, begär	Begehren, Verlangen
begära, begär, begärde, begärt	begehren, verlangen beanspruchen
begära avsked	seine Kündigung einreichen
begära ordet	ums Wort bitten

yrkande, yrkandet, yrkande	**Antrag, Forderung; Vorschlag**
yrka på, yrkar på, yrkade på, yrkat på	etwas beantragen, etwas verlangen

aber:

yrke 34, yrket, yrken	Beruf, Gewerbe

motion, motionen, motioner	**Antrag**
väcka motion om ngt, väcker ..., väckte ..., väckt ...	einen Antrag auf etw. stellen
motionera om ngt, motionerar ..., motionerade ..., motionerat ...	etwas beantragen (Parlament)
motionär, motionären, motionärer	Antragsteller

aber:

giftermålsanbud, -anbudet, -anbud	Heiratsantrag

fakta (Plural)	**Fakten**, Tatsachen
faktum, faktum oder faktumet, fakta	Tatsache, Faktum
faktiskt	in der Tat, tatsächlich, faktisch

sak, saken, saker	**Sache**
Den saken är klar.	*Die Sache ist klar. Das ist klar.*
sakkunnig, sakkunnigt	sachkundig
sakläge, sakläget	Sachlage
saklig, sakligt	sachlich
saklighet, -heten	Sachlichkeit
ärende, ärendet, ärenden	**Angelegenheit**, Sache, Frage, Anliegen
framföra sitt ärende	sein Anliegen vorbringen
Kan jag framföra mitt ärende?	*Kann ich mein Anliegen vorbringen?*
mening, meningen, meningar	**Meinung, Ansicht**
enligt min mening	nach meiner Meinung
mening	**Absicht**
Det var inte min mening.	Das war nicht meine Absicht.

siehe auch:

avsikt, avsikten, avsikter	**Absicht**
ha för avsikt, har ..., hade ..., haft ...	die Absicht haben
avsiktlig, avsiktligt	absichtlich, vorsätzlich

aber:

mening 57	Satz; Sinn

arbeta 306, arbetar, arbetade, arbetat	**arbeiten**
Min fru arbetar som lärare.	*Meine Frau arbeitet als Lehrerin.*
arbetsförmedling, -förmedlingen	Arbeitsamt
arbetsplats, -platsen, -platser	Arbeitsplatz
arbetslös, arbetslöst	arbeitslos
argumentera, argumenterar, argumenterade, argumenterat	**argumentieren**
argument, argumentet, argument	Argument
be, ber, bad, bett	**bitten**
be om	um etwas bitten
Jag ber dig om ...	*Ich bitte dich um ...*

hövlig, hövligt	**höflich**
en höflig förfrågan	eine höfliche Nachfrage
hövlighet, hövligheten, hövligheter	Höflichkeit

bo ☞ 139, 308, bor, bodde, bott	**wohnen, leben**
Jag bor i Berlin på Spandauer Strasse.	*Ich wohne in Berlin in der Spandauer Straße.*
bosatt	wohnhaft
Han är bosatt i Berlin.	*Er ist in Berlin wohnhaft.*

föreställa sig, föreställer sig, föreställde sig, föreställt sig	**sich vorstellen**

ha, har, hade, haft	**haben**
Vi har två döttrar och tre barnbarn.	*Wir haben zwei Töchter und drei Enkel.*
ha för sig	vorhaben

hjälpa ☞ 120, hjälper, hjälpte, hjälpt	**helfen**
Kan du hjälpa mig …	*Kannst du mir bitte helfen …*
Vad kan jag hjälpa dig med?	*Womit kann ich dir helfen?*
hjälp, hjälpen	Hilfe
Tack för hjälpen!	*Vielen Dank für deine (die) Hilfe!*
hjälpsam, hjälpsam	hilfsbereit

önska, önskar, önskade, önskat	**wünschen**
önskan (om)	Wunsch (nach)
efter önskan	nach Wunsch
enligt önskan	wunschgemäß
önskedröm, -drömmen, -drömmar	Wunschtraum
önskemål, -målet, -mål	Wunsch
allt efter önskemål	je nach Wunsch

giltig, giltigt	**gültig**
ogiltig	ungültig
giltighet, giltigheten, giltigheter	Gültigkeit
giltighetstid, -tiden, -tider	Gültigkeitsdauer

gälla, gäller, gällde, gällt	**gelten**
gällande	gültig
gälla för	gültig für

legitimation, legitimationen, legitimationer	**Ausweis, Legitimation**
legitimationskort, - kortet, -kort	(Personal-)Ausweis
legitimera sig, legitimerar, legitimerade, legitimerat	sich ausweisen
legitim	gesetzlich, rechtmäßig

kontor, kontoret, kontor	**Büro**
Vi har våra kontorslokaler i den höga byggnaden där.	*Wir haben unsere Büroräume in dem hohen Gebäude dort.*
Jag går till kontoret varje morgon.	*Ich gehe jeden Morgen ins Büro.*
kontors arbete, ... arbetet, ... arbeten	Büroarbeit
Kontorsarbete är mycket tråkigt.	*Büroarbeit ist sehr langweilig.*
kontorspersonal, -personalen, -personaler	Büropersonal
kontorstid, -tiden, -tider	Bürozeit, Geschäftszeit

byrå, byrån, byråer	**Büro**
turistbyrå	Touristenbüro, Reisebüro
Turistbyrån befinner sig i stadens centrum.	Das Touristenbüro befindet sich im Stadtzentrum

siehe auch:

byråkrati, byråkratin	Bürokratie
byråkratisk, byråkratiskt	bürokratisch
byråkratisera, byråkratiserar, byråkratiserade, byråkratiserat	bürokratisieren

aber:

byrå, byrån, byråar	Kommode
byrålåda, -lådan, -lådor	Schublade
Vi behöver en byrå med många lådor.	*Wir brauchen eine Kommode mit vielen Schüben.*

information, informationen, informationer	**Auskunft**
ringa informationen, ringer ..., ringde ..., ringt ...	die Auskunft anrufen
informationsdisk, -disken, -diskar	Auskunftsschalter

siehe auch:

upplysning, upplysningen, upplysningar	**Auskunft**
närmare upplysningar	nähere Auskünfte

mottagning, mottagningen, mottagningar	**Empfang, Sprechstunde, Sprechzimmer** (Arzt)
mottagningstid, -tiden, -tider	Sprechstunde
mottagningsrum, -rummet, -rum	Sprechzimmer
mottagningsbevis, -beviset, -bevis	Empfangsbescheinigung

öppet	**geöffnet**
öppettid, -tiden, -tider	Öffnungszeit, Geschäftszeit
öppen	offen
stå öppen, står ..., stod ..., stått ...	offen stehen
öppna 323, öppnar, öppnade, öppnat	öffnen

offentlig, offentligt	**öffentlich**
offentliganställd	Angestellter im öffentlichen Dienst
offentlighet, offentligen	Öffentlichkeit
offentliggöra, -gör, -gjorde, -gjort	veröffentlichen, öffentlich machen

sluten	**geschlossen**
sluta 322, slutar, slutade, slutat	schließen, beenden
avsluta	abschließen
avslutningsdag, -dagen, -dagar	Abschlusstag
avslutningsexamen	Abschlussexamen
besluta	beschließen
slut, slutet, slut	Schluss, Ende; alle, ausverkauft

administration, administrationen, administrationer	**Verwaltung**
administrativ byggnad, ... byggnaden, ... byggnader	Verwaltungsgebäude
administrera, administrerar, administrerade, administrerat	verwalten

förvaltning, förvaltningen, förvaltningar	**Verwaltung**
förvaltningsområde, -området, -områden	Verwaltungsbezirk
förvaltningsenhet, -enheten, -enheter	Verwaltungseinheit
förvalta, förvaltar, förvaltade, förvaltat	verwalten

myndighet, -myndigheten, -myndigheter	**Behörde**
vederbörande myndighet	die zuständige Behörde
från myndigheternas sida	behördlich, von behördlicher Seite
lokala myndigheter	örtliche Dienststellen
statliga myndigheter	staatliche Behörden
myndighetsperson, -personen, -personer	Amtsperson, Vertreter der Behörde

ämbete, ämbetet, ämbeten	**Amt**
ämbetsverk, -verket, -verk	Amt
ämbetssigill, -sigillet, -sigill	Amtssiegel
ämbetsman, -mannen, -män	höherer Beamter

tjänst, tjänsten, tjänster	**Amt**
Vad kan jag stå till tjänst med?	*Womit kann ich Ihnen dienen?*
vara i tjänst	im Amt sein
tjänstebrev, -brevet, -brev	dienstliches (amtliches) Schreiben
tjänsteman, -mannen, -män	Angestellter, Beamter
tjänsteresa, -resan, -resor	Dienstreise
tjänsterum, -rummet, -rum	Dienstzimmer
tjänsteår, -året, -år	Dienstjahr
tjänstetid, -tiden, -tider	Dienststunden, Dienstalter

officiell	**offiziell, amtlich**
på officiell väg	auf offiziellem Wege, auf amtlichen Wege

namn, namnet, namn	**Name**
Mitt namn är ...	*Mein Name ist ...*
efternamn	Nachname
förnamn	Vorname
namnteckning, -teckningen, -teckningar	Unterschrift

aber:

förnäm	vornehm

person, personen, personer	**Person**
myndighetsperson	Amtsperson, Vertreter der Behörde
personakt, -akten, -akter	Personalakte
personalavdelning, -avdelningen, -avdelningar	Personalabteilung
personalbrist, -bristen, -brister	Personalmangel
personkort, -kortet, -kort	Personalausweis
personlighet, personligheten, personligheter	Persönlichkeit
personnummer, -numret, -nummer	Personennummer, Registriernummer
personlig, personligt	persönlich

personal, personalen, personaler	**Personal, Belegschaft**
personalavdelning, -avdelningen, -avdelningar	Personalabteilung
personalbostad, -bostad, -städer	Werkwohnung, Betriebswohnung
personalchef, -chefen, -chefer	Personalchef
personalmatsal, -matsalen, -matsalar	Kantine
kontors personal	Büropersonal

chef, chefen, chefer	**Chef**

ledare, ledaren, ledare	**Chef, Leiter**
leda, leder, ledde, lett	führen, leiten
ledning, ledningen, ledningar	Leitung, Führung
ta ledningen, tar ..., tog ..., tagit ...	die Führung übernehmen; in Führung gehen (Sport)

siehe auch:

ledmotiv, -motivet, -motiv	Leitmotiv
ledstjärna, -stjärnan, -stjärnor	Leitstern
ledtråd, -tråden, -trådar	Leitfaden

aber:

leda, ledan	Unlust, Überdruss, Ekel
leda	beugen
led, leden, leder	Weg, Richtung

ansvarig	**verantwortlich**
Hon är ansvarig för firman.	*Sie ist verantwortlich für die Firma.*
ansvarsfull, -fullt	verantwortungsvoll

2.2 Bank

avgift, avgiften, avgifter	**Gebühr**

bank, banken, banker	**Bank**
sätta in pengar på banken	Geld auf der Bank einzahlen
ta ut pengar på banken	Geld von der Bank abheben
bankomat, bankomaten, bankomater	Geldautomat
giro bank	Girobank
Swedbank	Schwedische Bank

siehe auch:

clearingnummer, -numret, -nummer	Bankleitzahl

betala 66, betalar, betalade, betalat	**bezahlen**
Den här räkningen måste jag betala senast på fredag.	*Diese Rechnung muss ich spätestens bis Freitag bezahlen (begleichen).*
betala in	einzahlen
inbetalning, -betalningen, -betalningar	Einzahlung
betalare, betalaren, betalare	Einzahler

belopp, beloppet, belopp	**Betrag**

boka, bokar, bokade, bokat	**buchen**

check, checken, checkar	**Scheck**
Jag skulle vilja lösa in en check.	*Ich möchte gern einen Scheck einlösen.*
resecheck	Reisescheck
checkhäfte, -häftet, -häften	Scheckheft
checkkonto, -kontot, -konton	Girokonto
checkkort, -kortet, -kort	Scheckkarte

kontant	**bar**
Kan du betala kontant?	*Kannst du bar bezahlen?*
kontant betalning	Barbezahlung

pengar (Pl.)	**Geld**
Jag har inga pengar på mig.	*Ich habe kein Geld bei mir.*

Jag hoppas pengarna räcker.	*Ich hoffe, das Geld reicht.*
småpengar	Kleingeld
Var snäll och ge mig lite småpengar.	*Gib mir bitte etwas Kleingeld.*
sätta in pengar (på ett konto)	Geld einzahlen (auf ein Konto)
ta ut pengar	Geld abheben

krona, kronan, kronor	**Krone**
Kan du växla en tia till två femkronor?	*Kannst du einen Zehner in zwei Fünfkronenstücke wechseln?*

mynt, myntet, mynt	**Münze, Geldstück**
Han sålde sina gamla mynt.	*Er verkaufte seine alten Münzen.*
myntenhet, -enheten, -enheter	Münzeinheit
i tyska mynt	in deutscher Währung

öre, öret, ören	**Öre**
Det här kostade fyrtio öre när jag gick i skolan.	*Das hier kostete (mal) vierzig Öre, als ich noch zur Schule ging.*
inte värd ett öre	keinen Öre (Pfifferling) wert
på öret	auf den Öre (Pfennig)
betala till sista öret, betalar ..., betalade ..., betalat ...	bis auf den letzten Öre (Heller und Pfennig) bezahlen

aber:

öra ☞ 108, örat, öron **Ohr**

sedel, sedeln, sedlar	**Geldschein**
Har du någon hundrakronorssedel?	*Hast du einen Hundertkronenschein?*
matsedel	Speisekarte
sedelautomat, -automaten, -automater	Münztank

femma, femman, femmor	**Fünfkronenschein, Fünfer**
Äpplet kostar bara en femma.	*Der Apfel kostet nur einen Fünfer.*
femkronorssedel	Fünfkronenschein

tia, tian, tior	**Zehnkronenschein, Zehner;** zehn

femtilapp, -lappen, -lappar	**Fünfziger**
hundralapp, -lappen, -lappar	**Hunderter**
Servicen för min bil kostar ungefär en hundralapp.	*Der Service für mein Auto kostet ungefähr einen Hunderter.*

aber:

lapp, lappen, lappar	Zettel, Flicken, Lappen

euro, euron, euro	**Euro**
Jag skulle vilja växla euro till svenska kronor.	*Ich möchte gern Euro in schwedische Kronen wechseln.*
växla, växlar, växlade, växlat	**wechseln**
växla pengar	Geld wechseln
Kan jag växla pengar här?	*Kann ich hier Geld wechseln?*
växel, växeln, växlar	Wechsel
växling, växlingen, växlingar	Wechsel
växelkontor, -kontoret, -kontor	Wechselstube
Var finns närmaste växelkontor?	*Wo ist die nächste Wechselstelle?*
växelkurs, -kursen, -kursor	Wechselkurs
Vad har du för en växelkurs?	*Was hast du für einen Wechselkurs?*
växelpengar (Pl.)	Wechselgeld
girera, girerar, girerade, girerat	**überweisen**
girering, gireringen, gireringar	Überweisung
girobank, -banken, -banker	Girobank
kassa, kassan, kassor	**Kasse**
kod, koden, koder	**Geheimnummer**
konto, kontot, konton	**Konto**
öppna konto för ngn	jmd. ein Konto eröffnen
bankkonto	Bankkonto
kontoinnehavare, -innehavaren, -innehavare	Kontoinhaber

kort, kortet, kort	**Karte**
kreditkort	Kreditkarte
Jag har kreditkort.	*Ich habe eine Kreditkarte.*
faktura, fakturan, fakturor	**Rechnung**
fakturera, faktureraar, fakturerade, fakturerat	in Rechnung stellen, berechnen
kvitto, kvittot, kvitton	**Quittung**
spara, sparar, sparade, sparat	**sparen; aufbewahren**
Spara kvittot om du vill byta.	*Heb den Kassenbon auf, wenn du umtauschen willst.*
Vi sparar till en ny bil.	Wir sparen für ein neues Auto.
sparbank, -banken	Sparkasse
sparbössa, -bössan, -bössor	Sparbüchse
spargris, -grisen, -grisar	Sparschwein
sätta in ☞ 302, sätter ..., satte ..., satt ...	**einzahlen**
sätta in pengar (på ett konto)	Geld einzahlen (auf ein Konto)
insättning, insättningen, insättningar	Einzahlung
ta ut pengar (på banken) ☞ 318, tar ..., tog ..., tagit ...	**Geld abheben** (von der Bank)

2.3 Polizei

alarm, alarmet, alarm	**Alarm**
falskt alarm	falscher, blinder Alarm
alarmera, alarmerar, alarmerade, alarmerat	alarmieren
larmnummer, -numret, -nummer	**Notrufnummer**
polis, polisen, poliser	**Polizei; Polizist**
polisman, -mannen, -män	Polizeibeamter

kvinnlig polis	Polizistin
hemlig polis	Geheimpolizei
polisförhör, -förhöret, -förhör	polizeiliche Vernehmung
polisanmäla	der Polizei melden
polisanmälan	polizeiliche Anzeige
förbjudet av polisen	polizeilich verboten
polisbevakning, -bevakningen, -bevakningar	polizeiliche Bewachung
polisbil, -bilen, -bilar	Polizeiauto
polisdistrikt, -distriktet, -distrikt	Polizeirevier, Polizeidistrikt
poliskommissarie, -kommissarien, -kommissarier	Polizeikommissar
polismyndighet, -myndigheten, -myndigheter	Polizeibehörde
polisstation, -stationen, -stationer	Polizeiwache
poliskontor, -kontoret, -kontor	Polizeiwache
polisrapport, -rapporten, -rapporter	Polizeibericht
polisundersökning, -undersökningen, -undersökningar	polizeiliche Untersuchung

2.4 Post

adress, adressen, adresser	**Adresse**
Vad har du för adress?	*Wie lautet deine Adresse?*
adressat, adressaten, adressater	Adressat
adressbok, -boken, -böcker	Adressbuch
adresskort, -kortet, -kort	Antwortkarte
adressändring, -ändringen, -ändringar	Adressenänderung
adressera, adresserar, adresserade, adresserat	adressieren

brev, brevet, brev	**Brief**
Jag läser brevet.	*Ich lese den Brief.*
per brev	brieflich
skriva ett brev	einen Brief schreiben
skicka brevet till ngn	jmd. einen Brief schicken
affärsbrev	Geschäftsbrief
expressbrev	Eilbrief

kärleksbrev ☞ 95	Liebesbrief
brevbärare, -bäraren, -bärare	Briefträger, Postbote
brevlåda, -lådan, -lådor	Briefkasten
Var finns närmaste brevlåda?	*Wo ist der nächste Briefkasten?*
brevpapper, -papperet, -papper	Briefpapier
brevporto, -portot, -porton	Briefporto
brevvåg, -vågen, -vågar	Briefwaage

mottagare, mottagaren, mottagare	**Empfänger**

e-mail	**E-Mail**
mejla, mejlar, mejlade, mejlat	mailen
e-post	Mail
e-posta, e-postar, e-postade, e-postat	mailen
e-postadress, -adressen, -adresser	E-Mail-Adresse

siehe auch:

e-brevlåda	Mailbox

aber:

emalj, emaljen, emaljer	Email, Emaille; Schmelz

frimärke, frimärket, frimärken	**Briefmarke**
Vad kostar det här frimärket?	*Was kostet diese Briefmarke hier?*
jubileumsfrimärke	Sondermarke
Finns det jubileumsfrimärken?	*Gibt es Sonderbriefmarken?*
frimärkesautomat, -automaten, -automater	Briefmarkenautomat

kuvert, kuvertet, kuvert	**Kuvert**

aber:

kuvertbröd, -brödet, -bröd	kleines Brötchen

kort, kortet, kort	**Karte**
adresskort	Antwortkarte, Paketkarte

telefonkort	Telefonkarte
korttelefon, -telefonen, -telefoner	Kartentelefon

siehe auch:

vykort, -kortet, -kort	**Ansichtskarte**
skicka ett vykort till ngn	jmd. eine Ansichtskarte schicken

paket, paketet, paket	**Paket**
posta ett paket, postar ..., postade ..., postat ...	ein Paket aufgeben
packa, packar, packade, packat	packen
packning, packningen, packningar	Gepäck

lucka, luckan, luckor	**Schalter**
postlucka	Postschalter

kontakt, kontakten, kontakter	**Kontakt, Stecker, Schalter**
kontakta, kontaktar, kontaktade, kontaktat	Verbindung aufnehmen sich in Verbindung setzen
kontaktman, -mannen, -män	Kontaktmann, Verbindungsmann

post, posten	**Post, Postamt**
Finns det någon post till mig?	*Gibt es Post für mich?*
flygpost	Luftpost
svarspost	Antwortpost
postadress, -adressen, -adresser	Postanschrift, -adresse
postanvisning, -anvisningen, -anvisningar	Postanweisung
postkontor, -kontoret, -kontor	Postamt
Var finns närmaste postkontor?	*Wo gibt es das nächste Postamt?*
postbil, -bilen, -bilar	Postauto
postbox, -boxen, -boxar	Postfach
postfack, -facket, -fack	Postfach
postbud, -budet, -bud	Postbote
postförsändelse, -försändelsen, -försändelser	Postsendung
postlucka, -luckan, -luckor	Postschalter
postlåda, -lådan, -lådor	Briefkasten

postnummer, -numret, -nummer	Postleitzahl
poststämpel, -stämpeln, -stämplar	Poststempel
postsparbank, -banken, -banker	Postsparkasse
posttaxa, -taxan, -taxor	Postgebühr
lämna (oder lägga) brev på posten	Briefe zur Post bringen

aber:

post, posten, poster	Stellung, Posten; Pfosten
stanna på sin post	auf seinem Posten bleiben
stå på post	(militärisch) Posten stehen

posta, postar, postade, postat	**schicken, aufgeben**
posta ett brev (ett paket)	einen Brief (ein Paket) aufgeben

skicka, skickar, skickade, skickat	**schicken**
skicka brevet till ngn	jmd. einen Brief schicken
skicka ett vykort till ngn	jmd. eine Ansichtskarte schicken
avskicka	abschicken

sända, sänder, sände, sänt	**senden, schicken**
avsända	abschicken
avsändare, avsändaren, avsändare	Absender

apparat, apparaten, apparater	**Apparat**

nummer, -numret, -nummer	**Nummer, Telefonnummer**
Kan jag få ditt telefonnummer?	*Kann ich deine Telefonnummer haben?*
riktnummer	Vorwahl
Vilket riktnummer har Stockholm?	*Welche Vorwahl(nummer) hat Stockholm?*

telefon, telefonen, telefoner	**Telefon**
korttelefon (mynttelefon, mobiltelefon)	Kartentelefon (Münztelefon, Handy)
telefonapparat, -apparaten, -apparater	Telefonapparat
telefonavgift, -avgiften, -avgifter	Telefongebühr
telefonkatalog, -katalogen, -kataloger	Telefonbuch
telefonkort, -kortet, -kort	Telefonkarte
Var kan jag köpa ett telefonkort?	*Wo kann ich eine Telefonkarte kaufen?*

telefonnummer, -numret, -nummer	Telefonnummer
telefonkiosk, -kiosken, -kiosker	Telefonzelle
telefonsamtal, -samtalet, -samtal	Telefongespräch
prata ☞ 292 i telefon, pratar ..., pratade ..., pratat ...	telefonieren

siehe auch:

ringa (till ngn)	(mit jmd.) telefonieren

samtal, samtalet, samtal	**Gespräch**
telefonsamtal	Telefongespräch
utlandssamtal	Auslandsgespräch

ringa, ringer, ringde, ringt	**telefonieren, klingeln**
Det ringer i telefonen.	*Das Telefon klingelt.*
Det ringer.	*Das Telefon klingelt.*
Det ringer på dörren.	*Es läutet an der Tür.*
ringa till	anrufen
ringa upp ngn	bei jmd. anrufen

aber:

ringa	gering(fügig), wenig
min ringa person	meine Wenigkeit
inte det ringaste	nicht im Geringsten, ganz und gar nicht
ringa in	einkreisen, umstellen

upptaget	**belegt**
Det är upptaget.	*Es ist besetzt.*
upptagning, upptagningen, upptagningar	Aufnahme
upptagningsområde, -området, -områden	Einzugsbereich

telegram, telegrammet, telegram	**Telegramm**

fax, faxen, faxar	**Faxgerät**
fax, faxet, fax	**Fax**
Kan du skicka ett fax till mig?	*Kannst du mir ein Fax schicken?*
telefax	Telefax, Fax
faxanknytning, -anknytningen, -anknytningar	Faxanschluss
Har du faxanknytning?	*Hast du einen Faxanschluss?*
faxnummer, -numret, -nummer	Faxnummer
faxa, faxar, faxade, faxat	faxen, ein Fax schicken

2.5 Weitere Behörden und Einrichtungen

ambassadör, ambassadören, ambassadörer	**Botschafter**
ambassad, ambassaden, ambassader	Botschaft

bibliotek, biblioteket, bibliotek	**Bibliothek**
Jag var på biblioteket idag.	*Ich war heute in der Bibliothek.*
bibliotekarie, bibliotekarien, bibliotekarier	Bibliothekar

förening, föreningen, föreningar	**Verein**
Är du medlem i den här föreningen?	*Bist du Mitglied in dieser Vereinigung?*
kvinnoförening	Frauenverein

försäkring, försäkringen, försäkringar	**Versicherung**
obligatorisk försäkring	Pflichtversicherung
teckna en försäkring	eine Versicherung abschließen
bilförsäkring	Autoversicherung
försäkringsavgift, -avgiften, -avgifter	Versicherungsgebühr
försäkringsbelopp, -beloppet, -belopp	Versicherungsbetrag
försäkringsbolag, -bolaget, -bolag	Versicherungsgesellschaft
försäkringsbrev, -brevet, -brev	Versicherungsschein
försäkringspremie, -premien, -premier	Versicherungsprämie
försäkringstagare, -tagaren, -tagare	Versicherungsnehmer

kommun, kommunen, kommuner	**Gemeinde, Kommune**
kommunal, kommunalt	kommunal, Gemeinde-
kommunalnämnd, -nämnden, -nämnder	Gemeinderat
kommunalskatt, -skatten, -skatter	Gemeindesteuer
kommunalval, -valet, -val	Kommunalwahl, Gemeindewahl

advokat, advokaten, advokater	**Rechtsanwalt**

allmän, allmänt	**allgemein, öffentlich**
allmänhet, allmänheten, allmänheter	Allgemeinheit
Polisen vill ha tips från allmänheten.	*Die Polizei möchte Hinweise von der Bevölkerung haben.*
i allmänhet	im Allgemeinen
allmängiltig, -giltigt	allgemein gültig
allmänbildning, -bildningen, -bildningar	Allgemeinbildung

bevisa, bevisar, bevisade	**beweisen**
bevis, beviset, bevis	Beweis
beviskraft, -kraften, -krafter	Beweiskraft

rätt, rätten, rätter	**Recht**
få rätt, får ..., fick ..., fått ...	Recht behalten, Recht bekommen
ge ngn rätt, ger ..., gav ..., givit/gett ...	jmd. Recht geben
ha rätt, har ..., hade ..., haft ...	ein Recht (oder Anrecht) haben
Du har rätt.	*Du hast Recht.*
vara i sin fulla rätt	ganz im Recht sein
allemansrätten	das allgemeine Nutzungsrecht
rättsanspråk, -anspråket, -anspråk	Rechtsanspruch
rättegång, -gången, -gångar	Prozess, Rechtsstreit, Gerichtsverfahren
rättegångshandling, -handlingen, -handlingar	Gerichtsakte, Prozessakte
rättegångsförhandling	Gerichtsverhandlung
rättegångsordning, -ordningen, -ordningar	Prozessordnung

rätt	**recht; richtig**
Klockan går rätt.	*Die Uhr geht richtig.*
Det kan inte vara rätt.	*Das kann doch unmöglich stimmen.*

träffa rätt, träffar ..., träffade ..., träffat ...	das Richtige treffen
rätta, rättar, rättade, rättat	berichtigen, korrigieren
rättelse; rättelsen, rättelser	Berichtigung
rättning, rättningen, rättningar	Berichtigung

skatt, skatten, skatter	**Steuern**
Vi betaler skatt för huset.	*Wir bezahlen (die) Steuer(n) für das Haus.*
bilskatt	Kraftfahrzeugsteuer
kommunalskatt	Gemeindesteuer
skattebelopp, -beloppet, -belopp	Steuerbetrag
skatteexpert, -experten, -experter	Steuersachverständiger, -experte
skatteflykt, -flykten, -flyktar	Steuerhinterziehung
skattefusk, -fusket, -fusk	Steuerbetrug
skattehöjning, -höjningen, -höjningar	Steuererhöhung
skattesänkning, -sänkningen, -sänkningar	Steuerermäßigung
skatteklass, -klassen, -klasser	Steuerklasse
skattesats, -satsen, -satser	Steuersatz
skattsedel, -sedeln, -sedlar	Steuerbescheid
skattebetalare, -betalaren, -betalare	Steuerzahler
skatta, skatter, skattade, skattat	Steuern zahlen
skattefri, -fritt	steuerfrei
skattepliktig, -pliktigt	steuerpflichtig

siehe auch:

moms, momsen	**zusätzliche Umsatzsteuer**

avgift, avgiften, avgifter	**Gebühr**

blankett, blanketten, blanketter	**Formular**

aber:

blank	blank

3

Berufe

3.1 Allgemeines

yrke, yrket, yrken	**Beruf, Gewerbe, Handwerk**
Vilket yrke har hon?	*Welchen Beruf hat sie?*
Vad är pojken intresserad av för yrke?	*An welchem Beruf ist der Junge interessiert?*
utöva ett yrke, utövar ..., utövade ..., utövat ...	einen Beruf ausüben, ein Gewerbe betreiben
yrkesarbete, -arbetet, -arbeten	Berufsarbeit
yrkesfrihet, - friheten, -friheter	Gewerbefreiheit
yrkesgrupp, -gruppen, -grupper	Berufsgruppe
yrkesfiske, -fisket, -fisken	Berufsfischerei
yrkeshemlighet, -hemligheten, -hemligheter	Berufsgeheimnis
yrkesval, -valet, -val	Berufswahl
yrkesorientering, -orienteringen, -orienteringar	Berufsorientierung
yrkesutbildning, -utbildningen, -utbildningar	Berufsausbildung
yrkeslärare, -läraren, -lärare	Berufsschullehrer, Gewerbelehrer
yrkesskola, -skolan, -skolor	Berufsschule
yrkessjukdom, -sjukdomen, -sjukdomar	Berufskrankheit

aber:

yrka på ngt, yrkar ..., yrkade ..., yrkat ...	auf etwas bestehen
yrkande, yrkandet, yrkanden	Vorschlag

semester 232, semestern, semestrar	**Urlaub, Ferien**
Idag är det stängt eftersom doktorn är på semester.	*Heute ist geschlossen, weil der Arzt im Urlaub ist.*

anställa, anställer, anställde, anställt	**anstellen**
Skolan ska anställa ett par nya lärare.	*Die Schule kann ein paar neue Lehrer anstellen (einstellen).*
Hur många år har du varit anställd där?	*Wie viele Jahre bist du hier angestellt gewesen?*
anställning, anställningen, anställningar	Anstellung
anställningsbetyg, -betyget, -betyg	Arbeitszeugnis
anställningskontrakt, -kontraktet, -kontrakt	Anstellungsvertrag
Nästa månad ska jag skriva på anställningskontraktet.	*Im nächsten Monat kann ich den Anstellungsvertrag unterschreiben.*
anställd	Angestellter

siehe auch:

tjänsteman, -mannen, -män	Angestellter

säga 293, säger, sade (sa), sagt	**sagen**
säga upp (sig)	kündigen
säga upp ngn	jmd. kündigen
säga upp avtalet	den Vertrag kündigen
säga upp sig sin plats	seine Stellung aufgeben
Jag tänker säga upp mig från jobbet.	*Ich beabsichtige meinen Job aufzugeben.*

tjäna, tjänar, tjänade, tjänat	**verdienen**
förtjäna	verdienen
tjäna bra	gut verdienen
Man tjänar inte särskilt bra i det här jobbet.	*Man verdient in diesem Job nicht sehr gut.*
tjänst, tjänsten, tjänster	Dienst
Jag ber dig om en tjänst.	*Ich bitte dich um einen Dienst.*
tjänstebil, -bilen, -bilar	Dienstwagen
tjänare, tjänaren, tjänare	Diener
tjänstebostad, -bostad, -bostäder	Dienstwohnung
tjänsteman, -mannen, -män	Angestellter; Beamter
tjänsteresa, -resan, -resor	Dienstreise
tjänsterum, -rummet, -rum	Dienstzimmer

förtjänst, förtjänsten, förtjänster	Verdienst
Det är hennes förtjänst att …	*Es ist ihr Verdienst, dass …*
gudstjänst	Gottesdienst
Det brukar vara gudstjänst kl. 10.00 på söndagarna.	*Gewöhnlich findet der Gottesdienst sonntags um 10 Uhr statt.*

lön, lönen, löner	**Gehalt, Lohn**
Vad får man i lön?	*Was bekommt man als Lohn?*
Han vill ha högre lön.	*Er will höheren Lohn (mehr Lohn) haben.*
Man förhandlar om nya löner.	*Man verhandelt über neue Löhne.*
månadslön, (timlön)	Monatslohn, (Stundenlohn)
löna (sig), lönar …, lönade …, lönat …	(sich) lohnen
lönande	lohnend
lönlös, lönlöst	nutzlos, zwecklos
lönsam, lönsamt	einträglich, rentabel
lönsamhet, lönsamheten, lönsamheter	Einträglichkeit

3.2 Land- und Waldarbeiten

bonde, bonden, bönder	**Bauer, Bäuerin**
Bonden är flitig.	*Der Bauer ist fleißig.*
Bönderna sår på våren.	*Die Bauern säen im Frühjahr.*
bondgård, -gården, -gårdar	Bauernhof

aber:

fågelbur, -buren, burar	Vogelbauer
pyttipanna, -pannan, -pannor	Bauernfrühstück

gård, gården, gårdar	**Hof, Bauernhof**
på gården	auf dem Hof, im Hof
rum åt gården	Zimmer nach hinten, Zimmer zum Hof
herrgård, (bondgård)	Herrenhaus, (Bauernhof)
gårdsplan, -planen, -planar	Hof

aber:

gårdagen	der gestrige Tag

åker, åkern, åkrar	**Acker, Feld**
åkerbruk, -bruket, -bruk	Ackerbau
åkerjord, -jorden, -jordar	Ackerland, Ackerboden
åkeri, åkeriet, åkerier	Fuhr-, Transportunternehmen
åkerlapp, -lappen, -lappar	kleines Feld

siehe auch:

jordbruk	Ackerbau
fält, fältet, fält	Acker, Feld

skogsarbetare, -arbetaren, -arbetare	**Waldarbeiter**
Han var anställd som skogsarbetare.	*Er war als Waldarbeiter tätig.*
skog, skogen, skogar	Wald
På hösten plockar vi svamp i skogen.	*Im Herbst sammeln wir Pilze im Wald.*
till skogs	in den Wald
skogsindustri, -industrin	Holz verarbeitende Industrie
skogsbruk, -bruket	Forstwirtschaft
skog och mark	Wald und Feld
skogig, skogigt	waldig

3.3 Arbeiten in der Produktion

arbeta 306, arbetar, arbetade, arbetat	**arbeiten**
Vad arbetar du med?	*Was machst du beruflich?*
Jag arbetar som lärare.	*Ich arbeite als Lehrer.*
arbeta inom	innen arbeiten
arbeta inomhus	zu Hause arbeiten, im H. arbeiten
arbete, arbetet, arbeten	Arbeit
Söker han arbete?	*Sucht er Arbeit?*
husarbete	häusliche Arbeit, Hausarbeit

arbetare, arbetaren, arbetare	Arbeiter
Han är arbetare.	*Er ist Arbeiter.*
arbetsförmedling, -förmedlingen, -förmedlingar	Arbeitsamts, Arbeitsvermittlung
arbetsgivare, -givaren, -givare	Arbeitgeber
arbetskamrat, -kamraten, -kamrater	Kollege
arbetskraft, -kraften, -krafter	Arbeitskraft
arbetsplats, -platsen, -platser	Arbeitsplatz
arbetsrum, -rummet, -rum	Arbeitszimmer
arbetstid, -tiden, -tider	Arbeitszeit
arbetsdag, -dagen, -dagar	Arbeitstag
Han har 8 timmars arbetsdag.	*Er hat einen achtstündigen Arbeitstag.*
arbetsvecka, -veckan, -veckor	Arbeitswoche
40 timmars arbetsvecka	eine 40-Stunden-Arbeitswoche
arbetsam, arbetsamt, arbetsamma	fleißig, mühsam, arbeitsam
arbetslös, arbetslöst	arbeitslos
vara arbetslös	arbeitslos sein
bli arbetslös	arbeitslos werden/bleiben
arbetslöshet, -heten	Arbeitslosigkeit

jobb, jobbet, jobb	**Arbeit, Job**
Prata med personalchefen om du är intresserad av jobbet.	*Sprich mit dem Personalchef, wenn du an dem Job interessiert bist.*
jobba, jobbar, jobbade, jobbat	arbeiten, schuften
jobba som	arbeiten als
Var jobbar du?	*Wo arbeitest du?*
jobba i en affär	in einem Geschäft arbeiten
jobba i en firma	in einer Firma arbeiten
jobba på en fabrik	in einer Fabrik arbeiten
jobba på ett kontor	in einem Büro arbeiten
jobba på ett företag	bei einem Unternehmen arbeiten
jobba på Volvo (Lidl/ ICA)	bei Volvo (Lidl/ICA)arbeiten
jobbare, jobbaren, jobbare	Arbeiter
jobbig, jobbigt	anstrengend

halvtid, -tiden, -tider	**Teilzeit, Halbtag**
arbeta på halvtid	den halben Tag arbeiten, halbtags arbeiten
Min mor jobbar bara halvtid nu.	*Meine Mutter arbeitet jetzt nur halbtags.*

halvtidsanställd	Halbtagsbeschäftigter
halvtidstjänst, -tjänsten, -tjänster	Halbtagsstellung

aber:

halvtid ☞ 257	Halbzeit

söka ☞ 324, söker, sökte, sökt	**suchen; beantragen**
söka en plats	sich um eine Stelle bewerben
fabrik, fabriken, fabriker	**Fabrik**
De ska stänga fabriken.	*Sie wollen die Fabrik schließen.*
direkt från fabriken	ab Werk
fabriksarbetare, -arbetaren, -arbetare	Fabrikarbeiter
fabrikant, fabrikanten, fabrikanter	Fabrikant, Fabrikbesitzer
fabrikation, fabrikationen, fabrikationer	Herstellung, Fabrikation
fabrikationsfel, -felet, -fel	Fabrikationsfehler
fabriksområde, -området, -områden	Fabrikgelände
fabriksvara, -varan, -varor	Fabrikware
fabrikat, fabrikatet, fabrikat	Erzeugnis
fabrikschef, -chefen, -chefer	Werkleiter, Fabrikdirektor
verk, verket, verk	**Werk**
hantverk	Handwerk
verkstad, -staden, -städer	Werkstatt
verktyg ☞ 146, verktyget, verktyg	Werkzeug
produkt, produkten, produkter	**Produkt**
producent, producenten, producent	Produzent
produktion, produktionen	Produktion
produktionskostnad, -kostnaden	Produktionskosten
produktionsmedel, -medlet, -medel	Produktionsmittel
produktiv, produktivt	produktiv
produktivitet, produktiviteten	Produktivität
producera, producerar, producerade, producerat	produzieren

industri, industrin, industrier	**Industrie**
industrialisering, industrialiseringen	Industrialisierung
firma, firman, firmor	**Firma**
firmamärke, -märket, -märken	Warenzeichen
firmanamn, -namnet, -namn	Firmenname
företag, företaget, företag	**Betrieb, Unternehmen**
företagsledning, -ledningen, -ledningar	Geschäftsleitung
På måndag träffar jag företagsledningen.	*Am Montag treffe ich die Geschäftsleitung.*
industriföretag	Industrieunternehmen
personal, personalen	**Personal, Belegschaft**
Kontoret är stängt för personalen har semester.	*Das Büro ist geschlossen, weil das Personal Ferien hat.*
personalavdelning, -avdelningen, -avdelningar	Personalabteilung
personalbostad, -bostaden, -bostäder	Werkwohnung
personalchef, -chefen, -chefer	Personalchef
Personalchefen vill ha yngre personal.	*Der Personalchef will jüngeres Personal haben.*
personakt, -akten, -akter	Personalakte
kollega, kollegan, kolleger	**Kollegin, Kollege**
kompis, kompisen, kompisar	**Kumpel, Freund**
arbetskamrat, -kamraten, -kamrater	**Kollege, Arbeitskollege**

3.4 Handwerksarbeiten

hantverk, hantverket, hantverk	**Handwerk**
hantverkare, hantverkaren, hantverkare	Handwerker
Vi måste vara hemma i morgon för det kommer hantverkare.	*Wir müssen morgen zu Hause sein, weil Handwerker kommen.*

hantverksmästare, -mästaren, -mästare	Handwerksmeister
hantverksgesäll, -gesällen, -gesäller	Handwerksgeselle
hantverksutställning, -utställningen, -utställningar	Gewerbeausstellung

aber:

hand ☞ 109, handen, händer	Hand

tryck, trycket, tryck	**Druck**
avtryck	Abdruck
trycka, trycker. tryckte, tryckt	drucken
Var vänlig och tryck på knappen.	*Drück bitte (auf) den Knopf.*
tryckare, tryckaren, tryckare	Drucker (Person)
tryckeri, tryckeriet, tryckeri	Druckerei
tryckfel, -felet, -fel	Druckfehler
tryckförband ☞ 123, -förbandet, -förband	Druckverband
tryckbokstav, -bokstaven, -bokstäver	Druckbuchstabe
tryckfärdig, -färdigt	druckreif
vara under tryckning	(unter, im) Druck sein
(med) eftertryck	(mit) Nachdruck
Läraren talade med eftertryck.	*Der Lehrer sprach mit Nachdruck.*
eftertrycklig, eftertryckligt	nachdrücklich

siehe auch:

printer, printern, printrar	Drucker (Gerät)

frisör, frisören, frisörer	**Friseur**
frissa, frissan, frissor	(Damen-)Friseur
Jag går till frissan i eftermiddag.	*Ich gehe am Nachmittag zum Friseur.*
frisörska, frisörskan, frisörskor	Friseuse, Friseurin

damfrisörska	Friseuse, Friseurin
frisyr, frisyren, frisyrer	Frisur
frisera, friserar, friserade, friserat	frisieren
frisersalong, -salongen, -salonger	Frisiersalon

glasare, glasaren, glasare	**Glaser**
glas, glaset, glas	Glas
glasblåsare, -blåsaren, -blåsare	Glasbläser
glasbruk, -bruket, -bruk	Glashütte
glasflaska, -flaskan, -flaskor	Glasflasche
glasrike, -riket, -riken	Glasreich
glasull, -ullen	Glaswolle
glasklar, -klart	glasklar

siehe auch:

glashus, -huset, -hus	Glashaus
Man skall inte kasta sten när man sitter i glashus.	*Man soll keinen Stein werfen, wenn man im Glashaus sitzt.*

aber:

glass ☞ 78, glassen, glasser	Eis

mekaniker, mekanikern, mekaniker	**Mechaniker, Schlosser**
montör, montören, montörer	**Schlosser**
låssmed, låssmeden, låssmeder	**Schlosser**

målare, målaren, målare	**Maler**
måla ☞ 171, målar, målade, målat	malen

smed, smeden, smeder	**Schmied**
smedja, smedjan, smedjor	Schmiede
smida, smider, smidde, smitt	schmieden

guldsmed, guldsmeden, guldsmeder	**Goldschmied**
Vi skulle vilja gå till guldsmeden och köpa ringar.	*Wir möchten zum Goldschmied gehen und Ringe kaufen.*
guld, guldet	Gold

Vann hon guld?	*Hat sie Gold gewonnen?*
guldarmband, -armbandet, -armband	Goldarmband
guldhalsband, -halsbandet, -halsband	goldene (Hals-)Kette
guldsmedsaffär, -affären, -affärer	Juweliergeschäft
guldgruva, -gruvan, -gruvor	Goldgrube
guldmedalj, -medaljen, -medaljer	Goldmedaille
guldvåg, -vågen, -vågor	Goldwaage
Vi vill inte väga varje ord på guldvåg.	*Wir wollen nicht jedes Wort auf die Goldwaage legen.*
guldring, -ringen, -ringar	goldener Ring, Goldring
guld	golden

aber:

gul ☞ 328, gult	gelb

snickra, snickrar, snickrade, snickrat	**tischlern**
snickare, snickaren, snickare	Tischler

3.5 Weitere Tätigkeiten und Berufe

arkeolog, arkeologen, arkeologer	**Archäologe**
arkitekt, arkitekten, arkitekter	**Architekt**
ingenjör, ingenjören, ingenjörer	**Ingenieur**
journalist, journalisten, journalister	**Journalist**
läkare ☞ 119, läkaren, läkare	**Arzt**
doktor, doktorn, doktorer	**Arzt**
sjuksköterska ☞ 114, -sköterskan, -sköterskor	**Krankenschwester**
lärare ☞ 300, läraren, lärare	**Lehrer**

polis ✍ 25, polisen, poliser	**Polizist; Polizei**
programmerare, programmeraren, programmerare	**Programmierer**
programmera, programmerar, programmerade, programmerat	programmieren
programmering, programmeringen	Programmierung
tolk, tolken, tolkar	**Dolmetscher**
chef, chefen, chefer	**Chef, Leiter**
vara chef	Chef sein
Han är en väldigt bra chef.	*Er ist ein sehr guter Chef.*
chefredaktör, -redaktören, -redaktörer	Chefredakteur
Kommer jag för sent till redaktionen blir chefredaktören mycket arg.	*Wenn ich zu spät zur Redaktion komme, wird der Chefredakteur sehr ärgerlich.*

4

Bildung, Ausbildung und Schule

4.1 Allgemeines

bildning, bildningen	**Bildung**
utbildningsminister, -ministern, -ministrar	Bildungsminister
utbildningsgrad, -graden, -grader	Bildungsgrad, Bildungsstufe
bilda, bildar, bildade, bildat	bilden; gründen
bilda sig	sich bilden; entstehen
bildbar, bildbart	bildbar, bildungsfähig
bildad	gebildet
bildande	bildend, belehrend
utbildning ☞ 59, utbildningen, utbildningar	Ausbildung

veta, vet, visste, vetat	**wissen**
Det kunde du inte veta.	*Das konntest du nicht wissen.*
Hur vet du det?	*Woher weißt du das?*
Så vitt jag vet …	*So viel ich weiß …*
Det visste jag inte.	*Das wusste ich nicht.*

aber:

vete, vetet	Weizen

glömma, glömmer, glömde, glömt	**vergessen, versäumen**
Det kan du glömma!	*Das kannst du vergessen!*
Det hade jag alldeles glömt.	*Das habe ich ganz vergessen.*
glömska, glömskan, glömskor	Vergesslichkeit
falla i glömska	*in Vergessenheit geraten*
glömsk, glömskt	vergesslich
glömma sig	sich vergessen

siehe auch:

komma ihåg, kommer ..., kom ..., kommit ...	sich erinnern

aber:

förlora behärskningen	sich vergessen, die Beherrschung verlieren

kvala, kvalar, kvalade, kvalat	**qualifizieren**
kvala in till	sich für etwas qualifizieren

kvalificera sig	**sich qualifizieren**
kvalificerad	qualifiziert
kvalifikation, kvalifikationen, kvalifikationer	Qualifikation

verksam, verksamt, verksamma	**tätig**
vara verksam som lärare	als Lehrer tätig sein
Jag var verksam som lärare i många år.	*Ich war viele Jahre als Lehrer tätig.*
verksamhet, verksamheten, verksamheter	Tätigkeit

chans, chansen, chanser	**Chance**
Ta chansen!	*Nutze die Chance!*
chansa, chansar, chansade, chansat	riskieren
Det är dumt att inte chansa.	*Es ist dumm, die Chance nicht zu nutzen.*

framtid, framtiden, framtider	**Zukunft**
Finansministern talade om Tysklands ekonomi i framtiden.	*Der Finanzminister sprach über Deutschlands Ökonomie (Wirtschaft) in der Zukunft.*
för framtiden	in (für die) Zukunft
Vi planerar för framtiden.	*Wir planen für die Zukunft.*
framtidsutsikter (Pl.)	Zukunftsaussichten
framtida	zukünftig

termin, terminen, terminer	**Semester; Halbjahr; Termin,**
Nästa termin ska jag läsa franska.	*Im nächsten Semester kann ich Französisch studieren.*
Hon läser historia den här terminen.	*Sie studiert in diesem Semester Geschichte.*
terminsavgift, -avgiften, -avgifter	Schulgeld; Semestergebühr
terminstid, -tiden, -tider	Semesterzeit

semester ☞ 232, semestern, semestrar	**Ferien**

lov, lovet, lov	**Ferien**
Vi har lov idag.	*Wir haben heute schulfrei.*
sommarlov	Sommerferien
lovdag, -dagen, -dagar	schulfreier Tag

aber:

lov	Erlaubnis
Tack och lov!	*Gott sei Dank!*

4.2 Schule und Unterricht

skola, skolan, skolor	**Schule**
Skolan börjar tjugo över åtta.	*Die Schule beginnt viertel nach acht.*
Var ditt barn i skolan i dag?	*War dein Kind heute in der Schule?*
gå i (till) skolan	in die Schule gehen
Hon cyklar alltid till skolan.	*Sie fährt immer mit dem Fahrrad in die Schule.*
förskola	Vorschule
grundskola	Grundschule (Klasse 1–9)
Våra barn går i grundskolan.	*Unsere Kinder gehen in die Grundschule.*
högskola	Hochschule

särskola	Sonderschule
skolavslutning, -avslutningen, -avslutningar	Schulabschluss
skolgård, -gården, -gårdar	Schulhof
skolkamrat, -kamraten, -kamrater	Mitschüler
skolklass, -klassen, -klasser	Schulklasse
skolmat, -maten	Schulspeisung
skoldag, -dagen, -dagar	Schultag
skolbarn, -barnet, -barn	Schulkind
skoltid, -tiden, tider	Schulzeit
skolår, -året, -år	Schuljahr

gymnasium, gymnasiet, gymnasier	**Gymnasium**, Höhere Schule, Oberstufe der Oberschule
Hanna gick på gymnasiet in Värnamo.	*Hanna ging in Värnamo auf das Gymnasium.*
gymnasist, gymnasisten, gymnasister	Gymnasiast, Oberschüler

aber:

gymnast, gymnasten, gymnaster	Turner

stadium, stadiet, stadier	**Stufe, Stadium**
lågstadium	Unterstufe (der Grundschule)
mellanstadium	Mittelstufe (der Grundschule)
högstadium	Oberstufe (der Grundschule)

elev, eleven, elever	**Schüler**
Det finns tjugofem elever i min klass.	*Es gibt in meiner Klasse fünfundzwanzig Schüler.*
Eleverna börjar skolan omkring klockan åtta.	*Die Schüler sind ungefähr um acht Uhr in der Schule.*
elevhem, -hemmet, -hem	Schülerheim
elevråd, -rådet, -råd	Schülerrat
elevrådsrepresentant, -representanten, -representanter	Klassensprecher

lära, lär, lärde, lärt	**lehren, unterrichten**
lära ngn ngt	jmd. etwas lehren

siehe auch:

undervisa, undervisar, undervisade, undervisat	**unterrichten**
undervisning, undervisningen	Unterricht

lära sig	**lernen**
Jag lär mig svenska.	*Ich lerne Schwedisch.*
Jag ska lära dig!	*Ich werd dir helfen! (dich lehren!)*
lära känna sig själv	sich kennenlernen

lärare, läraren, lärare	**Lehrer** (auch Pl.)
lärarinna, lärarinnan, lärarinnor	Lehrerin
Deras lärare är sjuk.	*Ihr Lehrer ist krank.*
Läraren vill prata med dig efter lektionen.	*Der Lehrer will mit dir nach dem Unterricht sprechen.*
Båda hennes föräldrar var lärare.	*Ihre beiden Elternteile waren Lehrer.*
lärarrum, -rummet, -rum	Lehrerzimmer
Vi går till lärarrummet.	*Wir gehen in das Lehrerzimmer.*
lärarhögskola, -högskolan, -högskolor	Pädagogische Hochschule
läraryrket	der Lehrerberuf
lärd, lärt	gelehrt

lektion, lektionen, lektioner	**Lektion, Unterricht, Stunde**
lektion i tyska	Deutschstunde, Deutschunterricht
ge lektioner, ger ..., gav ..., givit/gett...	Unterricht geben
ta lektioner (för), tar ..., tog ..., tagit ...	Unterricht nehmen (bei)
Jag tog lektioner i svenska.	*Ich habe Unterricht in Schwedisch gehabt.*

kurs, kursen, kurser	**Kurs, Lehrgang**
Är den här kursen för nybörjare?	*Ist dieser Kurs für Anfänger?*
kursavgift, -avgiften, -avgifter	Kursgebühr
Du måste betala kursavgiften.	*Du musst die Kursgebühr bezahlen.*
kursdeltagare, -deltagaren, -deltagare	Kursteilnehmer
gå på (kvälls) kurs (på en svenskkurs), går ..., gick ..., gått ...	an einem (Abend-)Kurs (Schwedischkurs) teilnehmen
kursbok, - boken, -böcker	Lehrbuch

aber:

tidtabell, -tabellen, -tabeller	Kursbuch
kommunikationstabell	Kursbuch

paus, pausen, pauser	**Pause**

grupp, gruppen, grupper	**Gruppe**
Vi arbetade i grupper.	*Wir arbeiteten in Gruppen.*
grupparbete, -arbeten, -arbetar	Gruppenarbeit
gruppvis	gruppenweise
gruppera, grupperar, grupperade, grupperat	gruppieren

läxa, läxan, läxor	**Hausaufgabe**
Jag gör läxor.	*Ich mache Hausaufgaben.*

uppgift, uppgiften, uppgifter	**Aufgabe**
Min uppgift är …	Meine Aufgabe ist …

övning, övningen, övningar	**Übung**
Övning ger färdighet.	*Übung macht den Meister.*
Den här övningen är bra för ditt ben.	*Diese Übung ist gut für dein Bein.*
Vilken tråkig grammatikövning!	*Was für eine langweilige Grammatikübung!*
övningsbil, -bilen, -bilar	Fahrschulauto
övningsexempel, -exemplet, -exempel	Übungsbeispiel
öva sig i ngt, övar …, övade …, övat …	sich in etwas üben

uppsats, uppsatsen, uppsatser	**Aufsatz**
Eleverna skrev en uppsats.	*Die Schüler schrieben einen Aufsatz.*

läsa 60, 295, 360, läser, läste, läst	**lesen; studieren**
Jag läser en bok.	*Ich lese ein Buch.*
läsebok, -boken, -böcker	Lesebuch

skriva 296, skriver, skrev, skrivit	**schreiben**
Selma Lagerlöf skrev en läsebok.	*Selma Lagerlöf schrieb ein Lesebuch.*

penna, pennan, pennor	**Stift**

räkna, räknar, räknade, räknat	**rechnen (Kopfrechnen)**
Han är bra på att räkna.	*Er ist gut im Rechnen.*
räkning, räkningen, räkningar	Rechnung

aber:

dator, datorn, datorer	Rechner, Computer
Kan jag få notan, tack!	*Die Rechnung bitte!*

diktamen, diktamen, diktamina	**Diktat**
ha diktamen, har ..., hade ..., haft ...	Diktat schreiben
skriva efter diktamen, skriver ..., skrev ..., skrivit ...	nach Diktat schreiben
diktera, dikterar, dikterade, dikterat	diktieren

aber:

diktat, diktatet, diktat	Diktat
diktator, diktatorn, diktatorer	Diktator
diktatur, diktaturen, diktaturer	Diktatur

test, testet oder testen, test oder tester	**Test**
Lycka till på testet!	*Viel Glück bei dem Test!*
testa, testar, testade, testat	testen

prov, provet, prov	**Prüfung**, Test, Beweis, Probe;
Vi har ett prov i svenska nästa vecka.	*Wir haben nächste Woche eine Prüfung in Schwedisch.*
Läkaren tog ett blodprov på mig.	*Der Arzt nahm eine Blutprobe von mir.*

siehe auch:

på prov	zur Probe, probeweise
ställa på prov, *ställer ..., ställde ..., ställt ...*	auf die Probe stellen
sätta på prov, sätter ..., satte ..., satt ...	*auf die Probe stellen*
prova, provar, provade, provat	probieren, versuchen
prova kläder (skor)	Kleider (Schuhe) anprobieren

Min fru älskar att prova kläder.	*Meine Frau liebt es, Kleider anzuprobieren.*
Har du provat maten?	*Hast du das Essen probiert?*
prova ut	ausprobieren
Han har provat ut alla möjliga droger.	*Er hat alle möglichen Drogen ausprobiert.*
provbit, -biten, -bitar	Muster, Probestück
provexemplar, -exemplaret, -exemplar	Probeexemplar
provfärd, -färden, -färder	Probefahrt
provhytt, -hytten, -hytter	Ankleidekabine

tenta, tentan, tentor	**Prüfung**
Jag har en tenta nästa vecka.	*Ich habe nächste Woche eine Prüfung.*
tenta, tentar, tentade, tentat	eine Prüfung ablegen
tentera, tenterar, tenterade, tenterat	eine Prüfung ablegen
tentamen	Prüfung

examen, examen, examina	**Examen, Prüfung**
ta (en) examen, tar ..., tog ..., tagit ...	(eine) Prüfung ablegen, machen, bestehen
avlägga (en) examen, avlägger ..., avlade ..., avlagt ...	(eine) Prüfung ablegen, machen, bestehen
Han ska avlägga examen nästa vecka.	*Er muss nächste Woche ein Examen ablegen.*
examensbetyg, -betyget, -betyg	(Prüfungs-)Zeugnis
examensskrivning, -skrivningen, -skrivningar	schriftliche Prüfung
examinera, examinerar, examinerade, examinerat	examinieren, prüfen

betyg, betyget, betyg	**Zensur, Bewertung, Note**
Han får ett bra betyg i tyska.	*Er bekommt eine gute Zensur in Deutsch.*
högsta betyget	die beste Note
examensbetyg	(Prüfungs-)Zeugnis
studentbetyg	Abiturzeugnis
betyga, betygar, betygade, betygat	bestätigen
betyga sin oskuld	*seine Unschuld beteuern*
betygsätta, -sätter, -satte, -satt	zensieren, benoten, bewerten

resultat, resultatet, resultat	**Resultat, Ergebnis; Erfolg**
Det här resultatet är toppen!	*Dieses Resultat ist prima!*
resultatlös	ergebnislos, erfolglos

4.3 Unterrichtsfächer

ämne, ämnet, ämnen	**Stoff, Thema, Gegenstand; (Lehr-)Fach**
Det behövs fler studenter som läser tekniska ämnen.	*Man braucht mehr Studenten, die technische Fächer studieren.*
läroämne	Lehrfach
ämnesgrupp, -gruppen, -grupper	Fächerkombination
ämneskombination,	
-kombinationen, -kombinationer	Fächerkombination
ämneslärare, -läraren, -lärare	Fachlehrer
ämnesområde, -området, -områden	Fachgebiet

biologi, biologin	**Biologie**
biolog, biologen, biologer	Biologe
biokemi, -kemin	Biochemie
biologisk, biologiskt	biologisch

aber:

bio, bion	Kino
biograf, biografen, biografer	Kino, Lichtspieltheater

botanik, botaniken	**Botanik**

zoologi, zoologin	**Zoologie**

kemi, kemin	**Chemie**
Nästa vecka har jag prov i kemi.	*Nächste Woche habe ich Prüfung in Chemie.*
kemikalier (Pl.)	Chemikalie
kemist, kemisten, kemister	Chemiker
kemisk, kemiskt	chemisch
kemtvätt, -tvätten, -tvättar	chemische Reinigung

fysik, fysiken	**Physik**
Han vill läsa fysik i Lund.	*Er will in Lund Physik studieren.*
fysiker, fysikern, fysiker	Physiker
fysikalisk, fysikaliskt	physikalisch
experiment, experimentet, experiment	**Experiment**
experimentera, experimenterar, experimenterade, experimenterat	experimentieren
Eleverna gjorde experiment i kemi.	*Die Schüler machten in Chemie Experimente.*
matematik, matematiken	**Mathematik**
matte	Mathe
matematiker, matematikern, matematiker	Mathematiker
matematisk, matematiskt	mathematisch
addera, adderar, adderade, adderat	**addieren**
addition, additionen	Addition
sju plus (eller och) åtta är femton	7 + 8 = 15
multiplicera, multiplicerar, multiplicerade, multiplicerat	**multiplizieren**
multiplikation, multiplikationen	Multiplikation
två gånger tre är sex	2 x 3 = 6
dividera, dividerar, dividerade, dividerat	**dividieren**
division, divisionen	Division
nio dividerat med tre är tre	9 : 3 = 3
subtrahera, subtraherar, subtraherade, subtraherat	**subtrahieren**
subtraktion, subtraktionen	Subtraktion
tio minus tre är sju	10 – 3 = 7

musik, musiken	**Musik**
musiker, musikern, musiker	Musiker
musikalisk, musikaliskt	musikalisch
musiklektion, -lektionen, -lektioner	Musikunterricht
konst ☞ 161, konsten, konster	**Kunst**
konstnär, konstnären, konstnärer	Künstler
konsthistorisk, -historiskt	kunsthistorisch

aber:

bildlärare, läraren, lärare	Kunsterzieher(in)

sport, sporten, sporter	**Sport**
sporta, sportar, sportade, sportat	Sport treiben
sportkläder ☞ 161 (Pl.)	Sportkleidung
sportig, sportigt	sportlich
sportslig, sportsligt	sportlich
idrott, idrotten, idrotter	**Sport**
idrotta, idrottar, idrottade, idrottat	Sport treiben
idrottshall, -hallen, -hallar	Sporthalle
idrottslärare, -läraren, -lärare	Sportlehrer
idrottsman, -mannen, -män	Sportler
idrottskvinna, -kvinnan, -kvinnor	Sportlerin
idrottsplats, -platsen, -platser	Sportplatz
idrottsförening, -föreningen, -föreningar	Sportverein
språk, språket, språk	**Sprache**
Vad talar människorna där för språk?	*Was sprechen die Menschen dort für Sprachen?*
landets språk	Landessprache
främmande språk	fremde Sprache, Fremdsprache
Han läser främmande språk för han vill bli tolk.	*Er studiert Fremdsprachen, weil er Dolmetscher werden will.*
språka, språkar, språkade, språkat	plaudern, reden

teckna	**Zeichnen**
teckna, tecknar, tecknade, tecknat	zeichnen
tecknare, tecknaren, tecknare	Zeichner
tecknerska, tecknerskan, tecknerskor	Zeichnerin
teckning, teckningen, teckningar	Zeichnung, Zeichnen (Schule)

4.4 Texte und Bücher

alfabet, alfabeten	**Alphabet**
alfabetisk, alfabetiskt	alphabetisch

bokstav, bokstaven, bokstäver	**Buchstabe**

ord, ordet, ord	**Wort**
Vad betyder det här ordet?	*Was bedeutet dieses Wort?*
Jag förstår inte ett ord.	*Ich verstehe nicht ein Wort.*
ord för ord	Wort für Wort
hålla ord, håller ..., höll ..., hållit ...	Wort halten
ordbok, -boken, -böcker	Wörterbuch
Ordböcker är ganska dyra.	*Wörterbücher sind ziemlich teuer.*
ordlista, -listan, -listor	Wortliste, Wörterverzeichnis
ordstam, -stammen, -stammar	Wortstamm
ordkarg	wortkarg
ordkarghet, -kargheten, -kargheter	Wortkargheit
ordlös, ordlöst	wortlos
ordrik, ordrikt	wortreich
korsord	Kreuzworträtsel
Jag tycker om att lösa korsord.	*Ich löse gern Kreuzworträtsel.*

punkt, punkten, punkter	**Punkt**
Jag sätter en punkt.	*Ich mache einen Punkt.*
Vi har kommit till den punkt då ...	*Wir sind an dem Punkt (angekommen), wo ...*

siehe auch:

punktlig, punktligt	pünktlich
vara punktlig	pünktlich sein
punktlighet, -heten, -heter	Pünktlichkeit

aber:

poäng, poängen, poäng	Punkt (z.B. beim Sport)
på poäng	nach Punkten
poängseger, -segern, -segrar	Punktsieg
få poäng, får ..., fick ..., fått ...	punkten, Punkte erreichen
antal poäng	Punktzahl
prick, pricken, prickar	Punkt
ett tyg med blå prickar	*ein Stoff mit blauen Punkten*

rad, raden, rader	**Zeile, Reihe**; Theater: Rang
ny rad	(neuer) Absatz
rada, radar, radade, radat	reihen
rada upp	aufreihen
Vi står i rad.	*Wir stehen in einer Reihe (hintereinander, nebeneinander).*

stycke, stycket, stycken	(Text-)**Absatz**

aber:

klack, klacken, klackar	(Schuh-)Absatz
avsats, avsatsen, avsatser	(Treppen-)Absatz

mening, meningen, meningar	**Satz** (grammatisch); Meinung, Sinn,
Jag kan inte översätta den här meningen.	*Ich kann diesen Satz nicht übersetzen.*
enligt min mening	meiner Meinung nach
Det var inte min mening.	*Das war nicht meine Absicht.*
meningsfull, meningsfullt	bedeutungsvoll, sinnvoll
meningslös, meningslöst	sinnlos, zwecklos
meningslöshet, -heten, -heter	Sinnlosigkeit

sats, satsen, satser	**Satz** (in allen Bedeutungen)
Jag kan inte översätta den här satsen.	*Ich kann diesen Satz nicht übersetzen.*
lärosats	Lehrsatz
satsbyggnad, -byggnaden, -byggnader	Satzbau (grammatisch)
satsdel, -delen, -delar	Satzteil
uppsats, uppsatsen, uppsatser	Aufsatz
satsa, satsar, satsade, satsat	setzen
Han har satsat på fel häst.	*Er hat auf das falsche Pferd gesetzt.*

text, texten, texter	**Text**
texta	in Druckschrift schreiben
Filmen var textad på svenska.	*Der Film hat schwedische Untertitel.*

bok, boken, böcker	**Buch**
läsebok	Lesebuch, Fibel
lärobok (kursbok)	Lehrbuch
bokhandel, -handeln, -handlar	Buchhandlung
bokhylla, -hyllan, -hyllor	Bücherregal

aber:

boka ☞ 326, bokar, bokade, bokat	buchen

sida, sidan, sidor	**Seite**
Vilken sida står det på?	*Auf welcher Seite steht das?*
Vi sätter oss på andra sidan.	*Wir setzen uns auf die andere Seite.*
från min sida	von meiner Seite, meinerseits
från regeringens sida	vonseiten der Regierung
sida vid sida	Seite an Seite
Vi marscherade sida vid sida.	*Wir marschierten Seite an Seite.*
hemsida	Homepage
Varje universitet har en hemsida.	*Jede Universität hat eine Homepage.*
sidantal, -antalet, -antal (antal sidor)	Seitenanzahl
sidnummer, -numret, -nummer	Seitennummer

siehe auch:

sidogata, -gatan, -gator	Seitenstraße
sidoingång, -ingången, -ingångar	Seiteneingang
Sidoingången är på andra sidan.	*Der Seiteneingang ist (befindet sich) auf der anderen Seite.*
sidobyggnad, -byggnaden, -byggnader	Seitengebäude, Nebengebäude
Biblioteket befinner sig i sidobyggnaden.	*Die Bibliothek befindet sich im Nebengebäude.*
sidodörr, -dörren, -dörrar	Seitentür

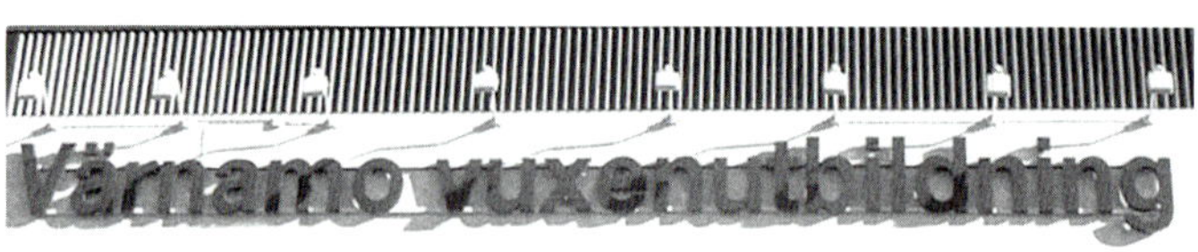

4.5 Studium und Weiterbildung

utbildning, utbildningen, utbildningar	**Ausbildung**
Om du vill bli tolk behöver du en mycket bra utbildning på främmande språk.	*Wenn du Dolmetscher werden willst, brauchst du eine sehr gute Ausbildung in Fremdsprachen.*
utbildningsmöjligheter, -möjligheten, -möjligheter	Bildungschancen
utbildningsminister, -ministern, -ministrar	Bildungsminister
utbildningspolitik, -politiken	Bildungspolitik
utbilda, utbildar, utbildade, utbildat	ausbilden
utbilda sig till	*sich ausbilden zu*
vidareutbildning	(berufliche) Fortbildung, Weiterbildung
vuxenutbildning	Erwachsenenqualifizierung, -ausbildung
Vuxenutbildningen har inte plats för alla som vill studera där.	*Die Erwachsenenausbildung hat nicht Platz für alle, die (dort) studieren wollen.*
fortbildning, fortbildningen	**Fortbildung**
fortbilda (sig), fortbildar ..., fortbildade ..., fortbildat ...	(sich) weiterbilden
fortbildningskurs, -kursen, -kurser	Weiterbildungskurs
Han är docent för vuxenutbildning och -fortbildning.	*Er ist Dozent für Erwachsenen-aus- und -weiterbildung.*
universitet, universitetet, universitet	**Universität**
Vill du läsa på universitetet?	*Willst du auf die Universität gehen?*
Läser han vid universitetet?	*Studiert er an der Universität?*
Lund är en universitetsstad.	*Lund ist eine Universitätsstadt.*
Lunds universitet	die Universität Lund
universitetsbibliotek, -biblioteket, -bibliotek	Universitätsbibliothek
universitetslektor, -lektorn, -lektorer	Universitätslektor
högskola, -skolan, -skolor	**Hochschule**
lärarhögskola	Pädagogische Hochschule
stipendium, stipendiet, stipendier	**Stipendium**

student, studenten, studenter	**Abitur, Abiturient; Student**
efter studenten	nach dem Abitur
Johan är student i Lund.	*Johan ist Student in Lund.*
studentska, studentskan, studentskor	Studentin
ta studenten	das Abitur machen
Han tog studenten förra året.	*Er hat das Abitur im vorigen Jahr gemacht.*
studentbetyg, -betyget, -betyg	Abiturzeugnis
studentexamen, -examen, -examina	Reifezeugnis, Abitur
studentlägenhet, -lägenheten, -lägenheter	Studentenwohnung
studenthem, -hemmet, -hem	Studentenwohnheim
De ska bygga studenthemmet här.	*Sie wollen hier das Studentenwohnheim bauen.*

studera, studerar, studerade, studerat	**studieren**
Han studerar fortfarande.	Er studiert noch.
Carl Larson studerade på. konstakademin i Stockholm.	*Carl Larson studierte an der Kunstakademie in Stockholm.*
studera svenska	schwedisch studieren
studera in en roll	eine Rolle (ein)studieren
studerande, studeranden, studerande	Studierender

siehe auch:

läsa 50, 295, 300, läser, läste, läst	lesen, lernen, studieren
Min farfar läser i tidningen.	*Mein Großvater liest in der Zeitung.*
Han ska börja läsa ekonomi.	Er kann anfangen, Ökonomie zu studieren.
läsa på universitet	an einer Universität studieren
läsa på högskolan	an einer Hochschule studieren
läsa juridik	Jura studieren
Han läste kemi.	*Er studierte Chemie.*
föreläsning, föreläsningen, föreläsningar	Vortrag, Vorlesung

siehe auch:

föredrag, föredraget, föredrag	Vortrag
Han håller ett föredrag.	*Er hält einen Vortrag.*

bibliotek, biblioteket, bibliotek	**Bibliothek**
Mittemot universitetet ligger biblioteket.	*Inmitten der Universität liegt die Bibliothek.*
universitetsbibliotek	Universitätsbibliothek
anmäla (sig), anmäler ..., anmälde ..., anmält ...	(sich) **anmelden**
Vem får jag anmäla?	*Wen darf ich melden?*
Har du anmält dig till nästa kurs?	*Hast du dich für den nächsten Kurs angemeldet?*
anmälning, anmälningen, -anmälningar	Anmeldung, Meldung, Anzeige-
anmälningsavgift, -avgiften, -avgifter	Anmeldegebühr
anmälningsblankett, -blanketten, -blanketter	Anmeldeformular
anmälningstid, -tiden, -tider	Anmeldefrist
lära, läran, läror	**Lehre**
lära om	Lehre von
gå i lära hos ngn, går ..., gick ..., gått ...	bei jmd. in die Lehre gehen
lärdom, -domen, -domar	Lehre
lärling, lärlingen, lärlingar	Lehrling, Lehrjunge
läroanstalt, -anstalten, -anstalter	Lehranstalt
lärobok, -boken, -böcker	Lehrbuch
läromedel, -medlet, -medel	Lehrmittel
läroplan, -planen, -planer	Lehrplan
lärosal, -salen, -salar	Hörsaal
lärosats, -satsen, -satser	Lehrsatz
lärostol, -stolen, -stolar	Lehrstuhl
lärosäte, -säten, -säter	Lehranstalt, Universität
lärotid, -tiden, -tider	Lehrzeit
läroverk, -verket, -verken	höhere Lehranstalt, Oberschule
läroår, -året, -år	Lehrjahr
läroämne, -ämnet, -ämne	Lehrfach
lärorik, lärorikt	lehrreich
professor, professorn, professorer	**Professor**

5

Einkaufen

5.1 Allgemeines

affär, affären, affärer	**Geschäft**; Angelegenheit, Sache
Du kan köpa det i en affär nära domkyrkan.	*Du kannst das in einem Geschäft in der Nähe des Domes kaufen.*
blomsteraffär	Blumengeschäft
köttaffär	Fleischgeschäft, Fleischerei
livsmedelaffär (mataffär)	Lebensmittelgeschäft
skoaffär	Schuhgeschäft
affärsbrev, -brevet, -brev	Geschäftsbrief
affärscentrum, -centrumet, -centrum	Geschäftszentrum
affärskvinna, -kvinnan, -kvinnor	Geschäftsfrau
affärsman, -mannen, -män	Geschäftsmann, Kaufmann
affärsmässig, -mässigt	geschäftsmäßig
affärsresa, -resan, -resor	Geschäftsreise
affärsspråk, -språket, -språk	Geschäftssprache
affärstid, -tiden, -tider	Öffnungszeit

siehe auch:

öppettid, -tiden, -tider	**Öffnungszeit, Geschäftszeit**

butik, butiken, butiker	**Geschäft, Laden**
klädbutik	Konfektionsgeschäft
Finns det någon klädbutik här?	*Gibt es hier (irgend)ein Konfektionsgeschäft?*
presentbutik	Geschenkboutique
butiksstängning, -stängningen	Ladenschluss
butikskedja, -kedjan, -kedjor	Warenhauskette
butiksinnehavare, -innehavaren, -innehavare	Ladenbesitzer

kiosk, kiosken, kiosker	**Kiosk**
Jag tror de säljer glass på kiosken.	*Ich glaube, sie verkaufen Eis in dem Kiosk.*
systembolag, -bolaget, -bolag	staatliche Monopolgesellschaft (für Verkauf von Alkohol)
Köp några starköl om du går till Systembolaget.	*Kauf ein paar Starkbier, wenn du zum Systembolag gehst.*

handla, handlar, handlade, handlat	**einkaufen**
Vi går (kör, bilar) till Halmstad för att handla	*Wir gehen (fahren) nach Halmstad einkaufen.*
Behöver vi handla något idag?	*Müssen wir heute irgendetwas einkaufen?*
gå och handla, går ..., gick ..., gått ...	einkaufen gehen
Vem går och handlar?	*Wer geht einkaufen?*
handel, handeln	Handel

aber:

handla om	handeln von
handling, handlingen, handlingar	Handlung

köpa, köper, köpte, köpt	**kaufen**
Du kan köpa det i en affär nära kyrkan.	*Du kannst das in einem Geschäft nahe (gleich bei) der Kirche kaufen.*
Köpte han boken?	*Hat er das Buch gekauft?*
Vi har köpt ett hus i närheten av Värnamo.	*Wir haben ein Haus in der Nähe von Värnamo gekauft.*
köp, köpet, köp	Kauf, Ankauf
inköp	Einkauf, Einkäufe
köpare, köparen, köpare	Käufer

köpcentrum, -centret oder -centrumet, -centra oder centrer oder centrum	Einkaufszentrum
köpkraft, -kraften	Kaufkraft
köpman, -mannen, -män	Kaufmann
köpkort, -kortet, -kort	Kundenkreditkarte
köpebrev, -brevet, -brev	Kaufbrief
köpekontrakt, -kontraktet, -kontrakt	Kaufvertrag

shoppa, shoppar, shoppade, shoppat	**einkaufen (gehen)**
Vi är i Malmö för att shoppa.	*Wir sind in Malmö um einzukaufen.*
shoppingcentrum, -centret oder -centrumet, -centra oder centrer oder centrum	Einkaufszentrum
shoppingrunda, -rundan, -rundor	Einkaufsbummel
shoppingvagn, -vagnen, -vagnar	Einkaufswagen

kund, kunden, kunder	**Kunde**
Det är inte så många kunder i affären på förmiddagarna.	*Es gibt vormittags nicht so viele Kunden in dem Geschäft.*
kundvagn, -vagnen, -vagnar	Einkaufswagen
kundservice, -servicen	Kundenservice, Kundendienst
kundtjänst, -tjänsten, -tjänster	Kundenservice, Kundendienst

expedit, expediten, expediter	**Verkäufer**
Expediten hämtade en större jacka.	*Der Verkäufer holte eine größere Jacke.*
Expediter måste mycket arbeta.	*Die Verkäufer müssen hart arbeiten.*
expeditionstid, -tiden, -tider	Geschäftszeit, Bürostunde
expeditionsavgift, -avgiften, -avgifter	Abfertigungsgebühr

sälja, säljer, sålde, sålt	**verkaufen**
Han köper och säljer gamla bilar.	*Er kauft und verkauft alte Autos.*
sälja ngt till ngn	jmd. etwas verkaufen
säljbar	verkäuflich
säljare, säljaren, säljare	Verkäufer

försälja, -säljer, -sålde, -sålt	**verkaufen**
försäljare, försäljaren, försäljare	Verkäufer
försäljerska, försäljerskan, försäljerskor	Verkäuferin

Hon är försäljare.	*Sie ist Verkäuferin.*
försäljning, försäljningen, försäljningar	Verkauf
försäljningschef, -chefen, -chefar	Verkaufsleiter
salu (keine Beugung)	**Verkauf**
Hus till salu!	*Haus zum Verkauf!*
saluhall, -hallen, -hallar	Verkaufshalle, Markthalle
salutorg, -torget, -torg	Markt
saluvärde, -värdet, -värden	Verkaufswert, Marktwert
marknad, marknaden, marknader	**Markt**
snabbköp, -köpet, -köp	**Supermarkt**
snabb ☞ 358	schnell
torg, -torget, -torg	**Markt**
salutorg, -torget, -torg	Markt
varuhus, -huset, -hus	**Kaufhaus**
öppna ☞ 323, öppnar, öppnade, öppnat	**öffnen**
De har öppnat en ny Lidl affär där jag bor.	*Wo ich wohne, hat man ein neues Lidlgeschäft eröffnet.*
öppen	offen
öppet ☞ 18	geöffnet
I Sverige har affärerna öppet mellan 8.00 – 22.00 på vardagar.	*In Schweden haben die Geschäfte werktags zwischen 8.00 Uhr und 22.00 Uhr geöffnet.*
Är inte affärerna öppna än?	*Haben denn die Geschäfte noch nicht geöffnet?*
öppettid, -tiden, -tider	Öffnungszeit, Geschäftszeit
sluta ☞ 322, sluter, slöt, slutit	**schließen**

Achtung:

sluta, slutar, slutade, slutat	**enden, zu Ende gehen, aufhören**
Vi slutar här och fortsätter i morgon.	*Wir schließen hier und setzen morgen fort.*

stänga, stänger, stängde, stängt	**schließen**
Varuhuset stänger om fem minuter.	*Das Kaufhaus schließt in fünf Minuten.*
stängt	geschlossen
stängning, stängningen	Schließen, Schluss
stängning affärernas	Geschäftsschluss

kassa, kassan, kassor	**Kasse**
Det är kortare kö i nästa kassa.	*Die Schlange ist kürzer an der nächsten Kasse.*
per kassa	gegen bar
kassakvitto, -kvitton, -kvittar	Kassenzettel
kassör, kassören, kassörer	Kassierer
kassörska, kassörskan, kassörskor	Kassiererin

aber:

kasse ☞ 70, kassen, kassar	Einkaufsnetz, -tüte, Tragetasche

siehe auch:

kontant ☞ 22	**bar**

betala, betalar, betalade, betalat	**bezahlen**
Är det möjligt att betala med kort?	*Ist es möglich, mit Karte zu bezahlen?*
betalbar	bezahlbar
betalning, betalningen	Bezahlung

kosta, kostar, kostade, kostat	**kosten**
Vad kostar det?	*Was kostet das?*
Det kostar hundra kronor.	*Das kostet hundert Kronen.*

kö, kön, köer	**Schlange, Reihe**
Det var lång kö till biljettautomaterna.	*Es gab eine lange Schlange an den Fahrkartenautomaten.*
stå i kö, stå ..., stod ..., stått ...	Schlange stehen
köbricka, -brickan, -brickor	Nummernplättchen, -kärtchen

billig, billigt	**billig**
De har billiga grönsaker.	*Sie haben billiges Gemüse.*
Frysta räkor är billigare än färska.	*Gefrorene Garnelen sind billiger als frische.*
dyr ☞ 334, dyrt	**teuer**
en dyr affär	ein teures Geschäft
Det är dyrt att leva här.	*Es ist teuer, hier zu leben.*
Potatisarna är inte dyrare i Sverige än i Tyskland.	*Die Kartoffeln sind nicht teurer in Schweden als in Deutschland.*

pris, prisen, priser	**Preis**
Första pris var en resa till Stockholm.	*Erster (Der erste) Preis war eine Reise nach Stockholm*
Grönsakspriserna är höga.	*Die Gemüsepreise sind höher.*
till varje pris	um jeden Preis
cirkapris	Preisempfehlung
extrapris	Sonderpreis
De har extrapris på bananer den här veckan.	*Sie haben in dieser Woche hier ein Sonderangebot für Bananen.*
riktpris	Preisempfehlung, „Richtpreis“
prisvärd, -värt	preiswert
priskontroll, -kontrollen, -kontroll	Preiskontrolle
prislapp, -lappen, -lappar	Preisschild
prislista, -listan, -listor	Preisliste
prismärkning, -märkningen, -märkningar	Preisangabe
prisuppgift, -uppgiften, -uppgifter	Preisangabe

prisnedsättning, -sättningen, -sättningar	Preisermäßigung
prissänkning, -sänkningen, -sänkningar	Preisermäßigung
prisstegring, -stegringen, -stegringar	Preissteigerung
prishöjning, -höjningen, -höjningar	Preiserhöhung
prisbelönt	preisgekrönt
Halva priset!	*Zum halben Preis!*
inklusive (inkl.)	**einschließlich, inklusive**
Är det inklusive dryck?	*Ist das einschließlich Getränke?*
exklusiv, exklusivt (Adjektiv)	**ausschließlich, exklusive**
Det finns exklusiva kläder i affären.	*In dem Geschäft gibt es exklusive Kleider.*
exklusivitet, exklusiviteten	Exklusivität
falla, faller, föll, fallit	**fallen, stürzen**
Priserna faller.	*Die Preise fallen.*
Tyvärr föll priserna inte.	*Leider sind die Preise nicht gefallen.*
falla in	einfallen
pengar ☞ 23 (Pl.)	**Geld**
räcka, räcker, räckte, räckt	**langen, reichen, ausreichen**
Jag hoppas pengarna räcker.	*Ich hoffe, das Geld reicht.*
räckvidd, -vidden, -vidder	Reichweite, Tragweite; Bereich
räckhåll, -hållet, -håll	Reichweite
bit, biten, bitar	**Stück**
kvalitet, kvaliteten, kvaliteter	**Qualität**
Betalar du lite mer får du bättre kvalitet.	*Bezahlst du ein wenig mehr, erhältst du bessere Qualität.*
en fin kvalitet	eine gute Qualität
kvalitativ, kvalitativt	qualitativ
kvantitet, kvantiteten, kvantiteter	**Quantität**
kvantitativ, kvantitativt	quantitativ

sort, sorten, sorter	**Sorte**
sortiment, sortimentet, sortiment	**Sortiment**
Sortimentet kan variera på enstaka produkter mellan butikerna.	*Das Sortiment kann bei einzelnen Produkten zwischen den Geschäften variieren.*
vara, varan, varor	**Ware**
Vi hittar varorna i hyllorna.	*Wir finden die Waren in den Regalen.*

aber:

vara, är, var, varit	andauern, reichen

rea, rean, reor	**Aus-, Schlussverkauf**
rea på skor	Schuhe im Sonderangebot
köpa ngt på rea, köper ..., köpte ..., köpt ...	etwas im Ausverkauf kaufen
Hon köpte en tröja på rea.	*Sie kaufte einen Pullover im Schlussverkauf.*
utförsäljning, utförsäljningen, utförsäljningar	**Ausverkauf**
rabatt, rabatten, rabatter	**Rabatt, Nachlass**
10 % rabatt	10% Rabatt
Rabatten är 20 procent.	*Der Rabatt beträgt 20 Prozent.*
rabattkupong, -kupongen, -kuponger	Gutschein
bageri, bageriet	**Backwaren;** 81 **Bäckerei**
drycker	**Getränke** 75
fisk, fisken, fiskar	**Fisch**
frukt, frukten, frukter	**Obst** 72
grönsak, -saken, -saker (meist Pl.)	**Gemüse** 73
De har billigare grönsaker på torget.	Auf dem Markt haben sie (gibt es) billigeres Gemüse.
kött, köttet	**Fleisch** 82
livsmedel, -medlet, -medel	**Lebensmittel** 78

salt, saltet, salter	**Salz**
socker, sockret	**Zucker**
cigarett, cigaretten, cigaretter	**Zigarette** ☞ 78
godis, godiset	**Süßigkeiten,** ☞ 77 **Bonbons**

5.2 Behältnisse

behållare, behållaren, behållare	**Behälter, Behältnis**
ask, asken, askar	**Schachtel**
back, backen, backar	**Kiste, Kasten** (Bier u.a.)
en back öl	eine Kiste Bier
Vi köpte två backar öl.	*Wir kauften zwei Kästen Bier.*
kasse, kassen, kassar	**Einkaufsnetz**, -tüte, Tragetasche
korg, korgen, korgar	**Korb**
papperskorg	Papierkorb
låda, lådan, lådor	**Kiste, Kasten**, Karton; Schublade
Potatisarna ligger i lådan.	*Die Kartoffeln liegen in der Kiste.*
en låda apelsiner	eine Kiste Apfelsinen
paket, paketet, paket	**Paket**
Paketet är tungt.	*Das Paket ist schwer.*
paketexpedition, -expeditionen, -expeditioner	Paketabfertigung
paketinlämning, -inlämningen, -inlämningar	Paketannahme
paketutlämning, -utlämningen, -utlämningar	Paketausgabe
påse, påsen, påsar	**Tüte**
en påse godis	eine Tüte Bonbon

säck, säcken, säckar	**Sack**
en säck potatisar	ein Sack Kartoffeln
köpa grisen i säcken, köper ..., köpte ..., köpt ...	die Katze im Sack kaufen

pant, panten, panter	**Pfand**
Är det pant på de här burkarna?	*Ist auf diesen Büchsen Pfand?*

flaska, flaskan, flaskor	**Flasche**
Det är en returflaska.	*Das ist eine Pfandflasche.*
vinflaska	Weinflasche
vin på flaskor	Flaschenwein
öl på flaskor	Flaschenbier
flaskhals, -halsen, -halsar	Flaschenhals
flasköppnare, -öppnaren, -öppnare	Flaschenöffner

butelj, buteljen, buteljer	**Flasche**
öl på buteljer	Flaschenbier
literbutelj	Literflasche
tre buteljer whisky	drei Flaschen Whisky

aber:

lyftblock, -blocket, -block	Flaschenzug

burk, burken, burkar	**Büchse, Dose, Glas**
Kan vi köpa ett par burkar öl?	*Können wir ein paar Büchsen Bier kaufen?*
ölburk	Bierdose
burköl, -ölet, -öl	Dosenbier
Jag skulle vilja ha en burköl.	*Ich möchte ein Dosenbier haben.*
burköppnare, -öppnaren, -öppnare	Büchsenöffner

glas, glaset, glas	**Glas**
Kan jag få ett glas vatten?	*Kann ich ein Glas Wasser haben?*
Hon ställde fram två glas.	*Sie stellte zwei Gläser auf den Tisch.*
av glas	aus Gläsern
vinglas	Weinglas
ölglas	Bierglas

siehe auch:

glasögon (Pl.)	eine Brille

aber:

glass, glassen, glassar	Eis

5.3 Obst

frukt, frukten, frukter	**Obst, Früchte**
fruktbarhet, fruktbarheten	Fruchtbarkeit
sydfrukter (Pl.)	Südfrüchte
banan, bananen, bananer	**Banane**
Bananer smakar bra.	*Bananen schmecken gut.*
apelsin, apelsinen, apelsiner	**Apfelsine**
Apelsinerna är billiga.	*Die Apfelsinen sind billig.*
apelsinjuice, -juicen	Orangensaft
aprikos, aprikosen, aprikoser	**Aprikose**
Vad kostar aprikoserna?	*Was kosten die Aprikosen?*
citron, citronen, citroner	**Zitrone**
Vi har bara en citron.	*Wir haben nur eine Zitrone.*
fikon, fikonet, fikon	**Feige**
Fikonet är gult.	*Die Feige ist gelb.*
Fikon är dyrt.	*(Die) Feigen sind teuer.*
äpple, äpplet, äpplen	**Apfel**
Äpplet är grönt.	*Der Apfel ist grün.*
Vi måste bita i det sura äpplet.	*Wir müssen in den sauren Apfel beißen.*
äppeljuice, -juicen, -juicer	Apfelsaft
äppelkaka, -kakan, -kakor	Apfelkuchen
äppelmos, -moset, -mos	Apfelmus
äppelsaft, -saften, -safter	Apfelsaft

äppelträd, -träden, -träder	Apfelbaum
äppelvin, -vinet, -vin	Apfelwein
blåbär, -häret, -bär	**Blaubeere, Heidelbeere**
På sommaren plockar vi blåbär.	*Im Sommer sammeln wir Blaubeeren.*
hallon, hallonet, hallon	**Himbeere**
jordgubbe, jordgubben, jordgubbar	**Erdbeere**
körsbär, -häret, -bär	**Kirsche**
körsbärsblom, -blommen	Kirschblüte(n)
körsbärsträd, -trädet, -träd	Kirschbaum
lingon, lingonet, lingon	**Preiselbeere**
Köttbullar och lingon smakar jättegott.	*Fleischklößchen und Preiselbeeren schmecken sehr gut.*
lingonsaft, -saften, -safter	Preiselbeersaft
smultron, smultronet, smultron	**Walderdbeere**

5.4 Gemüse

grönsak, -saken, -saker	**Gemüse**
Grönsaken är färsk.	*Das Gemüse ist frisch.*
De har billigare grönsaker på torget.	*Auf dem Markt haben sie (gibt es) billigeres Gemüse.*
blomkål, -kålen	**Blumenkohl**
böna, bönan, bönor	**Bohne**
brytbönor	grüne Bohnen
kaffebönor	Kaffeebohnen, Bohnenkaffee
bönsoppa, -soppan, -soppor	Bohnensuppe
ärta, ärtan, ärtor	**Erbse**
ärtsoppa, -soppan, -soppor	Erbsensuppe

gurka, gurkan, gurkor	**Gurke**
gurksallad, -salladen, -sallader	Gurkensalat
tomat, tomaten, tomater	**Tomate**
Kommer tomaterna från Holland?	*Kommen die Tomaten von Holland?*
lök, löken, lökar	**Zwiebel**
purjolök, (rödlök, vitlök)	Lauch, (rote Zwiebel, Knoblauch)
morot, moroten, morötter	**Mohrrübe**
Morötter är friska.	*Mohrrüben sind gesund.*
persilja, persiljan	**Petersilie**
Behöver vi persilja?	*Brauchen wir Petersilie?*
peppar, pepparn	**Pfeffer**
peppar och salt	Pfeffer und Salz
rödpeppar (vitpeppar)	roter Pfeffer (weißer Pfeffer)
pepparkaka, -kakan, -kakor	Pfefferkuchen
pepparkorn, -kornet, -korn	Pfefferkorn
pepparrot, -roten	Meerrettich
pepparströare, -ströaren, -ströare	Pfefferstreuer
peppra, pepprar, pepprade, pepprat	pfeffern
potatis 156, potatisen, potatisar	**Kartoffel**
potatischips, -chipset, -chips	Kartoffelchips
sallad, salladen, sallader	**Salat**
grönsallad, (gurksallad, potatissallad)	grüner Salat, (Gurkensalat, Kartoffelsalat)
salladshuvud, -huvudet, -huvud	Salatkopf
Salladshuvudet är stort.	*Der Salatkopf ist groß.*
svamp, svampen, svampar	**Pilz**
svampsås, -såsen, -såser	Pilzsoße
giftsvamp	Giftpilz
svampförgiftning, -förgiftningen	Pilzvergiftung
Svampen är inte giftig.	*Der Pilz ist nicht giftig.*

siehe auch:

giftig, giftigt	giftig
giftig växt	Giftpflanze
gift, giftet, gifter	Gift
giftorm, -ormen, -ormar	Giftschlange
gifttand, -tanden, -tänder	Giftzahn

aber:

gift ☞ 95, gift	verheiratet

siehe auch:

kantarell, kantarellen, kantareller	Pfifferling
karljohan	Steinpilz

5.5 Getränke

dryck, drycken, drycker	**Getränk**
Är det inklusive drycker?	*Ist das einschließlich Getränke?*
dryckesvaror (Pl.)	Getränke
dricka, dricker, drack, druckit	trinken

juice, -juicen, -juicer	**Saft**
apelsinjuice, (äppeljuice)	Orangensaft, (Apfelsaft)

saft, saften, safter	**Saft**
lingonsaft, (äppelsaft)	Preiselbeersaft, (Apfelsaft)

läsk, läsken	**Brause, Limonade**
Det finns en automat där du kan köpa läsk.	*Es gibt einen Automaten, wo du Brause kaufen kannst.*

mjölk, mjölken	**Milch**
Tar du mjölk i kaffet?	*Nimmst du Milch in den Kaffee?*
Mjölken är färsk.	*Die Milch ist frisch.*
filmjölk, (lättmjölk)	saure Milch, (fettarme Milch, Schwedenmilch)
Vi tycker om att dricka mjölk.	*Wir trinken gern Milch.*
mjölke	Frischmilch
mjölkflaska, -flaskan, -flaskor	Milchflasche

siehe auch:

lättfil	saure fettarme Milch
mjölktand, -tand, -tänder	Milchzahn

grädde, grädden	**Sahne**
Kan jag få grädden?	*Kann ich die Sahne haben?*
kaffegrädde, (vispgrädde)	Kaffeesahne, (Schlagsahne)
gräddbakelse, -bakelsen	Sahnegebäck
gräddkaramell, -karamellen, -karameller	Sahnebonbon
gräddtårta, -tårtan, -tårtor	Torte mit Schlagsahne
kaffe, kaffet	**Kaffee**
Är det mitt kaffe?	*Ist das mein Kaffee?*
en kopp kaffe	eine Tasse Kaffee
Vill du ha en kopp kaffe?	*Willst du eine Tasse Kaffee haben?*
kaffebönor (Pl.)	Kaffeebohnen, Bohnenkaffee
kaffekanna, -kannan, -kannor	Kaffeekanne
kaffebröd, -brödet	Gebäck
kaffebryggare, -bryggaren, -bryggare	Kaffeemaschine
kaffepaus, -pausen, -pauser	Kaffeepause
te, teet, teer	**Tee**
Vill du ha te eller kaffe?	*Willst du Tee oder Kaffee haben?*
en kopp te	eine Tasse Tee
tevatten, -vattnet	Teewasser
vatten 137, vattnet, vatten	**Wasser**
Kan jag få ett glas vatten?	*Kann ich ein Glas Wasser haben?*
mineralvatten	Mineralwasser
Finns det mineralvatten här?	*Gibt es hier Mineralwasser?*
öl, ölet, öl	**Bier**
Dricker du öl eller vin?	*Trinkst du Bier oder Wein?*
folköl	leichtes Bier
lättöl, (starköl)	leichtes Bier, (Starkbier)
ljust öl, (mörkt öl)	helles Bier, (dunkles Bier)

burköl	Dosenbier
ölburk, -burken, -burkar	Bierdose
ölbryggeri, -bryggeriet, -bryggerier	Bierbrauerei
Värnamos ölbryggeri är stort.	*Die Bierbrauerei von Värnamo ist groß.*
ölfat, -fatet, -fat	Bierfass
Ölfatet är tomt.	*Das Bierfass ist leer.*
ölglas, -glaset, -glas	Bierglas
ölflaska, -flaskan, -flaskor	Bierflasche
ölbutelj, -buteljen, -buteljer	Bierflasche
öl på buteljer, (på flaskor)	Flaschenbier

aber:

olja 156, oljan, oljor	Öl

snaps, snapsen, snapsar	**Schnaps**

vin, vinet, viner	**Wein**
vitvin, (rödvin)	Weißwein, (Rotwein)
Det står en flaska rödvin på bordet.	*Es steht eine Flasche Rotwein auf dem Tisch.*
äppelvin	Apfelwein
vin på flaskor	Flaschenwein
vindruva, -druvan, -druvor	Weintraube
vinfat, -fatet, -fat	Weinfass
vinflaska, -flaskan, -flaskor	Weinflasche
vinglas, -glaset, -glas	Weinglas

siehe auch:

vinbär, -bäret, -bär	Johannisbeere

aber:

vina, viner, ven, vinit	weinen, heulen (Wind)

5.6 Zigaretten und Süßigkeiten

choklad, chokladen, choklader	**Schokolade, Kakaogetränk**
chokladkaka, -kakan, -kakor	Tafel Schokolade

glass, glassen, glasser	**Eis**
Barnen fick sin glass.	*Das Kind bekam sein Eis.*
chokladglass	Schokoladeneis
Jag tycker bäst om chokladglass.	*Mir schmeckt Schokoladeneis am besten.*
glassbomb, -bomben, -bomber	Eisbombe, großes Eis

aber:

glas ☞ 142, glaset, glas	**Glas**
godis, godiset	**Süßigkeiten, Bonbons**
Ifall du är tyst, får du godis.	*Wenn du still bist, bekommst du Bonbons.*
lösgodis	lose Bonbons
karamell, karamellen, karameller	**Bonbon**
Alla barn tycker om att äta karameller.	*Alle Kinder essen gern Bonbons.*
gräddkaramell	Sahnebonbon
cigarett, cigaretten, cigaretter	**Zigarette**
cigarettpaket, -paketet, -paket	Zigarettenschachtel
cigarettändare, -tändaren, -tändare	Feuerzeug
tändstickor (Pl.)	**Streichhölzer**
en ask tändstickor	eine Schachtel Streichhölzer

5.7 Lebensmittel

livsmedel, -medlet, -medel	**Lebensmittel**
De har inte så mycket livsmedel här.	*Hier gibt es nicht so viele Lebensmittel.*
livsmedelaffär, -affären, -affärer	Lebensmittelgeschäft
livsmedelindustri, -industrin	Lebensmittelindustrie
smör, smöret	**Butter**
Hon steker bara i olja, inte i smör.	*Sie brät nur in (mit) Öl, nicht mit Butter.*
Smöret ligger på bordet.	*Die Butter liegt auf dem Tisch.*
smörgås, smörgåsen, smörgåsar	Butterbrot, belegtes Brot
smörgåsbord, -bordet	kaltes Büfett
smörja, smörjer, smorde, smort	fetten, einfetten; schmieren

siehe auch:

smörblomma 196, -blomman, -blommor — Butterblume

margarin, margarinet, margariner	**Margarine**
Margarinet är inte dyrt.	*Die Margarine ist nicht teuer.*
ost, osten, ostar	**Käse**
Han vill köpa en stark ost.	*Er will einen starken Käse kaufen.*
Osten smakar jättebra med rödvin.	*Der Käse schmeckt sehr gut mit Rotwein.*
ostbricka, -brickan, -brickor	Käseplatte
ostkaka, -kakan, -kakor	Käsekuchen
ostkant, -kanten, -kanter	Käserinde
ägg, ägget, ägg	**Ei**
Mor kunde inte baka för hon hade inga ägg hemma.	*Mutter konnte nicht backen, weil sie keine Eier zu Hause hatte.*
stekt ägg	Spiegelei
äggula, -gulan, -gulor	Eigelb
äggkopp, -koppen, -koppar	Eierbecher
mjöl, mjölet	**Mehl**
Behöver vi mjöl?	*Brauchen wir Mehl?*
Mjölet är mycket vitt.	*Das Mehl ist sehr weiß.*
flingor (Pl.)	**Frühstücksflocken, Cornflakes**
Till frukost äter jag flingor.	*Zum Frühstück esse ich Cornflakes.*
marmelad, marmeladen, marmelader	**Marmelade**
Till frukost äter vi smörgås med marmelad eller honung.	*Zum Frühstück essen wir Butterbrot mit Marmelade oder Honig.*
marmeladburk, -burken, -burkar	Marmeladenglas, -dose
honung, honungen	**Honig**
Tar du honung i teet?	*Nimmst du Honig in den Tee?*

senap, senapen	**Senf**
senapsburk, -burken, -burkar	Senfnapf
nudel, nudeln, nudlar	**Nudel**
spagetti (immer im Pl.)	**Spaghetti**
makaroner (immer im Pl.)	**Makkaroni**
socker, sockret	**Zucker**
Vill du ha socker i kaffet?	*Willst du Zucker in den Kaffee (haben)?*
florsocker, (strösocker)	Puderzucker, (Streuzucker)
Det finns strösocker här.	*Zucker gibt es hier.*
sockerbit, -biten, -bitar	Stückzucker
Det finns sockerbitar på hyllan.	*Stückzucker gibt es im Regal.*
ta två sockerbitar, tar …, tog …, tagit …	zwei Stück Zucker nehmen
sockersöt, -sött	zuckersüß
sockerhaltig, -haltigt	zuckerhaltig
sockerfri, -fritt	zuckerfrei, ohne Zucker
De har sockerfria småkakor här.	*Sie haben zuckerfreie Plätzchen hier.*
sockersjuk, -sjukt	zuckerkrank
sockersjuka, -sjukan	Zuckerkrankheit
sockerkaka, -kakan, -kakor	Topfkuchen
sockerlag, -lagen, -lager	Zuckerlösung
sockerdricka, -drickan, -dricker	Sprudel mit Geschmack
sockerbeta, -betan, -betor	Zuckerrübe
sockerärta, -ärtan, -ärter	Zuckererbsen
sockerrör, -röret	Zuckerrohr
sockerströare, -ströaren, -ströare	Zuckerstreuer
sockervadd, -vadden, -vaddar	Zuckerwatte
sockra, sockrar, sockrade, sockrat	zuckern
söt, sött	**süß**
Vilken söt hund!	*Was für ein süßer Hund!*
sockersöt	zuckersüß
en riktig sötnos	ein richtig süßes Ding
söta, sötar, sötade, sötat	süßen
sötsaker (Pl.)	Süßigkeiten
sötaktig, -aktigt	süßlich
sötningsmedel, -medlet	Süßstoff

siehe auch:

efterrätt, efterrätten, efterrätter	**Nachspeise, Nachtisch**

salt, saltet, salter	**Salz**
Han behöver en nypa salt.	*Er braucht eine Prise Salz.*
Var snäll och ge mig saltet.	*Gib mir bitte das Salz.*
utan salt	salzlos
saltsyra, -syran, -syror	Salzsäure
saltströare, -ströaren, -ströare	Salzstreuer
saltvatten, -vattnet	Salzwasser
salta pinnar (Pl.)	Salzstangen
saltsill, -sillen, -sillar	Salzhering
saltgurka, -gurkan, -gurkor	Salzgurke
saltgruva, -gruvan, -gruvor	Salzbergwerk
salt, salt	salzig
salta, saltar, saltade, saltat	salzen

aber:

kokt potatis	Salzkartoffeln

5.8 Backwaren

bageri, bageriet	**Bäckerei**
Var finns bageriet?	*Wo ist die Bäckerei?*

baka, bakar, bakade, bakat	**backen**

bröd, brödet, bröd	**Brot**
Brödet smakar bra.	*Das Brot schmeckt gut.*
Bageriet har bara två bröd.	*Der Bäckerladen hat nur noch zwei Brote.*
franskbröd	Toastbrot, Weißbrot
kaffebröd, (knäckebröd)	Gebäck, (Knäckebrot)
en skiva knäckebröd	*eine Scheibe Knäckebrot*
rågbröd	Roggenbrot
ströbröd	Paniermehl

brödrost, -rosten, -rostar	Brotröster, Toaster
brödskiva, -skivan, -skivor	Brotschnitte, Stulle
brödlös, brödlöst	brotlos

siehe auch:

limpa, limpan, limpor	**Laib Brot**
en limpa cigarretter	eine Stange Zigaretten

bakelse, bakelsen, bakelser	(feines) **Gebäck, Törtchen**
gräddbakelse	Sahnegebäck
kex, kexet oder kexen, kex	**Keks**
Kexet smakar jättebra.	*Der Keks schmeckt sehr gut.*
kaka, kakan, kakor	**Kuchen, Tafel Schokolade**
Har hon bakat den här kakan själv?	*Hat sie diesen Kuchen selbst gebacken?*
ostkaka (pannkaka, pepparkaka, äppelkaka, sockerkaka)	Käsekuchen (Pfann-, Pfeffer-, Apfel-, Topfkuchen)
småkakor (Pl.)	Kleingebäck

aber:

chokladkaka	Tafel Schokolade

tårta, tortan, tortor	**Torte**
gräddtårta	Torte mit Schlagsahne
bakpulver, -pulvret, -pulver	**Backpulver**
Vi behöver en påse bakpulver.	*Wir brauchen eine Tüte Backpulver.*

5.9 Fleisch- und Wurstwaren

filé, filén, filéer	**Filet**
kotlett, kotletten, kotletter	**Kotelett**

aber:

polisonger (Pl.)	Koteletten

rulad, ruladen, rulader	**Roulade**
stek, -steken, -stekar	**Steak, Braten**
steka ☞ 153, steker, stekte, stekt	braten
kött, köttet	**Fleisch**
Han äter inte kött.	*Er isst kein Fleisch.*
griskött, (kalvkött, nötkött)	Schweinefleisch, (Kalbfleisch, Rindfleisch)
Är det nötkött?	*Ist das Rindfleisch?*
köttaffär, -affären, -affärer	Fleischgeschäft, Fleischerei
köttbit, -biten, -bitar	Stück Fleisch, Fleischstück
köttbulle, -bullen, -bullar	Fleischklops, -klößchen, Hackfleischbällchen
Jag äter köttbullar med lingon.	*Ich esse Fleischklopse mit Preiselbeeren.*
köttfärs, -färsen	Hackfleisch
köttskiva, -skivan, -skivor	Fleischscheibe, Scheibe Fleisch
köttsoppa, -soppan, -soppor	Fleischsuppe
köttvaror (Pl.)	Fleischwaren
köttig, köttigt	fleischig
biffstek, -steken, -stekar	**Beefsteak**
kalv, kalven, kalvar	**Kalb**
kalvstek, -steken, -stekar	Kalbsbraten
kalvkotlett, -kotletten, -kotletter	Kalbskotelett
nöt ☞ 200, nötet, nöt	**Rind**
oxkött, -köttet	**Rindfleisch**
oxstek, -steken, -stekar	Rinderbraten
oxfilé, -filén, -filéer	Rinderfilet
fläsk, fläsket	**Schweinefleisch, Speck**
fläskschnitzel, -schnitzeln, -schnitzlar	Schweineschnitzel
fläskkotlett, -kotletten, -kotletter	Schweinekotelett
filé, filén, filéer	Filet

korv, korven, korvar	**Wurst**
Vill du ha en korv med bröd?	*Willst du eine Wurst mit Brot haben?*
falukorv	(schwedische) Fleischwurst
Falukorv är en tysk korvsort som arbetarna från Tyskland som arbetade i Falun tog med sig till Sverige.	*Faluwurst ist eine deutsche Wurstsorte, die die Arbeiter von Deutschland, die in Falun arbeiteten, mit nach Schweden gebracht haben.*
prinskorv	Cocktailwürstchen
korvkiosk, -kiosken, -kiosker	Würstchenbude

skinka, skinkan, skinkor	**Schinken**
rökt skinka	Räucherschinken

5.10 Fischwaren und Schalentiere

fisk ☞ 244, fisken, fiskar	**Fisch**
Vi äter fisk ett par gånger i veckan.	*Wir essen ein paar Mal in der Woche Fisch.*
rökt fisk	geräucherter Fisch
fiskaffär, -affären, -affärer	Fischgeschäft
fiskben, -benen, -benar	Fischgräte
fiskfilé, -filén, -filéer	Fischfilet
fiskpinne, -pinnen, -pinnar	Fischstäbchen
fiska, fiskar, fiskade, fiskat	angeln

abborre, abborren, abborrar	**Barsch**

fjällröding, -rödingen, -rödingar	**Saibling**

gädda, gäddan, gäddor	**Hecht**

gös, gösen, gösar	**Zander**

lax, laxen, laxar	**Lachs**
Det blir lax med potatis idag.	*Es gibt heute Lachs mit Kartoffeln.*
gravad lax, (rimmad lax)	gebeizter Lachs, (Pökellachs)
rökt lax, den rökta laxen, rökta laxar	geräucherter Lachs, Räucherlachs
laxfiske	Lachsfang, Lachsfischerei

siehe auch:

öring, öringen, öringar	Lachsforelle

aber:

laxera, laxerar, laxerade, laxerat	abführen

makrill, makrillen, makrillar	**Makrele**

sill, sillen, sillar	**Hering**
Jag äter ofta sill och potatis.	*Ich esse oft Hering und Kartoffeln.*
färsk sill, (inlagd sill, salt sill, stekt sill)	grüner Hering, (eingelegter Hering, Salzhering, Brathering)

strömming, strömmingen, strömmingar	**Ostseehering**
spätta, spättan, spättor	**Scholle**
torsk, torsken, torskar	**Dorsch**
ål, ålen, ålar	**Aal**
krabba, krabban, krabbor	**Krabbe**
kräfta, kräftan, kräftor	**Krebs**
mussla, musslan, musslor	**Muschel**
räka, räkan, räkor	**Garnele**

6

Familie und soziale Fragen

6.1 Familie und Zuhause

familj, familjen, familjer	**Familie**
Han är en vän till familjen.	*Er ist ein Freund der Familie.*
Familjerna Müller och Schmidt bor i Berlin.	*Die Familien Müller und Schmidt wohnen in Berlin.*
familjefader (kurz: -far), -fadern, -fäder	Familienvater
familjeplanering, -planeringen, -planeringar	Familienplanung
familjenamn, -namnet, -namn	Familienname
familjeliv, -livet, -liv	Familienleben
familjär	familiär, vertraut

siehe auch:

släkt, släkten, släkter	**Familie, Geschlecht**
Det ligger i släkten.	*Das liegt in der Familie.*
släktnamn, -namnet, -namn	Familienname
släkting, släktingen, släktingar	Verwandte/Verwandter

aber:

efternamn	Familienname
civilstånd ☞ 95, -ståndet, -stånd	Familienstand

kvinna, kvinnan, kvinnor	**Frau**
Han drömmer om att träffa en ny kvinna.	*Er träumt davon, eine neue Frau zu treffen (zu finden).*
kvinnlig, kvinnligt	weiblich, weibisch
kvinnlighet, kvinnligheten, kvinnligheter	Weiblichkeit
kvinnlig advokat,	Rechtsanwältin

... advokaten, ... advokater	
kvinnlig läkare ☞ 119, ... läkaren, ... läkare	Ärztin
kvinnoläkare, -läkaren, -läkare	Frauenarzt
kvinnoklinik, -kliniken, -kliniker	Frauenklinik
kvinnosjukdom, -sjukdomen, -sjukdomar	Frauenkrankheit
kvinnoarbete, -arbetet, -arbeten	Frauenarbeit
kvinnodräkt, -dräkten, -dräkter	Frauenkleidung
kvinnoförening, -föreningen, -föreningar	Frauenverein

siehe auch:

gynekolog, gynekologen, gynekologer	Frauenarzt, Gynäkologe

siehe auch:

fru, frun, fruar	**Frau**
Hans fru heter Siv.	*Seine Frau heißt Siv.*

man, mannen, män	**Mann, Ehemann**
3 kr per man	*3 Kronen pro Mann (pro Kopf)*
Alle man på däck!	*Alle Mann an Deck!*
Vi är 10 man.	*Wir sind 10 Mann.*
mannen på gatan	der Mann auf der Straße, der kleine Mann
liten man	kleiner Mann; Männchen
manlig, manligt	männlich

siehe auch:

maskulin	männlich

aber:

en hanne	ein männliches Tier

man	**man**
Hur kan man vara så dum!	*Wie kann man so dumm sein!*
Man har sagt mig ...	*Man hat mir gesagt ...*

aber:

man, manen, manar	Mähne
mana, maner, manade, manat	mahnen

par, paret, par	**Paar**
äkta par	Ehepaar
gift par, det gifta paret, gifta par	Ehepaar
brudpar, (kärlekspar, älskande par)	Brautpaar, (Liebespaar)
para sig, parar …, parade …, parat …	sich paaren
parvis (Adverb)	paarweise
parning, parningen, parningar	Paarung
parningstid, -tiden, -tider	Paarungszeit

vuxen, den vuxna, vuxna	**Erwachsene(r)**
Vi är två vuxna.	*Wir sind zwei Erwachsene.*
vuxen	erwachsen
vuxenutbildning, -utbildningen, -utbildningar	Erwachsenenbildung, -fortbildung
vara ngt vuxen	etwas gewachsen sein

förälder, föräldern, föräldrar	**Elternteil**
föräldrar (Pl.), Sg.: en förälder	Eltern
Barnet går till föräldrarna.	*Das Kind geht zu den Eltern.*
föräldraafton, -aftonen, -aftnar	Elternabend (Schule)
föräldrahem, -hemmet, -hemmen	Elternhaus
föräldralös, -löst	elternlos, verwaist
föräldralöst barn, föräldralöst barnet, föräldralösa barn	Waise, Waisenkind

hem ☞ 140	**nach Hause, heim**
Gå hem!	*Geh nach Hause!*
Jag måste ta bussen för att komma hem.	*Ich muss den Bus nehmen, um nach Hause zu kommen.*
komma ☞ 306 hem till ngn, kommer …, kom …, kommit …	zu jmdn. nach Hause kommen
bjuda hem ngn, bjuder …, bjöd …, bjudit …	jmdn. zu sich einladen

hemma	**zu Hause**
Jag måste vara hemma i morgon för det kommer hantverkare.	*Ich muss morgen zu Hause sein, weil Handwerker kommen.*
hemmamatch 254, -matchen, -matcher	Heimspiel

hemifrån	**von zu Hause**
När han blev myndig flyttade han hemifrån.	*Als er volljährig geworden war, zog er von zu Hause weg.*

besök, besöket, besök	**Besuch**
Tack för besöket!	*Danke für den Besuch!*
på besök	zu Besuch
Vi är på besök hos Zakrissons.	*Wir sind zu Hause bei Zakrissons zu Besuch.*
besökstid, -tiden, -tider	Besuchszeit
besöka, besöker, besökte, besökt	besuchen
Den svenska drottningen besökte Hamburg.	*Die schwedische Königin besuchte Hamburg.*
besökare, besökaren, besökare	Besucher

siehe auch:

hälsa på, hälsar …, hälsade …, hälsat …	**besuchen**

aber:

gå i en skola, går …, gick …, gått …	eine Schule besuchen

6.2 Vater, Mutter, Kind

fader (kurz: far), fadern, fäder	**Vater**
Min far fyller femti år.	*Mein Vater ist fünfzig Jahre alt.*
svärfar	Schwiegervater
fadershus, -huset, -hus	Vaterhaus
faderlik, faderlikt	väterlich
faderlös, faderlöst	vaterlos
faders kärlek, … kärleken	Vaterliebe
faderskap, -kapet, -kap	Vaterschaft

pappa, pappan, pappor	**Papa**

moder (kurz: mor), modern, mödrar	**Mutter**
Var lever din mor?	*Wo lebt deine Mutter?*
mor till tre barn, trebarnsmor	Mutter von (mit) drei Kindern
lilla mor	Mütterchen
mors dag, ... dagen, ... dagar	Muttertag
moderlig, moderligt	mütterlich
mödernet	mütterlicherseits

aber:

mor, moren, morer	Mohr, Maure
mutter, muttern, muttrar	(Schrauben-)Mutter
matjord, -jorden, -jordar	Muttererde

mamma, mamman, mammor	**Mama**

barn, barnet, barn	**Kind**
Barnet spelar på gatan.	*Das Kind spielt auf der Straße.*
Har du barn?	*Hast du Kinder?*
nyckelbarn	Schlüsselkind
barnbarn	Enkelkind ☞ 91
Vi har tre barnbarn.	*Wir haben drei Enkelkinder.*
barnbarns barn	Urenkel
Vi träffar os barnbarns barn så ofta vi kan.	*Wir treffen unsere Urenkel so oft wir können.*
barnbok, -boken, -böcker	Kinderbuch
barnkammare ☞ 132	Kinderzimmer
Barnkammaren befinner sig på tredje våningen.	*Das Kinderzimmer befindet sich im dritten Stock.*
barnbidrag, -bidraget, -bidrag	Kindergeld
Barnbidraget betalas ut en gång i månaden.	*Das Kindergeld wird einmal im Monat ausgezahlt.*
barnbespisning, -bespisningen, -bespisningar	Kinderspeisung
barnbiljett, -biljetten, -biljetter	Kinderfahrkarte
barnbördshus, -huset, -hus	Entbindungsstation

barndom, -domen	Kindheit
barnflicka, -flickan, -flickor	Kindermädchen
barnhem, -hemmet, -hem	Kinderheim, Waisenhaus
barnkläder (Pl.)	Kinderkleidung, Kindersachen
barnläkare ☞ 119, -läkaren, -läkare	Kinderarzt
barnmat, -maten	Kinderkost, Babykost
barnomsorg, -omsorgen, -omsorger	Kinderbetreuung
Barnomsorgen är viktig.	*Die Kinderbetreuung ist wichtig.*
barnprogram, -programmet, -program	Kinderprogramm
barnsjukdom, -sjukdomen, -sjukdomar	Kinderkrankheit
barnstol, -stolen, -stolar	Kinderstuhl
barnsäng, -sängen, -sängar	Kinderbett
barnvagn, -vagnen, -vagnar	Kinderwagen
barnförbjuden	nicht jugendfrei
barntillåten, -tillåtet, -tillåtna	jugendfrei
barnlös, -löst	kinderlos
barnrik, -rikt	kinderreich
barnvänlig, -vänligt	kinderfreundlich

son, sonen, söner	**Sohn**
Sonen arbetar i Stockholm.	*Der Sohn arbeitet in Stockholm.*
Hans söner är vuxna.	*Seine Söhne sind erwachsen.*
sonson, -sonen, -söner	Enkel
sonsons son	Urenkel

dotter, dottern, döttrar	**Tochter**
Dottern studerade i Lund.	*Die Tochter studierte in Lund.*
Våra döttrar är vuxna.	*Unsere Töchter sind erwachsen.*
dotterdotter	Enkelin
dotterson ☞ 90	Enkel
dotterbarn, -barnet, -barn	Enkelkind
dotterbolag, -bolaget, -bolag	Tochtergesellschaft

pojke, pojken, pojkar	**Junge**
Pojken älskar glass.	*Der Junge liebt (mag gern) Eis.*

flicka, flickan, flickor	**Mädchen**
lilla flicka	Kleines

6.3 Großeltern

farfar, -fadern, -fäder	Großvater (väterlicherseits)
farmor, -modern, -mödrar	Großmutter (väterlicherseits)
farföräldrar (Pl.)	Großeltern (väterlicherseits)
morfar (morfadern), -fadern, -fäder	Großvater (mütterlicherseits)
Vi besöker min morfar.	*Wir besuchen meinen Großvater.*
mormor	Großmutter (mütterlicherseits)
morföräldrar (Pl.)	Großeltern (mütterlicherseits)
morfars far	Urgroßvater (mütterlicherseits)
mormors mor	Urgroßmutter
Lever din mormors mor?	*Lebt deine Urgroßmutter noch?*

6.4 Weitere Verwandtschaften

släkt, släkten, släkter	**Verwandtschaft**, Geschlecht
Halva min släkt bor i Tyskland.	*Meine halbe Verwandtschaft wohnt in Deutschland.*
släkting, släktingen, släktingar	Verwandte(r)
Har du släktingar här?	*Hast du hier Verwandte?*
släktskap, - släktskapet	Verwandtschaft
vara släkt med ngn	mit jmd. verwandt sein

broder (kurz: bror), brodern, bröder	**Bruder**
Min bror bor i Lund.	*Mein Bruder wohnt in Lund.*
Brodern går i skolan.	*Der Bruder geht in die Schule.*
Alla hans bröder spelar fotboll.	*Alle seine Brüder spielen Fußball.*
en bror till mig	ein Bruder von mir
farbror	Vaters Bruder, Onkel
morbror	Mutters Bruder, Onkel
halvbror	Halbbruder
brorson, -sonen, -söner	Neffe
brorsbarn, -barnet, -barn	Neffe
brorsdotter, -dottern, -döttrar	Nichte
broderlig, broderligt	brüderlich

aber:

brodera, broderar, broderade, broderat	sticken

syster, systern, systrar	**Schwester**
Min syster är lärarinna.	*Meine Schwester ist Lehrerin.*
Jag har två systrar.	*Ich habe zwei Schwestern.*
halvsyster	Halbschwester
systerdotter, -dottern, -döttrar	Nichte
systerson, -sonen, -söner	Neffe
systerlig, systerligt	schwesterlich
faster, fastern, fastrar	Vaters Schwester, Tante

siehe auch:

moster, mostern, mostrar	Tante (Mutters Schwester)

aber:

sköterska 114, -sköterskan, -sköterskor	(Kranken-)Schwester

syskon, syskonet, syskon	**Geschwister**
Har du några syskon?	*Hast du Geschwister?*
syskonbarn, -barnet, -barn	Nichte, Neffe

6.5 Geboren, verliebt, verlobt, verheiratet, geschieden

Geboren

fylla år	**Geburtstag haben**
Han fyller arton år.	*Er ist achtzehn (Jahre alt).*

födelse, födelsen, födelser	**Geburt**
födelsedag, -dagen, -dagar	Geburtstag
Han har födelsedag mitt i sommaren.	*Er hat mitten im Sommer Geburtstag.*
Hjärtliga gratulationer på födelsedagen!	*Die besten Wünsche zum Geburtstag!*
födelsedagspresent, -presenten, -presenter	Geburtstagsgeschenk

Barnet fick ett spel i födelsedagspresent.	*Das Kind hat ein Spiel als Geburtstagsgeschenk bekommen.*
födelsedagsbarn, -barnet, -barn	Geburtstagskind
födelsedagskalas, -kalasen, -kalasar	Geburtstagsfeier
födelseattest, -attesten, -attester	Geburtsurkunde
födelsedatum, -datumet, -datum	Geburtsdatum
födelseort, -orten, -orter	Geburtsort
Du måste skriva födelsedatum och födelseort på blanketten.	*Du musst im Formular Geburtsdatum und Geburtsort angeben (eintragen).*
födelsestad, -staden, -städer	Geburtsstadt, Heimatstadt
födelseår, -året, -år	Geburtsjahr
efter (före) Kristi födelse	nach (vor) Christus

Verliebt

älska, älskar, älskade, älskad	**lieben**
De älskar (med) varandra.	*Sie lieben sich.*
Hans fru älskar att prova kläder.	*Seine Frau liebt es, Kleider anzuprobieren.*
älskare, älskaren, älskare	Liebhaber, Geliebte(r)
konstälskare, -älskaren, -älskare	Kunstliebhaber
älskling, älsklingen, älsklingar	Liebling
älsklingsrätt, -rätten, -rättar	Lieblingsgericht
älskvärd, älskvärt	liebenswürdig

kär, kärt	**lieb, geliebt**
Jag håller min fru kär.	*Ich habe meine Frau lieb.*
bli kär i ngn	sich in jemanden verlieben
vara kär i ngn	in jmd. verliebt sein
Han är fortfarande kär i henne.	*Er ist immer noch in sie verliebt.*
Kära Märta! Nu är jag i Stockholm …	*Liebe Märta! Jetzt bin ich in Stockholm … (Anrede im Brief)*
kärlig, kärligt	verliebt
käresta, kärestan, kärestor	Liebste
kärlek, kärleken, kärleker	Liebe
Han upplever sin första kärlek.	*Er erlebt seine erste Liebe.*
faderskärlek, (moderskärlek)	Vaterliebe, (Mutterliebe)
barnkär, -kärt	kinderlieb
kärleksaffär, -affären, -affärer	Liebschaft; Liebelei

kärleksbekymmer, -bekymret, -bekymmer	Liebeskummer
kärleksbrev, -brevet, -brev	Liebesbrief
kärlekshistoria, -historian, -historior	Liebesgeschichte; Liebelei
kärlekspar, -paret, -par	Liebespaar
kärleksroman, -romanen, -romaner	Liebesroman
Han läste bara kärleksromaner.	*Er las nur Liebesromane.*
kärlekslös, kärlekslöst	lieblos
kärleksfull, kärleksfullt	liebevoll

tycka, tycker, tyckte, tyckt	**mögen, gern haben**
Jag tycker bäst om simning.	*Am liebsten gehe ich schwimmen.*

Verlobt

förlovad, förlovat	**verlobt**
Är han förlovad med henne?	*Ist er mit ihr verlobt?*
förlovning, förlovningen, förlovningar	Verlobung

Verheiratet

civilstånd, -ståndet, -stånd	**Familienstand**
Du måste skriva civilståndet på blanketten.	*Du musst den Familienstand im Formular angeben (eintragen).*

gifta (sig), gifter, gifte, giftet	(sich) **heiraten**
Två par gifter idag i kyrkan här.	*Zwei Paare heiraten heute hier in der Kirche.*
De gifte sig idag.	*Sie haben heute geheiratet.*
gift, gift	verheiratet
Är du gift?	*Bist du verheiratet?*
ogift	unverheiratet, ledig
Skriv på blanketten civilstånd: ogift.	*Schreib in das Formular Familienstand: unverheiratet.*
omgift	neu verheiratet
gift par, gift paret, gifta par	Ehepaar

aber:

giftig ☞ 75, giftigt	giftig

äktenskap, äktenskapet, äktenskap	**Ehe**
ingå äktenskap, ingår ..., ingick ..., ingått ...	die Ehe schließen
barn utom äktenskapet	uneheliches Kind
äktenskaplig, äktenskapligt	ehelich
äktenskapsannons, -annonsen, -annonser	Heiratsanzeige
äktenskapsskillnad, -skillnaden, -skillnader	Ehescheidung

bröllop, bröllopet, bröllop	**Hochzeit**
Ett bröllop är alltid en stor händelse.	*Eine Hochzeit ist immer ein großes Ereignis.*
Det finns varje år många bröllop här i kyrkan.	*Jedes Jahr gibt es viele Hochzeiten hier in der Kirche.*
silverbröllop (guldbröllop)	Silberhochzeit (goldene Hochzeit)
bröllopsdag, -dagen, -dagar	Hochzeitstag
bröllopsresa, -resan, -resor	Hochzeitsreise

brud, bruden, brudar	**Braut**
Bruden har en jätte skön klänning.	*Die Braut hat ein wunderschönes Kleid.*
Alla brudar är vackra.	*Alle Bräute sind schön.*
brudbukett, -buketten, -buketter	Brautstrauß
brudklänning, -klänningen, -klänningar	Brautkleid
brudpar, -paret, -par	Brautpaar

brudgum, brudgummen, brudgummar	**Bräutigam**
Brudgummen är en ståtlig man.	*Der Bräutigam ist ein stattlicher Mann.*

singel, singeln, singlar	**Single**
Hon är singel.	Sie lebt als Single.
singel (Adjektiv)	single

siehe auch:

ensamstående	Single
enmanshushåll, -hushållet, -hushåll	Singlehaushalt

sambo, sambon, sambor	**Partner, in Partnerschaft**
sambo, -bor, -bodde, -bott	in Partnerschaft leben

aber:

ledig, ledigt	frei, offen
Är det ledigt här?	*Ist der Platz noch frei?*
ha ledigt	frei haben
ha ledigt från skolan	schulfrei haben
ledighet, ledigheten, ledigheter	Freizeit, Urlaub
vara mammaledig	Mutterschaftsurlaub haben
vara pappaledig	Erziehungsurlaub haben

särbo, särbon, särbor	Person, die nicht mit ihrem Partner zusammen wohnt
sära, särar, särade, särat	trennen

Geschieden

skild, skilt	**geschieden**
Hennes föräldrar är skilda.	*Ihre Eltern sind geschieden.*

Verwitwet

vara änka	**verwitwet sein**
änka, änkan, änkor	Witwe
änkefru, -frun, -fruar	Witwe
änkeman, -mannen, -män	Witwer
änkling, änklingen, änklingar	Witwer
änkepension, -pensionen, -pensioner	Witwenpension

Gratulieren und Feiern

gratulera, gratulerar, gratulerade, gratulerat	**gratulieren**
Vi gratulerar på födelsedagen!	*Wir gratulieren zum Geburtstag!*
gratulera till körkort	zum Führerschein gratulieren
gratulation, gratulationen, gratulationer	Gratulation, Glückwunsch

siehe auch:

Grattis! (Gratulation!)	Herzlichen Glückwunsch!

present, presenten, presenter	**Geschenk**
presentbutik, -butiken, -butiker	Geschenkboutique

lycka, lyckan, lyckor	**Glück**
Lycka till!	*Viel Glück!*
lycklig, lyckligt	glücklich
vara lycklig över ngt	*über etw. glücklich sein*
lyckligtvis	glücklicherweise
lyckad, lyckat	geglückt, gelungen
Föreställningen var lyckad.	*Die Aufführung war ein Erfolg.*
lyckönskning, -önskningen, -önskningar	Glückwunsch
lyckönska ngn, -önskar ..., -önskade ..., -önskat ...	*jmd. gratulieren, beglückwünschen*

tur, turen	**Glück**
Som tur hade han pengar med sig.	*Zum Glück hatte er Geld dabei.*
otur	Unglück

aber:

tur, turen, turer	Reihe
Det är min tur!	*Jetzt bin ich dran!*

fest, festen, fester	**Fest, Feier**
Ska du ha fest på din födelsedag?	*Wirst du deinen Geburtstag feiern?*
gå på fest, går ..., gick ..., gått ...	auf ein Fest gehen, feiern gehen
festdag, -dagen, -dagar	Festtag
festmåltid, -tiden, -tider	Festmahl, Festessen
festsal, -salen, -salar	Festsaal
festtal, -talet, -tal	Festrede
festlig, festligt	festlich
festlighet, festligheten, festligheter	Festlichkeit
festa, festar, festade, festat	feiern

högtid, -tiden, -tider	**Fest, Feier**
högtidlig, högtidligt	festlich
högtidlighet, högtidligheten, högtidligheter	Festlichkeit
högtids dag, … dagen, … dagar	Festtag, Feiertag

kalas, kalaset, kalas	**Feier**
födelsedagskalas ☞ 93	Geburtstagsfeier

siehe auch:

fira, firar, firade, firat	**feiern**; krank feiern, blaumachen

sjunga ☞ 174, sjunger, sjöng, sjungit	**singen**
Nu sjunger vi för födelsedagsbarnet.	*Jetzt singen wir für das Geburtstagskind.*

önska, önskar, önskade, önskat	**wünschen**
Vi önskar er ett gott nytt år!	*Wir wünschen euch ein gutes neues Jahr!*
Vad önskade du dig i julklapp?	*Was hast du dir zum Julklapp gewünscht?*
önska ngn lycka till	jmd. Glück wünschen
önska ngn hälsa	jmd. Gesundheit wünschen

6.6 Freunde und Bekannte

bekant	**bekannt**
Det är inte bekant för mig.	*Das ist mir nicht bekannt.*
som bekant (är)	wie bekannt (ist), bekanntlich
bekanta sig (med), bekantar …, bekantade …, bekantat …	sich bekannt machen (mit)
bekantgöra, -gör, -gjorde, -gjort	bekannt machen
bekantskap, bekantskapen, bekantskaper	Bekanntschaft
göra bekantskap (med)	Bekanntschaft machen (mit)
bekantskapskrets, -kretsen, -kretsar	Bekanntenkreis
bekant, Pl.: bekanta	Bekannte(r)
En bekant till mig arbetade där.	*Ein Bekannter von mir arbeitete dort.*
vänner och bekanta	Freunde und Bekannte

vän, vännen, vänner	**Freund(in)**
Han är min bäste vän.	*Er ist mein bester Freund.*
Vi är vänner.	*Wir sind Freunde.*
flickvän, (pojkvän)	Freundin, (Freund)
väninna, väninnan, väninnor	Freundin
en god vän	ein guter Freund
Lilla vän!	*Freundchen!* *(ironisch: Mein lieber Freund!)*
vara (god) vän med ngn	mit jmd. (gut) befreundet sein
bli vän med ngn	sich mit jmd. anfreunden
vänskap, vänskapen	Freundschaft
vänlighet, vänligheten, vänligheter	Freundlichkeit
vänlig, vänligt	freundlich
barnvänlig	kinderfreundlich
ovänlig	unfreundlich
ovän	Feind
vara ovän med	mit jmd. böse sein
med vänliga (hälsningar)	mit freundlichen (herzlichen) Grüßen

aber:

vända, vänder, vände, vänt	wenden
Var god vänd!	*Bitte wenden!*

siehe auch:

mitt favoritprogram	mein liebstes Programm
helst	am liebsten
Jag vill helst ha en enfärgad soffa.	*Ich möchte am liebsten ein einfarbiges Sofa haben.*

granne, grannen, grannar	**Nachbar**
Vi har en ny granne.	*Wir haben einen neuen Nachbarn.*
grannby, -byn, -byar	Nachbardorf
grannhus, -huset, -hus	Nachbarhaus

aber:

gran 197, granen, granar	Tanne

6.7 Soziale Fragen

problem, problemet, problem	**Problem**
Vi har inget problem.	*Wir haben kein Problem.*
person 20, personen, personer	**Person**
personkort, -kortet, -kort	Personalausweis
personlighet, personligheten, personligheter	Persönlichkeit
personlig, personligt	persönlich
människa, människan, människor	**Mensch**
människovän, -vännen, -vänner	Menschenfreund
människovärdig, -värdigt	menschenwürdig
arbeta 306, arbetar, arbetade, arbetat	**arbeiten**
arbetslös, -löst	arbeitslos
arbetslöshet, arbetslösheten, arbetslösheter	Arbeitslosigkeit
arbetslöshetsunderstöd, -understöden, -understöder	Arbeitslosenunterstützung
pension, pensionen, pensioner	**Pension, Rente, Ruhegehalt**
Han har bra pension.	*Er hat eine gute Rente.*
få pension, får ..., fick ..., fått ...	Pension beziehen
gå i pension, går ..., gick ..., gått ...	in Pension gehen, in Rente gehen
När ska man gå i pension i Sverige?	*Wann kann man in Schweden in Pension gehen?*
pensionsålder, -åldern, -åldrar	Pensionsalter
pensionär, pensionären, pensionärer	Pensionär, Rentner
När jag blir pensionär ska jag börja studera igen.	*Wenn ich Rentner werde, kann ich wieder anfangen zu studieren.*
pensionärshem, -hemmet, -hem	Altenwohnheim
pensionering, pensioneringen, pensioneringar	Pensionierung
pensionera, pensionerar, pensionerade, pensionerat	pensionieren

aber:

pensionat, pensionatet, pensionat	Pension (Unterkunft und Verköstigung)

sjuk ☞ 114, sjukt	**krank**
sjukbetyg, -betyget, -betyg	Krankenschein
sjukersättning, -ersättningen, -ersättningar	Krankengeld
sjukförsäkring, -försäkringen, -försäkringar	Krankenversicherung
sjukförsäkringsbesked, -beskedet, -beskeden	Krankenschein
sjukkassa, -kassan, -kassor	Krankenkasse
sjukskriva ngn (sig), -skriver ..., -skrev ..., -skrivit ...	jmd. (sich) krankschreiben (lassen)
sjukskriven	krankgeschrieben
sjukanmäla, -anmäler, -anmälde, -anmält	sich krankmelden

leva ☞ 309, lever, levde, levt	**leben**
Det är dyrt att leva här.	*Es ist teuer, hier zu leben.*
leva i sus och dus	in Saus und Braus leben
levebröd, -brödet	Lebensunterhalt

levnad, levnaden	**Leben; Lebenswandel**
levnadskostnader (Pl.)	Lebensunterhaltskosten
levnadsstandard, -standarden	Lebensstandard
låg (hög) levnadsstandard	*niedriger (hoher) Lebensstandard*
levnadsnivå, -nivån, -nivåer	Lebensniveau, -standard

inkomst, inkomsten, inkomster	**Einkommen**
medelinkomst	Durchschnittseinkommen
inkomster och utgifter (Pl.)	Einnahmen und Ausgaben
inkomstskatt, -skatten, -skatter	Einkommenssteuer
inkomstbeskattning, -beskattningen, -beskattningar	Einkommensbesteuerung

7

Körper, Gesundheit und Krankheit

7.1 Körper

anatomi, anatomin	**Anatomie**
anatomisk, anatomiskt	anatomisch
åder, ådern, ådror	**Ader**
blod, blodet	**Blut**
Blodet är rött.	*Das Blut ist rot.*
ge blod, ger ..., gav ..., givit/gett ...	Blut spenden
blodgivare, -givaren, -givare	Blutspender
blodbad, -baden, -badar	Blutbad, Gemetzel
blodbank, -banken, -bankar	Blutbank
blodcirkulation, -cirkulationen	Blutzirkulation
bloddroppe, -droppen, -droppar	Blutstropfen
blodförgiftning, -förgiftningen, -förgiftningar	Blutvergiftung
blodförlust, -förlusten, -förlustar	Blutverlust
blodgrupp, -gruppen, -grupper	Blutgruppe
blodkropp, -kroppen, -kroppar	Blutkörperchen
blodkärl, -kärlet, -kärl	Blutgefäß
blodomlopp, -omloppet	Blutkreislauf
blodplasma, -plasman	Blutplasma
blodpropp, -proppen, -proppar	Blutgerinnsel, Blutpfropf
blodprov, -provet, -prov	Blutprobe
Sköterskan tog blodprov på mig.	*Die Schwester nahm eine Blutprobe von mir.*
lämna blodprov	eine Blutprobe machen lassen
blodpöl, -pölen, -pölar	Blutlache
blodsänka, -sänkan	Blutsenkung

blodtryck, -trycket, -tryck	Blutdruck
Han har högt (lågt) blodtryck.	*Er hat einen hohen (niedrigen) Blutdruck.*
blodtransfusion, -transfusionen, -transfusioner	Bluttransfusion
blodsprängd, -sprängt	blutunterlaufen
blodig, blodigt	blutig
en blodig näsduk	ein blutiges Taschentuch
blodfattig, -fattigt	blutarm

siehe auch:

av kungligt blod	von königlichem Blut (Geblüt)
blodapelsin, -apelsinen, -apelsiner	Blutapfelsine, Blutorange
blodigt allvar, ... allvaret	blutiger Ernst
blodpudding, -puddingen, -puddingar	Blutwurst (süß)
blodsugare, -sugaren, -sugare	Blutsauger

hud, huden, hudar	**Haut**
hudfärg, -färgen, -färger	Hautfarbe
hudläkare, -läkaren, -läkare	Hautarzt

siehe auch:

skinn, skinnet, skinn	**Haut, Pelle**

kropp, kroppen, kroppar	**Körper, Leib**
Jag hade ont 116 *i hela kroppen.*	*Ich hatte im (am) ganzen Körper Schmerzen. (Mir tat alles weh.)*
kroppsansträngning, -ansträngningen, -ansträngningar	körperliche Anstrengung
kroppsarbete, -arbeten, -arbete	(körperliche) Arbeit
kroppsbyggnad, -byggnaden	Körperbau
kroppsdel, -delen, -delar	Körperteil
kroppskultur, -kulturen, -kulturer	Körperkultur
kroppsstyrka, -styrkan, -styrkor	Körperkraft
kroppsställning, -ställningen, -ställningar	Körperstellung
kroppsvisitation, -visitationen, -visitationer	Leibesvisitation
kroppsvärme, -värmet, -värme	Körperwärme

huvud, huvudet, huvud	**Kopf**
Vad jag har ont i huvudet!	*Was ich für Kopfschmerzen habe!*
huvudvärk ☞ 116, -värken, -värkar	Kopfschmerzen

siehe auch:

salladshuvud	Salatkopf
Vi köpte bara ett salladshuvud.	*Wir kauften nur einen Salatkopf.*
huvudavdelning, -avdelningen, -avdelningar	Hauptabteilung
huvudbyggnad, -byggnaden, -byggnader	Hauptgebäude
Huvudbyggnaden befinner sig där.	*Das Hauptgebäude befindet sich dort.*
huvuddel, -delen, -delar	Hauptteil
huvudfilm ☞ 177, -filmen, -filmer	Hauptfilm
huvudroll, -rollen, -roller	Hauptrolle
huvudgata ☞ 248, -gatan, -gator	Hauptstraße
huvudingång ☞ 129, -ingången, -ingångar	Haupteingang
huvuduppgång, (huvudutgång)	Hauptaufgang, (Hauptausgang)
huvudkudde, -kudden, kuddar	Kopfkissen
huvudmål, -målet, -mål	Hauptmahlzeit; Hauptziel
huvudrätt, -rätten, -rätter	Hauptgericht
huvudsak, -saken, -saker	Hauptsache
Huvudsak är att man har jobb.	*Hauptsache ist, man hat einen Job.*
huvudsaklig, huvudsakligt	hauptsächlich
Fotbollsspelen är hans huvudsakliga intresse.	*Fußballspielen ist sein hauptsächliches Interesse.*
huvudsats, -satsen, -satser	Hauptsatz
huvudverb, -verbet, -verb	Hauptverb
huvudstad, -staden, -städer	Hauptstadt
Det finns mycket att se i huvudstaden.	*Es gibt viel zu sehen in der Hauptstadt.*

hår, håret, hår	**Haar**
Hon är ljus (röd) hårig.	*Sie ist hellhaarig (rothaarig).*
tvätta håret, tvättar ..., tvättade ..., tvättat ...	sich die Haare waschen
hänga på ett hår, hänger ..., hängde ..., hängt ...	an einem Haar hängen
håravfall, -avfallet, -avfall	Haarausfall
hårband, -bandet, -band	Haarband

hårborste, -borsten, -borstar	Haarbürste
hårbotten, -bottnen	Kopfhaut
hårfärg, -färgen, -färger	Haarfarbe
hårklippning, -klippningen	Haarschneiden
hårnål, -nålen, -nålar	Haarnadel
hårspänne, -spännet, -spännen	Haarspange
hårvatten, -vattnet, -vatten	Haarwasser
hårväxt, -växten	Haarwuchs
hårig, hårigt	haarig

ansikte, ansiktet, ansikten	**Gesicht**
Hon blev röd i ansiktet.	*Sie wurde rot im Gesicht.*
ansiktsfärg, -färgen, -färger	Gesichtsfarbe
ansiktsuttryck, -uttrycket, -uttryck	Gesichtsausdruck

näsa, näsan, näsor	**Nase**
Han har god näsa för...	*Er hat eine gute Nase (einen guten Riecher) für ...*
Han lägger sin näsa i blöt.	*Er steckt seine Nase in jeden Dreck.*
Gå dit näsan pekar!	*Geh immer der Nase nach!*
blöda näsa, blöder ..., blödde ..., blött ...	Nasenbluten haben
näsben, -benet, -ben	Nasenbein
näsblod, -blodet	Nasenbluten
näsdropp, -droppet	Nasentropfen
näsduk, -duken, -dukar	Taschentuch
Har du en pappersnäsduk till mig?	*Hast du ein Papiertaschentuch für mich?*

aber:

näs, näset, näs	Landzunge, Landenge

mun, munnen, munnar	**Mund**, Maul, Schnauze
Bror och syster talar med en mun.	*Bruder und Schwester sprechen wie aus einem Mund.*
Håll munnen!	*Halte deinen Mund! Sei still!*
Han tar munnen full.	*Er nimmt den (seinen) Mund voll.*
mungipa, -gipan, -gipor	Mundwinkel
munspel ☞ 176, -spelet, -spel	Mundharmonika

läpp, läppen, läppar	**Lippe**
läppstift, -stiftet, -stift	Lippenstift
tand, tanden, tänder	**Zahn**
Tanden gör ont.	*Der Zahn tut weh.*
borsta 268 tänderna, borstar ..., borstade ..., borstat ...	die Zähne putzen
Barnet måste borsta tänderna.	*Das Kind muss die Zähne putzen.*
låta dra ut en tand	sich einen Zahn ziehen lassen
tappa en tand	einen Zahn verlieren
få tänder, får ..., fick ..., fått ...	Zähne bekommen, zahnen
visa tänderna, visar ..., visade ..., visat ...	die Zähne zeigen
mjölktand	Milchzahn
tandborste, -borsten, -borstar	Zahnbürste
tandborstglas, -glaset, -glas	Zahnputzbecher
tandkräm, -krämen, -krämer	Zahnpasta
tandkrämstub, -tuben, -tuber	Zahnpastatube
tandkött, -köttet	Zahnfleisch
tandläkare 119, -läkaren, -läkare	Zahnarzt
Jag måste gå till tandläkaren.	*Ich muss zum Zahnarzt (gehen).*
tandpetare, -petaren, -petare	Zahnstocher
tandprotes, -protesen, -proteser	Zahnersatz, Zahnprothese
tandsköterska, -sköterskan, -sköterskor	Zahnarzthelferin
tandsten, -stenen, -stenar	Zahnstein
tandtekniker, -teknikern, -tekniker	Zahntechniker
tandvärk, tandvärken	Zahnschmerzen
tänder (Pl.)	Gebiss
tandlös, -löst	zahnlos
tunga, tungan, tungor	**Zunge**
öga, ögat, ögon	**Auge**
Jag skulle vilja tala med dig mellan fyra ögon.	*Ich möchte gern mit dir unter vier Augen sprechen.*
Hon har blåa ögon.	*Sie hat blaue Augen.*
Han slöt ögonen.	*Er schloss die Augen.*
glasögon (Pl.)	Brille

ett par glasögon	eine Brille
två par glasögon	zwei Brillen
ha glasögon, har ..., hade ..., haft ...	eine Brille haben (tragen)
Var är mina glasögon?	*Wo ist meine Brille?*
glasögonfodral, -fodralet, -fodralen	Brillenetui, Brillenfutteral
ögonblick, -blicket, -blick	Augenblick
ögonblicklig, -blickligt	augenblicklich, unmittelbar
ögonblickligen (Adverb)	augenblicklich
ögonbryn, -brynet, -bryn	Augenbraue
ögonfrans, -fransen, -fransar	Wimper
ögonfärg, -färgen, -färger	Augenfarbe
ögonlock, -locket, -lock	Augenlid
ögonläkare, -läkaren, -läkare	Augenarzt
ögonsjukdom, -sjukdomen, -sjukdomar	Augenkrankheit
ögonmått, -måttet	Augenmaß
Vi måste bestämma efter ögonmått.	*Wir müssen nach Augenmaß entscheiden.*
ögontusch, -tuschen	Wimperntusche

öra, örat, öron	**Ohr**
Han var idel öra.	*Er war ganz Ohr.*
Mormor hör dåligt på höger öra.	*Großmutter hört auf dem rechten Ohr schlecht.*
öronläkare, -läkaren, -läkare	Ohrenarzt

aber:

öre ☞ 23, öret, ören	Öre

haka, hakan, hakor	**Kinn**

aber:

hake, haken, hakar	Haken
haka av, hakar ..., hakade ..., hakat ...	abhaken

kind, kinden, kinder	**Wange**
Förväxla inte det svenska ordet "kind" med det tyska ordet "Kind".	*Verwechsle nicht das schwedische Wort „kind" mit dem deutschen Wort „Kind".*
Pojken är röd om kinderna.	*Der Junge hat rote Wangen.*
kindtand, tanden, tänder	Backenzahn

aber:

barn ☞ 90, barnet, barn	Kind

panna, pannan, pannor	**Stirn**
Han rynkade pannan.	*Er runzelte die Stirn.*
pannband, -bandet, -band	Stirnband

aber:

panna, pannan, pannor	Pfanne

hals, halsen, halsar	**Hals**
Hon har ont ☞ 116 *i halsen.*	*Sie hat Halsschmerzen.*
halsband, -bandet, -band	Halsband
Det där halsbandet är jättesnyggt.	*Dieses Halsband ist wunderschön.*
halsfluss, -flussen	Mandelentzündung

arm, armen, armar	**Arm**
Din man har starka armar.	*Dein Mann hat starke Arme.*
Hon slog armarna om mannen.	*Sie umarmte den Mann.*
armband, -bandet, -band	Armband
armbandsur, -uret, -ur	Armbanduhr
Vilket vackert armbandsur du har!	*Was für eine hübsche Armbanduhr du hast!*
armbindel, -bindeln, -bindlar	Armbinde
armbåge, -bågen, -bågar	Ellenbogen
armhåla, -hålan, -hålor	Achselhöhle
arm i arm	Arm in Arm
Paret gick arm i arm.	*Das Paar ging Arm in Arm.*

aber:

arm ☞ 331, armt	arm, elend, unglücklich

hand, handen, händer	**Hand**
Paret går hand i hand.	*Das Paar geht Hand in Hand.*

Vi måste lägga sista hand (vid ngt).	*Wir müssen letzte Hand anlegen (an etwas).*
Handen på hjärta!	*(Die) Hand aufs Herz!*
Jag måste tvätta händerna.	*Ich muss mir die Hände waschen.*
Upp med händerna!	*Hände hoch!*
höger (vänster) hand	rechte (linke) Hand
på höger (vänster) hand	rechts (links), rechter (linker) Hand
ge ngn fria händer, ger …, gav …, givit/gett …	jmd. freie Hand lassen
ha fria händer	freie Hand haben
handarbete, -arbetet, -arbeten	Handarbeit
handbagage, -bagaget	Handgepäck
handbok, -boken, -böcker	Handbuch
handboll, -bollen, -bollar	Handball
handbroms, -bromsen, -bromsar	Handbremse
handduk, -duken, -dukar	Handtuch
Det finns handdukar i badrummet.	*Handtücher gibt es im Bad.*
handfast, -fast	handfest
handfull (Subst., keine Beugung)	Hand voll
handgemäng, -gemänget, -gemäng	Handgemenge
handgjord	handgemacht
handske, handsken, handskar	Handschuh
boxhandske	Boxhandschuh
handskrift, -skriften, -skrifter	Handschrift
handskriven, -skrivet, -skrivna	handgeschrieben
handslag, -slaget, -slag	Handschlag
handväska, -väskan, -väskor	Handtasche

aber: (mit t!)

hantverk 40, -hantverket, -hantverk	Handwerk

finger, fingret, fingrar	**Finger**
Vilket finger har du ringen på?	*Auf (An) welchem Finger hast du den Ring?*
Han har ett finger med i spelet.	*Er hat die Hand mit im Spiel.*
fingeravtryck, -avtrycket, -avtryck	Fingerabdruck
fingerfärdighet, -färdigheten, -färdigheter	Fingerfertigkeit

fingertopp, -toppen, -toppar	Fingerkuppe
fingervisning, -visningen, -visningar	Fingerzeig
fingerfärdig, -färdigt	fingerfertig

tumme, tummen, tummar — **Daumen**

axel, axeln, axlar — **Achsel, Schulter**

Axeln har gått ur led.	*Die Schulter ist ausgerenkt.*
axelbredd, -bredden, -breddar	Schulterbreite
axelväska, -väskan, -väskor	Umhängetasche

skuldra, skuldran, skuldror — **Schulter**

bröst, bröstet, bröst — **Brust**

Hon har smärtor i bröstet.	*Sie hat Schmerzen in der Brust.*
kycklingbröst	Hühnerbrust
bröstben, -benet, -ben	Brustbein
bröstficka, -fickan, -fickor	Brusttasche
bröstkorg, -korgen, -korgar	Brustkorb
bröstsim, -simmet	Brustschwimmen
bröstvårta, -vårtan, -vårtor	Brustwarze
bröstmjölk, -mjölken	Muttermilch

rygg, ryggen, ryggar — **Rücken**

Hon var hos doktorn för hon har problem med ryggen.	*Sie war beim Arzt, weil sie Probleme mit dem Rücken hat.*
ryggsäck, -säcken, -säckar	Rucksack
Är din ryggsäck av läder?	*Ist dein Rucksack aus Leder?*

hjärta, hjärtat, hjärtan — **Herz**

Min mor har ett gott hjärta.	*Meine Mutter hat ein gutes Herz.*
hjärtattack, -attacken, -attacker	Herzschlag
hjärteangelägenhet, -angelägenheten, -angelägenheter	Herzensangelegenheit
hjärteblod, -blodet	Herzblut
hjärtfel, -felet, -fel	Herzfehler
hjärtflimmer, -flimret	Herzflimmern
hjärtinfarkt, -infarkten, -infarkter	Herzinfarkt

hjärtklappning, -klappningen, -klappningar	Herzklopfen
hjärtlig, hjärtligt	herzlich
hjärtlighet, hjärtligheten, hjärtligheter	Herzlichkeit
hjärtlös, -löst	herzlos
hjärtlöshet, -lösheten, -lösheter	Herzlosigkeit
hjärtslag, -slaget, -slag	Herzschlag
I skogen kan du lyssna till ditt hjärtslag.	*Im Wald kannst du auf deinen Herzschlag hören.*
hjärtstillestånd, -stilleståndet, -stillestånden	Herzstillstand
hjärttransplantation, -transplantationen, -transplantationer	Herztransplantation
hjärtformig, -formigt	herzförmig

buk, buken, bukar	**Bauch**
Det finns fiskar med röda bukar i sjön.	*Im See gibt es Fische mit roten Bäuchen.*
hängbuk	Hängebauch
bukhinna, -hinnan, -hinnor	Bauchfell
bukhåla, -hålan, -hålor	Bauchhöhle
bukmuskel, -muskeln, -muskler	Bauchmuskel

siehe auch:

buklandning, -landningen, -landningar	Bauchlandung (Flugzeug)

mage, magen, magar	**Magen**
magdans, -dansen, -danser	Bauchtanz

lunga, lungan, lungor	**Lunge**

ben, benet, ben	**Bein**
Han måste stå på egna ben nu.	*Er muss nun auf eigenen Beinen stehen.*
näsben	Nasenbein
benbrott, -brottet, -brotten	Beinbruch
benfri, -fritt	Fleisch: ohne Knochen, Fisch: ohne Gräten, grätenlos
benig, benigt	Fleisch: voll Knochen, Fisch: voll Gräten
benfull, -fullt	voll von Knochen, voll von Gräten, grätig
benhård, -hårt	steinhart

aber:

Lycka till!	Hals- und Beinbruch!

knä, knäet, knän	**Knie; Schoß**
Låt bli mitt knä, Hans! Gör det aldrig mer, Hans!	*Lass mein Knie, Hans! Mach das nie (mehr), Hans!*
Hon satt i fars knä.	*Sie saß auf Vaters Schoß.*
knäa, knäar, knäade, knäat	knien
knäböja (för), -böjar ..., -böjde ..., -böjt ...	knien (vor); die Knie beugen
knäböjning, -böjningen, -böjningar	Kniebeuge (Turnen)
knäskål, -skålen, -skålar	Kniescheibe
knäveck, -vecket, -veck	Kniekehle

siehe auch:

knähund 201, -hunden, -hundar	Schoßhund
knärör, -röret, -rör	Knierohr, Winkelstück (technisch)

vad, vaden, vader	**Wade**
Bakre muskulatur på underbenet heter vad.	*Die hintere Muskulatur am Unterbein heißt Wade.*

aber:

Vad?	Was?
Vad heter du?	*Wie heißt du?*
vad, vadet, vaden	Wette
Vad gäller vadet?	*Was gilt die Wette?*
vada, vadar, vadade, vadat	waten
Han vadar genom vatten.	*Er watet durch das Wasser.*

fot, foten, fötter	**Fuß**
Vi gjorde det på stående fot.	*Wir machten das stehenden Fußes.*
Jag har ont i foten.	*Ich habe Fußschmerzen.*
Vi kom på fötter.	*Wir kamen wieder auf die Beine.*
fotavtryck, -avtrycket, -avtryck	Fußabdruck
fotbad, -badet, -bad	Fußbad

fotboll, -bollen, -bollar	Fußball
Pojkarna spelar fotboll varje dag.	*Die Jungen spielen jeden Tag Fußball.*
fotbollsklubb, -klubben, -klubbar	Fußballklub
Vi vill ha fler medlemmar i vår fotbollsklubb.	*Wir wollen mehr Mitglieder in unserem Fußballklub haben.*
fotbollslag, -laget, -lag	Fußballmannschaft
fotbollsmatch, -matchen, -matchar	Fußballspiel
fotbollsplan, -planen, -planer	Fußballplatz
fotbollspel, ... spelet, ... spel	Fußballspiel
fotbollsspelare, -spelaren, -spelare	Fußballspieler, Fußballer
fotbroms, -bromsen, -bromsar	Fußbremse
fotgängare, -gängaren, -gängare	Fußgänger
fotknöl, -knölen, -knölar	Fußknöchel
fotlampa, -lampan, -lampor	Stehlampe
fotled, -leden, -leder	Sprunggelenk
fotnot, -noten, -noter	Fußnote
fotspår, -spåret, -spår	Fußspur
fotsula, -sulan, -sulor	Fußsohle
fotvandring, -vandringen, -vandringar	Fußwanderung

siehe auch:

idrott, idrotten, idrotter	Sport
idrottsplats, -platsen, -platser	Sportplatz

tå, tån, tåar	**Zehe**

7.2 Gesund oder krank

sjuk, sjukt	**krank** 102
Min mor var sjuk igår.	*Meine Mutter war gestern krank.*
bli inlagd på sjukhus	ins Krankenhaus eingeliefert werden
sjukdom, sjukdomen, sjukdomar	Krankheit
sjukgymnastik, -gymnastiken	Krankengymnastik
sjukhus, -huset, -hus	Krankenhaus
sjukskötare, -skötaren, -skötare	Krankenpfleger
sjuksköterska, -sköterskan, -sköterskor	Krankenschwester

sjukintyg, -intyget, -intyg	ärztliches Attest
sjuklig, sjukligt	krankhaft, kränklich
svårt sjuk	schwer krank

aber:

svartsjuk	eifersüchtigs
svartsjuka, -sjukan, -sjukor	Eifersucht

hälsosam, hälsosamt, hälsosamma	**gesund**
hälsa, hälsan	Gesundheit
ha hälsan, har ..., hade ..., haft ...	gesund sein
önska ngn god hälsa, önskar ..., önskade ..., önskat ...	jmd. Gesundheit wünschen
Jag önskar dig lycka till och god hälsa!	*Ich wünsche dir Glück und Gesundheit!*

aber:

hälsa, hälsar, hälsade, hälsat	grüßen
Hälsa så gott!	*Ich lass vielmals grüßen!*

frisk, friskt	**gesund, munter**
friskhet, friskheten, friskheter	Gesundheit, Frische
frisk och kry	gesund und munter
bli frisk, blir ..., blev ..., blivit ...	wieder gesund werden
friskintyg, friskintyget, friskintyg	Gesundheitszeugnis
tillfriskna tillfrisknar, tillfrisknade, tillfrisknat	gesunden, genesen
friskskriva, -skriver, -skrev, -skrivit	gesundschreiben
friskvård, friskvården	Gesundheitsfürsorge
friskluft, -luften	Frischluft

sund, sunt	**gesund**
Sundhet!	*Gesundheit!*
sunda åsikter (Pl.)	gesunde Ansichten

besvär, besvären	**Beschwerde**
Hur länge har han haft de här besvären?	*Wie lange hat er diese Beschwerden schon?*

symptom, symptomet, symptom	**Symptom, Anzeichen**

värk, värken, värkar	**Schmerz**
Jag har värk i armen (foten, halsen, magen, öronen ...).	*Ich habe Schmerzen im Arm (im Fuß, Hals, Magen, Ohr ...).*
huvudvärk	Kopfschmerzen
Du får huvudvärk när du sitter länge vid datorn.	*Du bekommst Kopfschmerzen, wenn du länger vor dem Computer sitzt.*
tandvärk	Zahnschmerzen
värktablett, -tabletten, -tabletter	Schmerztabletten
huvudvärkstablett	Kopfschmerztablette
Har du några huvudvärkstabletter till mig?	*Hast du ein paar Kopfschmerztabletten für mich?*
värka, värker, värkte, värkt	wehtun, schmerzen
Min rygg (fot, hals, magen ...) värker.	*Ich habe (Fuß-, Hals-, Magen- ...) Rückenschmerzen.*

ont	**Schmerz**; Übel, Böse(s)
ha ont i armen (foten, halsen, magen, ryggen, öronen)	Schmerzen haben im Arm (Fuß, Magen, Rücken, Ohr)
Var har du ont?	*Wo hast du Schmerzen?*
göra ont, gör ..., gjorde ..., gjort ...	schmerzen, weh tun
ond, ont (Adjektiv)	schmerzlich

siehe auch:

Det gör mig ont om dig.	*Du tust mir leid.*
Det är ont om ...	*Es mangelt an ...*
Jag har ont om pengar (tid).	*Ich habe nur wenig Geld (Zeit).*

smärta, smärtan, smärtor	**Schmerz**
smärta, smärtar, smärtade, smärtat	schmerzen, weh tun
smärtfri, -fritt	schmerzfrei
smärtgräns, -gränsen, -gränser	Schmerzgrenze

siehe auch:

Det smärtar mig.	Es tut mir leid.

aber:

smärt, smärt	schlank

feber, febern	**Fieber**
ha feber	Fieber haben, fiebern
Jag har feber och ont i halsen.	*Ich habe Fieber und Halsschmerzen.*
Han ligger i 40 graders feber.	*Er liegt mit 40 Grad Fieber im Bett.*
febertermometer, -termometern, -termometrar	Fieberthermometer
feberfri, -fritt	fieberfrei
febrig, febrigt	fiebrig
temperatur, temperaturen, temperaturer	**Temperatur**
Trots medicinen steg hans temperatur till 39 grader.	*Trotz der Medizin stieg seine Temperatur bis 39 Grad.*
anfall, anfallet, anfall	**Anfall**
slaganfall	Schlaganfall
bronkit, bronkiten, bronkiter	**Bronchitis**
bruten, brutet, brutna (Adjektiv)	**gebrochen**
Han har brutit handen (armen, benen, foten).	*Er hat die Hand (den Arm, das Bein, den Fuß) gebrochen.*

siehe auch:

Jag talar bara bruten svenska.	*Ich spreche nur gebrochen Schwedisch.*

sträckning, sträckningen, sträckningar	**Zerrung**
sensträckning	Sehnenzerrung
diabetes, diabetes	**Diabetes**
diabetiker, diabetikern, diabetiker	Diabetiker
Hon är diabetiker.	*Sie ist Diabetikerin.*
diarré, diarrén, diarréer	**Durchfall**
förgiftning, förgiftningen	**Vergiftung**
matförgiftning	Lebensmittelvergiftung

gulsot, -soten	**Gelbsucht**
mässling, mässlingen	**Masern**
mage, magen, magar	**Magen, Bauch**
magsår, magsåret, magsår	Magengeschwür

hier zu weiteren Körperteilen ✎ 103

näsblod, näsblodet	**Nasenbluten**
näsa, näsan, näsor	Nase
förkyld, förkylt	**erkältet**
Han är förkyld.	*Er ist erkältet.*
förkylning, förkylningen, förkylningar	Erkältung
dra på sig en förkylning	sich eine Erkältung holen
hosta, hostan	**Husten**
få hosta, får ..., fick ..., fått ...	Husten bekommen
ha hosta, har ..., hade ..., haft ...	Husten haben
kikhosta	Keuchhusten
hostmedicin, -medicinen, -mediciner	Hustensaft
ett medel mot hosta	ein Mittel gegen Husten
hosta, hostar, hostade, hostat	husten
Alla hostade i väntrummet.	*Im Wartezimmer husteten alle.*
influensa, influensan	**Grippe**
maginfluensa	Darmgrippe
Hon har influensa.	*Sie hat Grippe.*
migrän, migränen	**Migräne**
snuva, snuvan	**Schnupfen**
svindel, svindeln	**Schwindel**
få svindel, får ..., fick ..., fått ...	schwindlig werden
Krya på dig!	*Gute Besserung!*

7.3 Arzt und Krankenhaus

läkare, läkaren, läkare	**Arzt**
Han är läkare.	*Er ist Arzt.*
chefsläkare, (överläkare)	Chefarzt, (leitender Arzt)
Jag går bara till chefsläkaren.	*Ich gehe nur zum Chefarzt.*
tandläkare ☞ 107	Zahnarzt
Hon har en tid hos tandläkaren.	*Sie hat einen Termin beim Zahnarzt.*
barnläkare (distrikts-, hud-, hus-, ögon-, öron-, invärtesläkare)	Kinderarzt (Bezirks-, Haut-, Haus-, Augen-, Ohrenarzt, Internist)
läkarbehandling, -behandlingen, -behandlingar	ärztliche Behandlung
läkarvård, -vården	ärztliche Behandlung
läkarundersökning, -undersökningen, -undersökningar	ärztliche Untersuchung
läkarhjälp, -hjälpen	ärztliche Hilfe
läkarintyg, -intyget, -intyg	ärztliches Attest
Kan jag få ett läkarintyg?	*Kann ich ein ärztliches Attest haben?*
läkarpraktik, -praktiken	Arztpraxis
läkarstation, -stationen, -stationer	Arztstation
läkartid, -tiden, -tider	Arzttermin
läkarrecept, -receptet, -recept	ärztliches Rezept
enligt läkares anvisningar	nach Anweisung des Arztes

siehe auch:

doktor, doktorn, doktorer	**Arzt, Doktor**

gynekolog, gynekologen, gynekologer	**Frauenarzt**
kvinnlig gynekolog	Frauenärztin

siehe auch:

veterinär, veterinären, veterinärer	**Tierarzt**

ambulans, ambulansen, ambulanser	**Ambulanz, Krankenwagen**
Var snäll och ring efter en ambulans!	*Ruf bitte einen Krankenwagen!*

Jag behöver en ambulans.	*Ich brauche einen Krankenwagen.*
Det är larmnummer 112 till ambulansen i Sverige.	*In Schweden gibt es die Notrufnummer 112 für den Krankenwagen.*
ambulerande	ambulant

siehe auch:

poliklinik, polikliniken, polikliniker	**Ambulanz**
sjukrum, -rummet, -rum	**Ambulanz**
öppenvård, -vården, -vårdar	**ambulante Behandlung**
öppenvårdsavdelning, -avdelningen, -avdelningar	**Ambulanz**

patient, patienten, patienter	**Patient**
patientbricka, -brickan, -brickor	Versichertenkarte

undersökning, undersökningen, undersökningar	**Untersuchung**
läkarundersökning	ärztliche Untersuchung
röntgenundersökning	Röntgenuntersuchung
undersökningsrum, -rummet, -rum	Untersuchungszimmer
undersöka, undersöker, undersökte, undersökt	untersuchen

röntga, röntgar, röntgade, röntgat	**röntgen**
röntgenapparat, -apparaten, -apparater	Röntgenapparat
röntgenbild, -bilden, -bilder	Röntgenbild, -aufnahme
röntgenstrålar (Pl.)	Röntgenstrahlen

hjälpa, hjälper, hjälpte, hjälpt	**helfen** 318
Kan du hjälpa mig?	*Kannst du mir helfen?*
Det hjälper mot hosta.	*Das hilft bei (gegen) Husten.*
hjälp, hjälpen	Hilfe
Behöver han hjälp?	*Braucht er Hilfe?*
Tack för hjälpen!	*Vielen Dank für die (deine) Hilfe!*
hjälplös, hjälplöst	hilflos
hjälpsam, hjälpsamt, hjälpsamma	hilfsbereit

anmäla, anmäler, anmälde, anmält	**anzeigen, anmelden**
anmälningsblankett, -blanketten, -blanketter	Anmeldeformular
anmälningsdisk, -disken, -diskar	Anmeldeschalter
Du måste först gå till anmälningsdisken och betala din avgift.	*Du musst erst zum Anmeldeschalter gehen und deine Gebühr bezahlen.*
vänta 303, väntar, väntade, väntat	**warten**
väntrum, -rummet, -rum	Wartezimmer
mottagning, mottagningen, mottagningar	**Praxis**
läkarmottagning	Arztpraxis
mottagningssköterska, -sköterskan, -sköterskor	Arzthelferin
mottagningstid, -tiden, -tider	Sprechstunde
När har doktorn mottagningstid?	*Wann hat der Doktor Sprechstunde?*
sår, såret, sår	**Wunde**, Verwundung, Verletzung
Han har ett sår på fingret.	*Er hat eine Wunde am Finger.*
plåstra om ett sår	eine Wunde verbinden
sårfeber, -febern	Wundfieber
sårsalva, -salvan, -salvor	Wundsalbe
såra, sårar, sårade, sårat	verwunden, verletzen
Han är sårad i armen.	*Er ist am Arm verletzt.*

7.4 Apotheke

apotek, apoteket, apotek	**Apotheke**
Var finns närmaste apotek?	*Wo ist die nächste Apotheke?*
Apoteket ligger i centrum.	*Die Apotheke befindet sich im Zentrum.*
apotekare, apotekaren, apotekare	Apotheker
recept, receptet, recept	**Rezept**
receptfri, -fritt	rezeptfrei
Den här medicinen är receptfri.	*Diese Arznei ist rezeptfrei.*
receptbelagd, -belagt	rezeptpflichtig

medel 139, medlet, medel	**Mittel**
läkemedel	Medikament, Arzneimittel
blodtryckssänkande medel	Blutdruck senkendes Mittel
febernedsättande medel	Fieber senkendes Mittel
desinfektionsmedel	Desinfektionsmittel
laxermedel	Abführmittel
lugnande medel	Beruhigungsmittel
ett medel mot hosta	ein Mittel gegen Husten

medikament, medikamentet, medikament	**Medikament**

medicin, medicinen, mediciner	**Medizin**, Medikament, Arznei
Hur ska jag ta medicinen?	*Wie muss ich das Medikament einnehmen?*
hostmedicin	Hustensaft
medicinflaska, -flaskan, -flaskor	Medizinflasche
medicinskåp, -skåpet, -skåp	Medikamentenschrank

antibiotikum, antibiotikumet	**Antibiotikum**

penicillin, penicillinet	**Penicillin**

jod, joden	**Jod**

insulin, insulinet	**Insulin**

tablett, tabletten, tabletter	**Tablette**
Ta tabletterna tre gånger dagligen.	*Nimm von den Tabletten dreimal täglich.*
koltabletter, (sömntabletter, värktabletter)	Kohletabletten, (Schlaftabletten, Schmerztabletten)
tabletter mot …	Tabletten gegen …

aber:

bricka, brickan, brickor	Tablett, Untersatz

tub, tuben, tuber	**Tube**
tandkrämstub	Zahnpastatube

piller, pillret, piller	**Pille**
stolpiller	Zäpfchen
p-piller	Antibabypille, „die Pille“

droppe, droppen, droppar	**Tropfen**
Det är en droppe i havet.	*Das ist ein Tropfen auf den heißen Stein.*
droppa, droppar, droppade, droppat	tropfen
dropp, droppet, dropp	Tropf
få dropp, får ..., fick ..., fått ...	am Tropf hängen

aber:

ett gott vin, (en god konjak)	ein edler Tropfen

salva, salvan, salvor	**Salbe**
salva mot klåda (myggbett)	Salbe gegen Juckreiz (Mückenstiche)
sårsalva	Wundsalbe

kondom, kondomen, kondomer	**Kondom, Präservativ**

binda, bindan, bindor	**Binde, Verband**
dambinda, (elastisk binda, gasbinda)	Damenbinde, (elastische Binde, Mullbinde)
bindhinna, -hinnan, -hinnor	Bindehaut
binda, binder, band, bundit	binden
binda för	verbinden (Augen)
förbinda	verbinden
förband, förbandet, förband	Verband, Verbandszeug
första förband	Notverband
förbandslåda, -lådan, -lådor	Verbandskasten

siehe auch:

binda fast, binda om	festbinden, umbinden
bindande	verbindlich
bindemedel, -medlet, -medel	Bindemittel
bindestreck, -strecken, -streckar	Bindestrich

aber:

förbinda	verbinden (am Telefon)

fetvadd, -vadden	**Watte**

bomull, bomullen	**Watte; Baumwolle**
bomullsvadd, -vadden	Verbandswatte

plåster, plåstret, plåster	**Pflaster**
Sjuksköterskan satte plåster på såret.	*Die Krankenschwester machte ein Pflaster auf die Wunde.*
plåstra, plåstrar, plåstrade, plåstrat	ein Pflaster anlegen

aber:

stenläggning, -läggningen, -läggningar	(Straßen-)Pflaster
Det är dyrt att leva i Berlin.	Berlin ist ein teures Pflaster.

spruta, sprutan, sprutor.	**Spritze**
en spruta mot influensa	*eine Spritze gegen die Grippe*
spruta, sprutar, sprutade, sprutat	spritzen
spruta fram, (spruta in)	hervorspritzen, (einspritzen)

7.5 Rauchen und Doping

röka, röker, rökte, rökt	**rauchen**
rökare, rökaren, rökare	Raucher
icke-rökare	Nichtraucher
Jag är icke-rökare.	*Ich bin Nichtraucher.*

aska, askan	**Asche**
askkopp, -koppen, -koppar	Aschenbecher
askfat, -fatet, -fat	Aschenbecher

doping, dopingen	**Doping**
dopingprov, -provet, -prov	Dopingkontrolle
dopingtest, -testet, -test oder -testen, -tester	Dopingtest

aber:

dopattest, -attesten, -attester	Taufschein

8

Haus und Wohnen

8.1 Grundstück und Grundbesitz

botten, bottnen, bottnar	**Grundstück**, Grund und Boden
botten yta, ... ytan, ... ytor	Grundfläche

jord, jorden, jordar	**Grundstück**, Erde
Vi måste köpa ny jord till våra blommor.	*Wir müssen neue Erde für unsere Blumen kaufen.*
jordägare, -ägaren, -ägare	Grundbesitzer

siehe auch:

jordarbete, -arbetet, -arbeten	Erdarbeit
jordbruk, -bruket, -bruken	Landwirtschaft
jordbruksarbetare, -arbetaren, -arbetare	Landarbeiter
jordbruksdepartement, -departementen	Landwirtschaftsministerium
jordvärme, -värmen	Erdwärme
jorda ✎ 182, jordar, jordade, jordat	beerdigen

mark, marken, marker	**Grundstück**, Gelände
på min mark	auf meinem Grund und Boden
på svensk mark	auf schwedischem Boden
i skog och mark	in Wald und Feld
markägare, markägaren, markägare	Grundbesitzer
Man får stanna längre om markägaren tillåter det.	*Wenn der Grundbesitzer es erlaubt, kann man länger bleiben.*

fastighet, fastigheten, fastigheter	**Grundstück**, Grundbesitz, Haus
fastighetsägare, -ägaren, -ägare	Grundstücks-, Hausbesitzer

fastighetsmäklare, -mäklaren, -mäklare	Grundstücksmakler, Immobilienhändler
fastighetsskötare, -skötaren, -skötare	Hausmeister
fastighetsskatt, -skatten, -skatter	Grundstückssteuer

tomt, tomten, tomter	**Grundstück**, Bauplatz
strandtomt	Wassergrundstück
tomtgräns, -gränsen, -gränser	Grenze des Grundstücks

aber:

tom, tomt, tomma	leer
tomt hus, det tomma huset, tomma hus	leeres Haus
Det är tomt efter dig.	Du fehlst uns (mir) sehr.
tomte, tomten, tomtar	Weihnachtsmann; Kobold

äga, äger, ägde, ägt	**besitzen**
allt jag äger	alles, was ich besitze, all mein Hab und Gut
Det är jag som äger hunden.	*Der Hund gehört mir.*
ägare, ägaren, ägare	Eigentümer, Besitzer
fastighetsägare, (markägare)	Hausbesitzer, (Grundbesitzer)
villaägare	Besitzer eines eigenen Hauses
äganderätt, -rätten, -rätter	Eigentumsrecht

8.2 Haus

hus, huset, hus	**Haus**
Huset, (som) vi bor i, ligger i Ohs.	*Das Haus, in dem wir wohnen, befindet sich in Ohs.*
hus och hem	Haus und Hof

enfamiljshus	Einfamilienhaus
hyreshus	Mietshaus
hyra ett hus	ein Haus mieten
Vi skulle vilja hyra ett hus.	*Wir möchten ein Haus mieten.*
höghus	Hochhaus
radhus	Reihenhaus
rådhus (stadshus)	Rathaus
värdshus	Gasthaus
husbil, -bilen, -bilar	Wohnmobil
husbåt, -båten, -båtar	Hausboot
husdjur, -djuret, -djur	Haustier
husvagn, -vagnen, -vagnar	Wohnwagen
Vi kör med bil och husvagn genom Sverige.	*Wir fahren mit dem Campingwagen (Auto und Wohnwagen) durch Schweden.*
till husbehov	für den Hausgebrauch
husbonde, -bonden, -bönder	Hausherr
husfader, -fadern, -fäder	Hausvater
husfru, -frun, -fruar	Hausfrau
husmor, -modern, -mödrar	Hausfrau
husmanskost, -kosten	Hausmannskost
hushåll, hushållet, hushåll	Haushalt
hushålla med, hushållar ..., hushållade ..., hushållat...	haushalten, sparsam mit etwas umgehen
husrum, -rummet, -rum	Unterkunft
huslig, husligt	häuslich

villa, villan, villor	**Einfamilienhaus; Villa**
Vi har en villa i närheten av Värnamo.	*Wir haben ein Einfamilienhaus in der Nähe von Värnamo.*
lyxvilla	Villa
villakvarter, -kvarteret, -kvarter	Villenviertel
villaägare, -ägaren, -ägare	Besitzer eines eigenen Hauses

byggnad, byggnaden, byggnader	**Gebäude**
bygga 311, bygger, byggde, byggt	bauen

gård, gården, gårdar	**Hof, Bauernhof**
trädgård	Garten

8.3 Teile des Hauses

fasad, fasaden, fasader	**Fassade**
fasadbemålning, -bemålningen, -bemålningar	Fassadenanstrich
hörn, hörnet, hörn	**Ecke**
Bordet står i hörnet.	*Der Tisch steht in der Ecke.*
gathörn	Straßenecke
mur, muren, murar	**Mauer**
tak, taket, tak	**Decke; Dach**
Titta på fågeln, som sitter på taket.	*Sieh mal den Vogel, der auf dem Dach sitzt.*
Lampan hänger i taket.	*Die Lampe hängt an der Decke.*
taklampa, -lampan, -lampor	Deckenlampe, Deckenbeleuchtung
taklucka, -luckan, -luckor	Dachluke
takpanna, -pannan, -pannor	Dachziegel
takränna, -rännan, -rännor	Dachrinne

siehe auch:

takbox, -boxen, -boxar	Dachkoffer
takräcke, -räcket, -räcken	Dachgepäckträger
tegel, teglet, tegel	Dachziegel

vägg, väggen, väggar	**Wand**
Ska jag hänga bilden på den här väggen?	*Kann ich das Bild an diese Wand hängen?*
husvägg	Hauswand

aber:

väg 248, vägen, vägar	Weg

balkong, balkongen, balkonger	**Balkon**
En trappa upp finns en balkong.	*Im ersten Stock gibt es einen Balkon.*

veranda, verandan, verandor	**Veranda**

ingång, ingången, ingångar	**Eingang**
Ingången är på andra sidan.	*Der Eingang ist auf der anderen Seite.*
huvudingång, (sidoingång)	Haupteingang, (Seiten-, Nebeneingang)

utgång, utgången, utgångar	**Ausgang**
huvudutgång, (sidoutgång)	Hauptausgang, (Seiten-, Nebenausgang)
utgångspunkt, -punkten, -punkter	Ausgangspunkt

dörr, dörren, dörrar	**Tür**
Var snäll och stäng dörren!	*Schließ bitte die Tür!*
De diskuterade bakom lycta dörrar.	*Sie diskutierten hinter verschlossenen Türen.*
dörren till köket	die Tür zur Küche
stå för dörren, stå ..., stod ..., stått ...	vor der Tür stehen
dörrhandtag, -handtaget, -handtag	Türgriff, Türklinke
dörrklocka, -klockan, -klockor	Türklingel
dörrmatta, -mattan, -mattor	Fußmatte
dörrnyckel, -nyckeln, -nycklar	Türschlüssel

nyckel, nyckeln, nycklar	**Schlüssel**
Jag har nyckeln.	*Ich habe den Schlüssel.*
Nycklarna är falska.	*Die Schlüssel sind falsch.*
dörrnyckel	Türschlüssel
skruvnyckel	Schraubenschlüssel
nyckelring, -ringen, -ringar	Schlüsselring

siehe auch:

nyckelbarn, -barnet, -barn	Schlüsselkind
nyckelben, -benet, -ben	Schlüsselbein
nyckelposition, -positionen, -positioner	Schlüsselposition, -stellung

sluta ✍ 322, sluter, slöt, slutit	**schließen**

källare, källaren, källare	**Keller**

nedre botten	**Erdgeschoss**
Vi bor på nedre botten.	*Wir wohnen im Erdgeschoss.*
etage, etaget oder etagen, etage oder etager	**Etage**
trappa, trappan, trappor	**Treppe**
Vi står i trappan.	*Wir stehen auf der Treppe.*
trappavsats, -avsatsen, -avsatser	Treppenabsatz
trapphus, -huset, -hus	Treppenhaus
trappsteg, -stegen, -stegar	Stufe
trappuppgång, -uppgången, -uppgångar	Treppenaufgang, Treppenhaus
trappa upp och ner	treppauf, treppab
en trappa upp	im ersten Stock
Vi bor en trappa upp.	*Wir wohnen im ersten Stock.*
tre trappor upp	im dritten Stock
gå nedför (uppför) trappan	die Treppe hinunter (hinauf) gehen
fönster, fönstret, fönster	**Fenster**
Se ut genom fönstret!	*Sieh zum Fenster raus!*
skyltfönster	Schaufenster
Såg du blusen i skyltfönstret?	*Hast du die Bluse im Schaufenster gesehen?*
fönsterbräda, -brädan, -brädor	Fensterbrett
fönsterglas, -glaset, -glas	Fensterglas
fönsterkitt, -kittet, -kitt	Fensterkitt
fönsterruta, -rutan, -rutor	Fensterscheibe
fönsterplats, -platsen, -platser	Fensterplatz
golv, golvet, golv	**Fußboden**
Vad är det som ligger där på golvet?	*Was ist das, das dort auf dem Fußboden liegt?*
parkettgolv	Parkettboden
från golv till tak	vom Fußboden bis zum Dach, von oben bis unten
mitt på golvet	mitten im Zimmer
golvbeläggning, -beläggningen, -beläggningar	Fußbodenbelag

golvbrunn, -brunnen, -brunnar	Abfluss
golvlampa, -lampan, -lampor	Stehlampe
golvyta, -ytan, -ytor	Bodenfläche

8.4 Räumlichkeiten

hall, hallen, hallar	**Flur, Diele, Vorraum**
Jag behöver en ny byrå till hallen.	Ich brauche eine neue Kommode für den Flur.

siehe auch:

hall, hallen, hallar	Halle
Vi besökte en intressant utställning på konsthallen.	Wir besuchten eine interessante Ausstellung in der Kunsthalle.

korridor, korridoren, korridorer	**Flur, Korridor, Gang**
Det finns en spegel ner i korridoren.	*Es gibt einen Spiegel unten im Korridor.*

bad, badet, bad	**Bad**
badrum, -rummet, -rum	Badezimmer, Bad
Badrummet ligger innanför barnens sovrum.	*Das Badezimmer liegt hinter dem Schlafzimmer der Kinder.*
badrums våg, ... vågen, ... vågar	Personenwaage fürs Bad
badbyxor (Pl.)	Badehose
badmössa, -mössan, -mössor	Bademütze
badsalt, -saltet, -salter	Badesalz
badvatten, -vattnet, -vatten	Badehandtuch
bada, badar, badade, badat	baden

siehe auch:

badhytt, -hytten, -hytter	Umkleidekabine
badmästare, -mästaren, - mästare	Bademeister, Rettungsschwimmer
badort, -orten, -orter	Badeort
badplats, -platsen, -platser	Badeplatz
badstrand, -stranden, -stränder	Badestrand
badställe, -stället, -ställen	Badestelle

dusch, duschen, duschar	**Dusche**
duscha, duschar, duschade, duschat	(sich) duschen
toalett, toaletten, toaletter	**Toilette**
Var finns toaletterna?	*Wo sind die Toiletten?*
toalettpapper (toapapper), -papperet	Toilettenpapier

gästrum, -rummet, -rum	**Gästezimmer**
Du kan sova i gästrummet.	*Du kannst im Gästezimmer schlafen.*
kök, köket, kök	**Küche**
Här är köket.	*Hier ist die Küche.*
dörren till köket	die Tür zur Küche
köksavfall, -avfallet, -avfallen	Küchenabfall
köksbord, -bordet, -bord	Küchentisch
kökshandduk, -handduken, -handdukar	Geschirrhandtuch
köksinredning, -inredningen, -inredningar	Kücheneinrichtung
köksmaskin, -maskinen, -maskiner	Küchenmaschine
köksväxt, -växten, -växter	Küchenkräuter, Gemüse
sovrum, -rummet, -rum	**Schlafzimmer**
sova ☞ 311, sover, sov, sovit	schlafen
uppehållsrum, -rummet, -rum	**Aufenthaltsraum**
vardagsrum, -rummet, -rum	**Wohnzimmer**
I vardagsrummet fanns det en stor soffa.	*Im Wohnzimmer gab es ein großes Sofa.*
kammare, kammaren, kammare	**Kammer**
sängkammare ☞ 135	Schlafzimmer
barnkammare, (skräpkammare)	Kinderzimmer, (Rumpelkammer)

siehe auch:

kammarmusik, -musiken	Kammermusik

bastu, bastun, bastur	**Sauna**
Det finns en bastu i huset.	*Es gibt in dem Haus eine Sauna.*
bada bastu, badar …, badade …, badat …	in die Sauna gehen
Man kan bara känna sig ren när man har badat bastu.	*Man kann sich nur sauber fühlen, wenn man in der Sauna war.*
byrå 17, byrån, byråer	**Büro**
kontor 17, kontoret, kontor	**Büro**

8.5 Möblierungen

inredning, inredningen, inredningar	**Einrichtung**
köksinredning	Kücheneinrichtung
inreda, inreder, inredde, inrett	einrichten
möbel, möbeln, möbler	**Möbel**(stück)
Vi behöver nya möbler till vår nya lägenhet.	*Wir brauchen neue Möbel für unsere neue Wohnung.*
möblera, möblerar, möblerade, möblerat	möblieren
bord, bordet, bord	**Tisch**
Det bordet tycker vi om.	*Dieser Tisch gefällt uns.*
köksbord (matbord, nattduksbord, soffbord, telefonbord, skrivbord)	Küchentisch (Esstisch, Nachttisch, Couchtisch, Telefontisch, Schreibtisch)
skrivbordslampa, -lampan, -lampor	Schreibtischlampe
bordduk, -duken, -dukar	Tischtuch

siehe auch:

bordtennis, -tennisen *Vi spelar bordtennis varje dag.*	Tischtennis *Wir spielen jeden Tag Tischtennis.*

stol, stolen, stolar	**Stuhl**
Vi behöver fyra stolar.	*Wir brauchen vier Stühle.*
gungstol	Schaukelstuhl

bänk, bänken, bänkar	**Bank;** Theater: **Reihe**
på fjärde bänk	in der vierten Reihe
bänkrad, -raden, -rader	Bankreihe

fåtölj, fåtöljen, fåtöljer	**Sessel**
Den gamla fåtöljen är jätteskön.	*Der alte Sessel ist wunderschön.*

byrå, byrån, byråar	**Kommode**
Vi skulle vilja köpa en ny byrå.	Wir möchten (gern) eine neue Kommode kaufen.
byrålåda, -lådan, -lådor	Schublade

aber:

byrå ☞ 17, byrån, byråer	Büro

kista, kistan, kistor	**Truhe**
Kistan står i korridoren.	*Die Truhe steht im Korridor.*

aber:

låda, lådan, lådor	Kiste, Kasten, Schublade
lår, låren, lårar	Kiste, Kasten

hylla, hyllan, hyllor	**Regal**
Vi köpte hyllan idag.	*Wir kauften das Regal heute.*
bokhylla, (skohylla)	Bücherregal, (Schuhregal)

aber:

hylla ngn, hyllar …, hyllade …, hyllat …	jmd. feiern
hyllning, hyllningen, hyllningar	Gratulation, Ehrung

skåp, skåpet, skåp	**Schrank**
skåpmat, -maten	kalte Küche

kyl, kylen, kylar	**Kühlschrank**
kylskåp, -skåpet, -skåp	Kühlschrank
Jag söker efter ett kylskåp och en frys med separata dörrar.	*Ich suche einen Kühlschrank und ein Gefrierteil mit separaten Türen.*
kylväska, -väska, -väskor	Kühltasche
kyla, kyler, kylde, kylt	kühlen

siehe auch:

kylare, kylaren, kylare	Kühler

aber:

kyl, kylen, kylar	Keule (vom Kalb oder Hammel)

bädd, bädden, bäddar	**Bett**
bäddsoffa, -soffan, -soffor	Bettcouch
bädda, bäddar, bäddade, bäddat	betten
Som man bäddar får man ligga.	*Wie man sich bettet, so liegt man.*

säng, sängen, sängar	**Bett**
Han sparar till en ny säng.	*Er spart für ein neues Bett.*
Vi behöver nya sängar.	*Wir brauchen neue Betten.*
våningssäng	Etagenbett
sängbord, -bordet, -bord	Nachttisch
sängkammare, -kammaren, -kammare	Schlafzimmer
sängkläder (immer im Pl.)	Bettwäsche
sängplats, -platsen, -platser	Schlafplatz, Schlafgelegenheit
bädda sängen, bäddar …, bäddade …, bäddat …	das Bett machen
gå till sängs, går …, gick …, gått …	zu Bett gehen, schlafen gehen

siehe auch:

gå och lägga sig	schlafen gehen

soffa, soffan, soffor	**Sofa, Couch**
IKEA har tre nya soffor i år.	*IKEA hat in diesem Jahr drei neue Sofas.*
sitta i soffan, sitter ..., satt ..., suttit ...	auf dem Sofa sitzen
soffbord, -bordet, -bord	Couchtisch
soffgrupp, -gruppen, -grupper	Polstergarnitur

matta, mattan, mattor	**Teppich**
I vardagsrummet låg en matta.	*Im Wohnzimmer lag ein Teppich.*

spegel, spegeln, speglar	**Spiegel**
Spegeln är i korridoren.	*Der Spiegel befindet sich im Korridor.*

garderob, garderoben, garderober	**Garderobe; Einbauschrank**
Min garderob är full av kläder.	*Meine Garderobe ist voll von Kleidern.*

siehe auch:

garderobsavgift, -avgiften, -avgifter	Garderobengebühr

gardin, gardinen, gardiner	**Gardine; Vorhang**
Min fru kan sätta upp gardinerna.	*Meine Frau kann die Gardinen anmachen.*
gardinstång, -stången, -stänger	Gardinenstange

8.6 Im und ums Haus

eld ☞ 246, elden, eldar	**Feuer**
göra upp eld, gör ..., gjorde ..., gjort ...	Feuer machen, Feuer anzünden
Jag gör upp eld varje morgon.	*Ich mache jeden Morgen Feuer.*
Har du eld?	*Haben Sie (hast du) Feuer?*
lägereld	Lagerfeuer
elda, eldar, eldade, eldat	heizen
elda upp	verbrennen
eldfast, -fast	feuerfest
eldgaffel, -gaffeln, -gafflar	Feuerhaken
eldning, eldningen, eldningar	Heizung
eldningsolja, -oljan, -oljor	Heizöl
eldsläckare, -släckaren, -släckare	Feuerlöscher

eldstad, -staden, -städer	Feuerstelle, Kamin
eldig, eldigt	feurig
eldröd, -rött	feuerrot

spis, spisen, spisar	**Herd**
öppen spis, den öppna spisen, öppna spisar	Kamin
gasspis	Gasherd

tända, tänder, tände, tänt	**anzünden; zünden;** anspringen
Tänd elden är du snäll.	*Sei so gut und mach das Feuer an.*
Jag tänder ljusen.	Ich zünde die Kerze an.
tändsticka, -stickan, -stickor	Streichholz
tändsticksask, -asken, -askar	Streichholzschachtel
tändare, tändaren, tändare	Feuerzeug
Får jag låna din tändare?	*Kann ich dein Feuerzeug haben?*

siehe auch:

tändnyckel, -nyckeln, -nycklar	Zündschlüssel

vatten, vattnet, vatten	**Wasser**
Finns det kallt och varmt vatten i huset?	*Gibt es kaltes und warmes Wasser in dem Haus?*
vattendrag, -draget, -drag	Gewässer
vattenkran, -kranen, -kranar	Wasserhahn
vattenledning, -ledningen, -ledningar	Wasserleitung
vattenpass, -passet, -passen	Wasserwaage
vattna, vattnar, vattnade, vattnat	wässern
vattna gräsmattan	Rasen sprengen
vattna blommor	Blumen gießen
vattna djur	Tiere tränken
vattnig, vattnigt	wässrig
våt, vått	nass
genomvåt	durchnässt

siehe auch:

vattenfall, -fallet, -fallen	Wasserfall
vattenfärg, -färgen, -färger	Wasserfarbe
vattenkraftverk, -kraftverket, -kraftverk	Wasserkraftwerk
vattenled, -leden, -leder	Wasserweg
vattenmelon, -melonen, -meloner	Wassermelone
vattensport, -sporten	Wassersport
vattenväg, -vägen, -vägar	Wasserstraße

pump, pumpen, pumpar	**Pumpe**
pumpa, pumpar, pumpade, pumpat	pumpen
pumpa upp, (pumpa läns)	*hoch pumpen, (leer pumpen)*

aber:

pumpa, pumpan, pumpor	Kürbis

avfall, avfallet, avfall	**Müll, Abfall**
Var kan jag lämna avfallet?	*Wo kann ich den Abfall lassen?*
köksavfall	Küchenabfall
avfallshantering, -hanteringen	Müllentsorgung

renhållning, renhållningen, renhållningar	**Müllabfuhr, Straßenreinigung**
renhållningsarbetare, -arbetaren, -arbetare	Straßenreiniger

sophämtning ☞ 190, sophämtningen, sophämtningar	**Müllabfuhr**
Hur fungerar sophämtningen?	*Wie funktioniert die Müllabfuhr?*
sopa, sopar, sopade, sopat	kehren
sopbil, -bilen, -bilar	Müllauto
sopborste, -borsten, -borstar	Besen
sophink, -hinken, -hinkar	Mülleimer
sopnedkast, -nedkastet, -nedkast	Müllschlucker
sopförbränning, -förbränningen, -förbränningar	Müllverbrennung

aber:

soppa, soppan, soppor	Suppe

medel ☞ 122, medlet, medel	**Mittel**
diskmedel	Spülmittel
Vi vill köpa ett diskmedel.	*Wir wollen ein Spülmittel kaufen.*
rengöringsmedel	Reinigungsmittel
allrengöringsmedel	Allesreiniger
köksrengöringsmedel	Küchenreinigungsmittel
glasrengöringsmedel	Glasreinigungsmittel
skurmedel **siehe auch:** skura ☞ 312	Scheuermittel
sköljmedel **siehe auch:** *skölja* ☞ 312	Weichspüler
tvättmedel **siehe auch:** tvätta ☞ 311	Waschmittel
renovera, renoverar, renoverade, renoverat	**renovieren**
renovering, renoveringen, renoveringar	Renovierung, Ausbesserung
granne ☞ 100, grannen, grannar	**Nachbar**
skugga, skuggan, skuggor	**Schatten**
Huset ligger i skuggan	*Das Haus liegt im Schatten.*
skuggsida, -sidan, -sidor	Schattenseite
skugga, skuggar, skuggade, skuggat	beschatten, Schatten geben
skuggig, skuggigt, (skuggrik, skuggrikt)	schattig

8.7 Wohnen

bo ☞ 16, 308, bor, bodde, bott	**wohnen**
bosatt	wohnhaft
bo på nedre botten	im Erdgeschoss wohnen
bostad, bostaden, bostäder	**Wohnung, Wohnsitz**
bostadsbidrag, -bidragen	Wohngeld
bostadsförmedling, -förmedlingen, -förmedlingar	Wohnungsamt
fri bostad	freie Wohnung

lägenhet, lägenheten, lägenheter	**Wohnung**
Hon har ingen egen lägenhet.	*Sie hat keine eigene Wohnung.*
halvmodern (omodern) lägenhet	Altbauwohnung
tvårumslägenhet (tvåa, tvåan, tvåor)	Zweizimmerwohnung

våning, våningen, våningar	**Wohnung; Stock,** Stockwerk
Vi bor i det här huset på tredje våningen.	*Wir wohnen in diesem Haus in der dritten Wohnung.*
Huset har tre våningar.	*Das Haus hat drei Stockwerke.*
bottenvåning	Erdgeschoss, Parterre
på första våningen	im Erdgeschoss, im Parterre
Vi bor på första våningen.	*Wir wohnen im Erdgeschoss.*
på andra (tredje) våningen	im ersten (dritten) Stock
ett fyra våningar högt hus	ein dreistöckiges Haus (nicht vier!)
våningsbyte, -byten	Wohnungstausch
våningssäng, -sängen, -sängar	Etagenbett

hem ☞ 88, hemmet, hem	**Heim**
Pojken vill ha ett eget hem.	*Der Junge will ein eigenes Zuhause haben.*
hemort, -orten, -orter	Wohnort, Wohnsitz
Min hemort är Berlin.	*Mein Wohnort ist Berlin.*
barnhem	Kinderheim, Waisenhaus
pensionärshem	Altenwohnheim
hembygdsgård, -gården, -gårdar	Heimathof
hemresa, -resan, -resor	Heimreise
hembränning, -bränningen	Schwarzbrennerei
hembränt	schwarz gebrannter Schnaps
hembakad, -bakat	selbst gebacken
hemgjord, -gjort	hausgemacht
hembesök, -besöket, -besök	Hausbesuch
hemstad, -staden, -städer	Heimatstadt
hemland, -landet, -länder	Heimat
hembygd, -bygden, -bygder	Heimat
hembygdsfest, -festen, -fester	Heimatfest
hembygdsmuseum, -museet, -museer	Heimatmuseum
Hembygdsmuséet är öppet från 9 till 16.	Das Heimatmuseum hat von 9 bis 16 Uhr geöffnet.
hemsida, -sidan, -sidor	Homepage

9

Heimwerken im Haus

9.1 Materialien

material, materialet, material	**Material**
byggnadsmaterial	Baumaterial
materialfel, -felet, -fel	Materialfehler
materialkostnader (Pl.)	Materialkosten
materiell, materiellt	materiell
materiellt välstånd	materieller Wohlstand

betong, betongen	**Beton**
betongblandare, -blandaren, -blandare	Betonmischer
bygga med betong, bygger …, byggde …, byggt …	betonieren

kakel(platta), kaklet, kakel	**Kachel, Fliese**
kakelkryss, -krysset, -kryss	Fliesenkreuz
kakelskärare, -skäraren, -skärare	Fliesenschneider (siehe skära) ☞ 314
kakelfog, -fogen, -fogar	Fliesenfuge

siehe auch:

foga, fogar, fogade, fogat	**fugen**
med fog	mit Fug und Recht
foglig, fogligt	fügsam, gefügig
knaka i fogarna	in allen Fugen krachen

platta, plattan, plattor	**Platte**
golvplatta, (väggplatta)	Bodenfliese, (Wandfliese)

sten, stenen, stenar	**Stein**
Vi letade efter stenar till mitt hus.	*Wir suchten nach Steinen für mein Haus.*
av sten	steinern, aus Stein
stenbeläggning, -beläggningen, -beläggningar	Pflaster
stenlagd, -lagt	gepflastert
stensätta, -sätter, -satte, -satt	pflastern
stenbrott, -brottet, -brott	Steinbruch
stengolv, -golvet, -golv	Steinfußboden
stenhäll, -hällen, -hällar	Steinplatte
stenhög, -högen, -högar	Steinhaufen
stenskott, -skottet, -skott	Steinschlag
Varning för stenskott!	*Vorsicht Splitt (Schotter)!*
stenig, stenigt	steinig
stenhård, -hårt	steinhart

siehe auch:

stenbock, -bocken, -bockar	Steinbock
stenfrukt, -frukten, -frukter	Steinobst
stenrik, -rikt	steinreich

färg 327, färgen, färger	**Farbe**
akrylatlatexfärg	(Acryl-), Latexfarbe
cementfärg	Zementfarbe
Cementfärg finns i många varianter.	*Zementfarbe gib es in vielen Varianten.*
takfärg, (väggfärg)	Deckenfarbe, (Wandfarbe)
färgton, -tonen, -toner	Farbton
färgspektrum, -spektrumet, -spektrum	Farbspektrum
färghandel, -handeln, -handlar	Farben- und Tapetengeschäft
färgglad, -glatt	farbenfreudig
färglös, -löst	farblos
färgstark, -starkt	in kräftigen Farben
färga, färgar, färgade, färgat	färben

glas, glaset, glas	**Glas**
glasblåsare, -blåsaren, -blåsare	Glasbläser
glasbruk, -bruket, -bruk	Glasbläserei

glasögon (Pl.)	Brille
glasskiva, -skivan, -skivor	Glasscheibe

aber:

glass ☞ 78, glassen, glassar	Eis

porslin, porslinet	**Porzellan**
av porslin	aus Porzellan
porslinstallrik, -tallriken, -tallrikar	Porzellanteller

metall, metallen, metaller	**Metall**
av metall	metallen
ädla metaller (Pl.)	Edelmetalle
hårdmetall	Hartmetall
metallisk, metalliskt	metallisch
metallhaltig, -haltigt	metallhaltig
metallarbetare, -arbetaren, -arbetare	Metallarbeiter

bleck, blecket, bleck	**Blech**

aber:

blek, blekt	bleich

plåt, plåten, plåtar	**Blech**
av plåt	blechern
plåtburk, -burken, -burkar	Blechbüchse, -dose
plåtskada, -skadan, -skador	Blechschaden
plåtkaravan, -karavanen, -karavaner	Blechkarawane, -lawine
plåttak, -taket, -tak	Blechdach

aber:

punga ut (med), (betala)	blechen (für), (bezahlen)
mässingsinstrument	Blechinstrument

aluminium, aluminiumet	**Aluminium**
aluminiumburk, -burken, -burkar	Aluminiumdose, Aludose
aluminiumfolie, -folien	Aluminiumfolie, Alufolie

bly, blyet	**Blei**
av bly	bleiern
blyfri, -fritt	bleifrei
blyfri bensin	bleifreies Benzin
blyförgiftning, -förgiftningen, -förgiftningar	Bleivergiftung

siehe auch:

blyerts, blyertsen, blyertsar	Blei, Graphit
blyertspenna, -pennan, -pennor	Bleistift
blyertsteckning, -teckningen, -teckningar	Bleistiftzeichnung

järn, järnet, järn	**Eisen**
av järn	eisern
Smida medan järnet är varmt!	*Schmiede das Eisen, so lange es warm ist!*
Han har många järn i elden.	*Er hat viele Eisen im Feuer.*
järnaffär, -affären, -affärer	Eisenwarenhandlung
järnvaruaffär	Eisenwarenhandlung
järnhandel, -handeln,	Eisenwarenhandlung
järnstång, -stång, -stänger	Eisenstange
järnrör, -röret, -rör	Eisenrohr
järnvaror (Pl.)	Eisenwaren
järnverk, -verket, -verk	Eisenwerk, Eisenhütte
järnbruk, -bruket, -bruk	Eisenwerk, Eisenhütte
järnhalt, -halten, -halter	Eisengehalt
järnhaltig, -haltigt	eisenhaltig
järnhård, -hårt	eisenhart, eisern
järnväg ☞ 236, -vägen, -vägar	Eisenbahn

siehe auch:

järnvilja, -viljan	eiserner Wille
järnbröllop, -bröllopet, -bröllop	eiserne Hochzeit

stål, stålet	**Stahl**
rostfritt stål	Edelstahl, rostfreier Stahl
av stål	stählern
stålhjälm, -hjälmen, -hjälmar	Stahlhelm
stålverk, -verket, -verken	Stahlwerk, Stahlhütte
stålindustri, -industrin, -industrier	Stahlindustrie
stålproduktion, -produktionen, -produktioner	Stahlproduktion, -erzeugung
stålrörsmöbel, -möbeln, -möbler	Stahlrohrmöbel

koppar, kopparn	**Kupfer**
av koppar	kupfern
kopparmynt, -myntet, -mynt	Kupfermünze
koppargruva, -gruvan, -gruvor	Kupfergrube, -bergwerk
I år besökte vi koppargruvan i Falun.	*In diesem Jahr besuchten wir das Kupferbergwerk in Falun.*

guld ☞ 328, guldet	**Gold**

silver ☞ 328, silvret	**Silber**

papp, pappen oder pappet, papp	**Pappe**
pappask, -asken, -askar	Pappschachtel
papplåda, -lådan, -lådor	Pappschachtel
pappkartong, -kartongen, -kartonger	Pappkarton

papper, papperet, papper	**Papier**
ett papper	ein Stück (ein Blatt) Papier
toalettpapper	Toilettenpapier
Vi måste köpa toalettpapper.	*Wir müssen Toilettenpapier kaufen.*
papperslapp, -lappen, -lappar	Stück Papier, Zettel
pappersbruk, -bruket, -bruk	Papierfabrik
pappershandduk, -handduken, -handdukar	Papierhandtuch
pappersnäsduk, -näsduken, -näsdukar	Papiertaschentuch
papperservett, -servetten, -servetter	Papierserviette
pappershandel, -handeln	Schreibwarenhandlung
pappersvaror (Pl.)	Papierwaren

pappersrulle, -rullen, -rullar	Papierrolle
pappersmugg, -muggen, -muggar	Pappbecher
papperstallrik, -tallriken, -tallrikar	Pappteller

plast, plasten, plaster	**Plastik, Kunststoff**
plastfolie, -folien, -folier	Klarsichtfolie
plastficka, -fickan, -fickor	Klarsichthülle
plastmugg, -muggen, -muggar	Plastikbecher

trä, träet, trä	**Holz**
av trä	hölzern
träben, -benet, -ben	Holzbein
träbit, -biten, -bitar	Holzstück
träbjälke, -bjälken, -bjälkar	Holzbalken
träbock, -bocken, -bockar	Holzbock (Tier)
trähus, -huset, -hus	Holzhaus
träkol, -kolen	Holzkohle
träsko, -skon, -skor	Holzschuh
träig, träigt	hölzern
träaktig, träaktigt	holzig
träfri, -fritt	holzfrei

siehe auch:

träd ☞ 197, trädet, träd	**Baum**

aber:

ved, veden	Brennholz, Abfallholz

9.2 Werkzeug, Arbeitsgeräte und Zubehör

verktyg, verktyget, verktyg	**Werkzeug**
Det är viktigt att du har bra verktyg.	*Es ist wichtig, dass du gutes Werkzeug hast.*
verktygslåda, -lådan, -lådor	Werkzeugkasten
verkstad ☞ 2, -staden, -städer	Werkstatt

arbetsbänk, -bänken, -bänkar	**Arbeitsbank**

arbetshandskar (Pl.)	**Arbeitshandschuhe**

måttband, -bandet, -banden	**Bandmaß**

tumstock, -stocken, -stockar	**Zollstock**

vattenpass, -passet, -pass	**Wasserwaage**

borr, borren, borrar	**Bohrer**
borrmaskin, -maskinen, -maskiner	Bohrmaschine
slagborrmaskin	Schlagbohrmaschine
borrhammare, -hammaren, -hammare	Bohrhammer
borrning, borrningen, borrningar	Bohrung
borrhål, -hålet, -hål	Bohrung
borra, borrar, borrade, borrat	bohren

slip, slipen, slipar	**Schleifer**
vinkelslip, (planslip)	Winkelschleifer, (Planschleifer)
slipsten, -stenen, -stenar	Schleifstein
slipa, slipar, slipade, slipat	schleifen, wetzen, schärfen
slipa av	abschleifen
Jag slipade av kantigheterna.	*Ich schliff die Kanten ab.*

aber:

slippa, slipper, slapp, sluppit	nicht brauchen
Du slipper betala.	*Du brauchst nicht zu bezahlen.*
slips, slipsen, slipsar	Schlips

hammare, hammaren, hammare	**Hammer**
hamra, hamrar, hamrade, hamrat	hämmern

tång, tången, tänger	**Zange**
Min tandläkare har många tänger.	*Mein Zahnarzt hat viele Zangen.*

aber:

tång, tången	Tang

yxa, yxan, yxor	**Axt**
yxhugg, -hugget, -hugg	Axthieb
yxskaft, -skaftet, -skaft	Axtstiel

såg, sågen, sågar	**Säge**
cirkelsåg	Kreissäge
geringssåg (gersåg)	Gehrungssäge
kedjesåg	Kettensäge
Det finns här en bensindriven kedjesåg.	*Hier gibt es eine Benzin betriebene Kettensäge.*
sticksåg	Stichsäge
sågspån, -spånet, -spån	Sägespäne
sågverk, -verket, -verk	Sägewerk
Han fick jobb på sågverket.	*Er fand Arbeit im Sägewerk.*
såga, sågar, sågade, sågat	sägen
såga ned	umsägen

aber:

säga ✍ 290, säger, sade (sa), sagt	**reden, sagen** ✍ 35

spik, spiken, spikar	**Nagel**
tre paket spik	drei Pakete Nägel
slå i en spik, slår ..., slog ..., slagit ...	einen Nagel hineinschlagen
träffa huvudet på spiken	*den Nagel auf den Kopf treffen*
spika, spikar, spikade, spikat	nageln
spika fast	festnageln
spika upp	annageln
spika upp en tavla	ein Bild aufhängen

siehe auch:

spikrak, -rakt	kerzengerade, schnurgerade
spiknykter, -nyktert	völlig nüchtern

nagel, nageln, naglar	**Nagel**
nagla, naglar, naglade, naglat	nageln
nagla fast	fest nageln

siehe auch:

nagelfil, -filen, -filar	Nagelfeile
nagellack, -lacket, -lacken	Nagellack
nagelsax, -saxen, -saxar	Nagelschere

skruv, skruven, skruvar	**Schraube**
Du måste fästa skruven med en mutter.	*Du musst die Schraube mit einer Mutter festmachen.*
skruva, skruvar, skruvade, skruvat	schrauben
skruva av, (skruva fast)	abschrauben, (festschrauben)
Han har en skruv lös.	*Bei ihm ist eine Schraube locker.*
skruvmejsel, -mejseln, -mejslar	Schraubenzieher
Skruvmejseln är i verktygslådan.	*Der Schraubenzieher ist im Werkzeugkasten.*
skruvstäd, -städet, -städen	Schraubstock
skruvstycke, -stycket, -stycken	Schraubstock
skruvnyckel, -nyckeln, -nycklar	Schraubenschlüssel
skruvlock, -locket, -lock	Schraubverschluss

siehe auch:

tala skruvat	geschraubt sprechen

lödkolv, lödkolven, lödkolvar	**Lötkolben**
lödtenn, -tennet, -tenn	Lötzinn
löda, löder, lödde, lött	löten
löda fast, (löda ihop)	festlöten, (zusammenlöten)

nyckel 129, nyckeln, nycklar	**Schlüssel**
skruvnyckel	Schraubenschlüssel

fil, filen, filar	**Feile**
fila, filar, filade, filat	feilen

hacka, hackan, hackor	**Hacke**
hacka, hackar, hackade, hackat	hacken

hugga, hugger, högg, huggit	**hacken** (Holz)
hugga med yxa	mit der Axt hacken

räfsa, räfsan, räfsor	**Rechen**
räfsa, räfsar, räfsade, räfsat	rechen
kratta, krattan, krattor	**Rechen**
kratta, krattar, krattade, krattat	rechen
spade, spaden, spadar	**Spaten**
Jag tar bara ett tag till med spaden i jorden.	*Ich mach nur (noch) einen Spatenstich.*
spadtag, -taget, -tag	Spatenstich

aber:

spad, spadet	Brühe

stege, stegen, stegar	**Leiter**

aber:

ledare, ledaren, ledare	Leiter (Chef)

lim, limmet, lim	**Leim**
tapetlim	Tapetenleim
lyfta, lyfter, lyfte, lyft	**heben**
lyftanordning, -anordningen, -anordningar	Hebevorrichtung
lyftkran, -kranen, -kranar	Kran, Hebekran
lyftblock, -blocket, -block	Flaschenzug
renovera, renoverar, renoverade, renoverat	**renovieren, erneuern**
renovering, renoveringen, renoveringar	Renovierung, Erneuerung
måla ☞ 315, målar, målade, målat	**malen, (an)streichen**
snickra ☞ 317, snickrar, snickrade, snickrat	**tischlern**

10

Küche zu Hause und im Restaurant

10.1 Kochen, braten, backen

Kochen

koka, kokar, kokade, kokat	**kochen**
koka kaffe 76	Kaffee kochen
kokt potatis	Salzkartoffeln
kock, kocken, kockar	Koch
kokerska, kokerskan, kokerskor	Köchin
kokbok, -boken, -böcker	Kochbuch
laga, lagar, lagade, lagat	**kochen**, anrichten, zubereiten; reparieren
laga mat	Essen kochen
laga god mat	gut kochen können
kök, köket, kök	**Küche**
köksväxter (Pl.)	Küchenkräuter
köksspis, -spisen, -spisar	Küchenherd
köksbord, -bordet, -bord	Küchentisch
kökskniv, -kniven, -knivar	Küchenmesser
köksskåp, -skåpet, -skåp	Küchenschrank
mat, maten	**Essen, Speise**
Tack för maten!	*Vielen Dank für das Essen!*
handla mat	Lebensmittel einkaufen
mat och dryck	Speis und Trank, Essen und Trinken
mat och husrum	Verpflegung und Unterkunft, Pension
matbestick, -besticket, -bestick	Essbesteck
matsked, -skeden, -skedar	Esslöffel

matolja, -oljan, -oljor	Speiseöl
matrecept, -receptet, -recept	Kochrezept
matsal, -salen, -salar	Speisesaal
matsedel, -sedeln, -sedlar	Speisekarte
mattid, -tiden, -tider	Essenszeit
mata, matar, matade, matat	füttern

aber:

mata in	eingeben (in den PC)
matarbuss, -bussen, -bussar	Zubringer(bus)

soppa, soppan, soppor	**Suppe**
bönsoppa ☞ 73 (ärt-, kött-, lök-, nudel-, tomatsoppa)	Bohnensuppe (Erbsen-, Fleisch-, Zwiebel-, Nudel-, Tomatensuppe)
sopptallrik, -tallriken, -tallrikar	Suppenteller

sås, såsen, såser	**Sauce**

recept, receptet, recept	**Rezept**

skala, skalar, skalade, skalat	**schälen**

skära, skär, skar, skurit	**schneiden**
skärbräde, -brädet, -bräden	Schneidebrett
Kniven skär bra.	*Das Messer schneidet gut.*
Han skar brödet.	*Er schnitt das Brot.*

Braten

steka, steker, stekte, stekt	**braten**
Vi stekte äpplen vid elden.	*Wir brieten Äpfel auf dem Feuer.*
stek, steken, stekar	Braten
stekpanna, -pannan, -pannor	Bratpfanne
stekt ägg, (stekt potatis)	Spiegelei, (Bratkartoffeln)

mör, mört	**zart**
mört kött	zartes Fleisch

seg, segt	**zäh**

rå, rått	**roh**
råkost	Rohkost
rått kött	rohes Fleisch

aber:

råttkött	Rattenfleisch

siehe auch:

råmaterial, -materialet, -material	Rohmaterial
ett rått överfall	ein brutaler (roher) Überfall
en rå jargong	ein roher Jargon

Backen

baka, bakar, bakade, bakat	**backen**
bakelse, bakelsen, bakelser	Gebäck
bakpulver, -pulvret, -pulver	Backpulver
bakugn, -ugnen, -ugnar	Backofen

aber:

backa, backar, backade, backat	rückwärts fahren

siehe auch:

bagare, bagaren, bagare	Bäcker
bageri, bageriet, bagerier	Bäckerei

grädda, gräddar, gräddade, gräddat	**backen**

10.2 Essen und trinken

servera, serverar, serverade, serverat	**servieren**
Middagen är serverad kl. 6.	*Das Mittagessen wird um 6 Uhr serviert.*
äta ☞ 267, äter, åt, ätit	**essen**
dricka, dricker, drack, druckit	**trinken**
hungrig, hungrigt	**hungrig**
mätt, mätt	**satt**
smaka, smakar, smakade, smakat	**schmecken**
smaka av	abschmecken
Kocken smakar av maten.	*Der Koch schmeckt das Essen ab.*
smaka gott	gut schmecken
Köttbullar och lingon smakar jättegott.	*Fleischklößchen und Preiselbeeren schmecken sehr gut.*
smaka på ngt	etwas ausprobieren, kosten
Vi smakade på ostkakan.	*Wir haben den Käsekuchen gekostet.*
smak, smaken, smaker	Geschmack
Hon har god smak.	*Sie hat (einen) guten Geschmack.*
i min smak	nach meinem Geschmack
smaklig, smakligt	schmackhaft
smakfull, smakfullt	geschmackvoll
smaklös, smaklöst	geschmacklos
smaklöshet, smaklösheten, smaklösheter	Geschmacklosigkeit
smak sätta, ... sätter, ... satte, ... satt	würzen, abschmecken
smakbit, -biten, -bitar	Kostprobe
smakprov, -provet, -prov	Kostprobe

siehe auch:

ätbar, drickbar	genießbar

måltid, -tiden, -tider	**Mahlzeit**
Smaklig måltid!	Guten Appetit

rätt, rätten, rätter	**Gericht**
förrätt, (huvudrätt)	Vorspeise, (Hauptspeise)
Jag skulle vilja ha soppa som förrätt.	*Ich möchte gern Suppe als Vorspeise haben.*
efterrätt	Nachtisch

aber:

rätt ☞ 32, rätten, rätter	Recht; richtig
Du har rätt.	*Du hast Recht.*

restaurang, restaurangen, restauranger	**Restaurant**
Vi äter middag på restaurangen.	*Wir essen Mittag im Restaurant.*

portion, portionen, portioner	**Portion**
barnportion	Kinderportion

siehe auch:

barnmeny, -menyn, -menyer	**Kinderteller, -portion**

10.3 Zutaten

ingrediens, ingrediensen, ingredienser	**Zutat**

potatis, potatisen, potatisar	**Kartoffel**
Vill du ha ris eller potatis?	*Willst du Reis oder Kartoffeln?*
Kan jag koka potatisen i den här grytan?	*Kann ich die Kartoffeln in diesem Topf kochen?*
kokt potatis, (stekt potatis)	Salzkartoffeln, (Bratkartoffeln)
skala potatis, skalar ..., skalade ..., skalat ...	Kartoffeln schälen
potatisskal, -skalet, -skalen	Kartoffelschale
potatisskalare, -skalaren, -skalare	Kartoffelschälmesser
potatischips, -chipset, -chips	Kartoffelchips
potatissallad, -salladen, -sallader	Kartoffelsalat
potatismjöl, -mjölet	Kartoffelmehl
potatismos, -moset	Kartoffelbrei

senap, senapen	**Senf**
senapsburk, -burken, -burkar	Senfnapf
senapssås, -såsen, -såser	Senfsauce

olja, oljan, oljor	**Öl**
matolja	Speiseöl
olja, oljar, oljade, oljat	ölen
oljig, oljigt	ölig

siehe auch:

eldningsolja oljefärg, (oljepump)	Heizöl Ölfarbe, (Ölpumpe)

aber:

öl 76, ölet, öl	Bier

10.4 Besteck und Geschirr

bestick, besticket, bestick	**Besteck**
matbestick	Essbesteck

gaffel, gaffeln, gafflar	**Gabel**

kniv, kniven, knivar	**Messer**
Vi äter med kniv och gaffel.	*Wir essen mit Messer und Gabel.*
knivskarp, -skarpt	messerscharf

sked, skeden, skedar	**Löffel**
matsked, (tesked)	Esslöffel, (Teelöffel)

kopp, koppen, koppar	**Tasse**
en kopp kaffe (te)	eine Tasse Kaffee (Tee)
Kan jag få en kopp te?	*Kann ich eine Tasse Tee haben?*
äggkopp	Eierbecher

aber:

koppar, kopparn	Kupfer

gryta, grytan, grytor	**Kochtopf**

kastrull, kastrullen, kastruller	**Topf**

kruka, krukan, krukor	**Topf**

siehe auch:

blomkruka	Blumentopf
krukväxt, -växten, -växter	Topfpflanze
krukmakare, -makaren, -makare	Töpfer

tallrik, tallriken, tallrikar	**Teller**
djup tallrik, (flat tallrik)	tiefer Teller, (flacher Teller)
papperstallrik, (porslinstallrik)	Papierteller, (Porzellanteller)
sopptallrik	Suppenteller

aber:

talrik, talrikt	zahlreich

bunke, bunken, bunkar	**(Rühr-)Schüssel**

skål, skålen, skålar	**Schüssel, Schale**
Varje set består av 2 skålar och 4 tallrikar.	*Jeder Satz besteht aus 2 Schüsseln und 4 Tellern.*

aber:

skålla, skållar, skållade, skållat	abbrühen
skålla sig	sich verbrühen
skållhet	kochend heiß
skåla, skålar, skålade, skålat	anstoßen
Skål!	*Prost!*

panna, pannan, pannor	**Pfanne**
pannbiff	(deutsches) Beefsteak
pannkaka, -kakan, -kakor	Pfannkuchen

aber:

panna, pannan, pannor	Stirn
rynka pannan	die Stirn runzeln
panna	(Heiz-)Kessel
pannrum, -rummet, -rum	Kesselraum

visp, vispen, vispar	**Schneebesen**
vispgrädde ☞ 76	Schlagsahne

våg, vågen, vågar	**Waage**

aber:

våg, vågen, vågor	Welle
våga, vågar, vågade, vågat	wagen, riskieren
våghalsig	wagehalsig

burk ☞ 71, burken, burkar	**Büchse**

butelj, buteljen, buteljer	**Flasche**
flaska, flaskan, flaskor	**Flasche**
glas ☞ 142, glaset, glas	**Glas**

10.5 Einrichtungen

köksbord ☞ 133, -bordet, -bord	**Küchentisch**
duk, duken, dukar	(Tisch-)**Tuch**
duka, dukar, dukade, dukat	(Tisch) decken
stol, stolen, stolar	**Stuhl**
skåp, skåpet, skåp	**Schrank**
kylskåp	Kühlschrank
kyl, kylen, kylar	**Kühlschrank**
kyla, ☞ 290 kyler, kylde, kyld	kühlen
frys, frysen, frysar	**Gefriertruhe**
frysbox, -boxen, -boxar	Kühltruhe
frysfack, -facket, -fack	Gefrierfach (im Kühlschrank)
fryspunkt, -punkten, -punkter	Gefrierpunkt
frysa, fryser, fryste, fryst	einfrieren, eingefrieren
djupfrysa	tieffrieren, tiefgefrieren
spis, spisen, spisar	**Herd**
ugn, ugnen, ugnar	**Ofen**
bakugn	Backofen
ugnsbaka, -bakar, -bakade, -bakat oder -bakt	im Ofen backen
ugnsbakad potatis	Backkartoffeln

temperatur, temperaturen, temperaturer	**Temperatur**
ugnstemperatur	Ofentemperatur
hushållsmaskin, -maskinen, -maskiner	**Küchenmaschine**
diskmaskin, -maskinen, -maskiner	**Geschirrspüler**
disk ☞ 312, disken, diskar	Abwasch

11

Kleidung

11.1 Allgemeines

kläder (Pl.)	**Kleidung, Kleider, Garderobe**
Min mor syr alla sina kläder själv.	*Meine Mutter näht alle ihre Kleider selbst.*
Jag skulle inte vilja vara i hans kläder.	*Ich möchte nicht in seiner Haut stecken.*
byta kläder, byter ..., bytte ..., bytt ...	die Kleider wechseln, sich umziehen
underkläder	Unterwäsche
Hans syster gör reklam för underkläder.	*Seine Schwester macht Werbung für Unterwäsche.*
klädsel, klädseln, klädslar	Kleidung, Ankleiden
klänning, klänningen, klänningar	Kleid
klä, klär, klädde, klätt	kleiden, bekleiden, anziehen
Vi klär julgranen.	*Wir schmücken den Weihnachtsbaum.*
klä sig	sich anziehen
Färgen klär dig bra.	*Die Farbe steht dir gut.*
klä av sig, (klä på sig)	sich ausziehen, (sich anziehen)
förkläde, -klädet, -kläden	Schürze
klädborste, -borsten, -borstar	Kleiderbürste
klädbutik, -butiken, -butiker	Kleidergeschäft
klädhängare, -hängaren, -hängare	Kleiderbügel
klädnypa, -nypan, -nypor	Wäscheklammer
klädskåp, -skåpet, -skåpen	Kleiderschrank
klädstreck, -strecket, -strecken	Wäscheleine
klädd, klätt	gekleidet
Hon var snyggt klädd.	*Sie war schick angezogen.*
klädsam, klädsamt	kleidsam, vorteilhaft

naken, naket, nakna	**nackt**
Flickan var naken.	*Das Mädchen war nackt.*
nakenhet, nakenheten, nakenheter	Nacktheit

ficka, fickan, fickor	**Tasche** (eines Kleidungsstücks)
bröstficka	Brusttasche

aber:

fika, fikar, fikade, fikat	Kaffee trinken

stor ☞ 336, större, störst	**groß**
för stor	zu groß
storlek, storleken, storlekar	Größe
Vilken storlek?	*Welche Größe?* (Kleidung, Schuh)
prova; provar, provade, provat	**anprobieren**
provrum, -rummet, -rum	Ankleidekabine
Hon har provat alla möjliga kläder (skor).	*Sie hat alle möglichen Kleider (Schuhe) anprobiert.*
vikt, vikten, vikter	**Gewicht**
gå ner i vikt, (gå upp i vikt)	abnehmen, (zunehmen) (Gewicht)
Jag skulle vilja gå ner i vikt.	*Ich möchte gern abnehmen.*
hålla vikten, håller …, höll …, hållit …	sein Gewicht halten

11.2 Oberbekleidung

Mann

kappa, kappan, kappor	**Mantel**
vända kappan efter vinden	*den Mantel nach dem Wind hängen*
kapprum, -rummet, -rum	Garderobe
rock, rocken, rockar	**Herrenmantel, Jacke,** Rock, Kittel
rockficka, -fickan, -fickor	Manteltasche
jacka, jackan, jackor	**Jacke**
Expediten hämtade en jacka.	*Der Verkäufer holte eine Jacke.*

kostym, kostymen, kostymer	**Anzug**
kostymbal, -balen, -baler	Maskenball, Kostümfest
kostymera, kostymerar, kostymerade, kostymerat	kostümieren

aber:

dräkt ☞ 164, dräkten, dräkter	**Kostüm**

byxa, byxan, byxor	**Hose**
byxor	Hosen (Pl.)
Han vill ha byxorna ett par centimeter kortare.	*Er möchte die Hosen ein paar Zentimeter kürzer haben.*
strumpbyxa	Strumpfhose
byxben, -benet, -ben	Hosenbein
byxdress, -dressen, -dresser oder -dressar	Hosenanzug
byxficka, -fickan, -fickor	Hosentasche
jeans (Pl.), Sing.: ett par jeans	**Jeans**
skärp, skärpet, skärp	**Gürtel**
Jag måste köpa ett skärp.	*Ich muss einen Gürtel kaufen.*
hatt, hatten, hattar	**Hut**
Min hatt har tre kanter. Tre kanter har min hatt.	*Mein Hut(, der) hat drei Ecken. Drei Ecken hat mein Hut.*
mössa, mössan, mössor	**Mütze**
skjorta, skjortan, skjortor	**Oberhemd**
Mor hjälp, jag hittar ingen skjorta!	*Mutter hilf, ich finde kein Hemd!*
slips, slipsen, slipsar	**Schlips**
Far, kan du hjälpa mig med slipsen?	*Vater, kannst du mir mit dem Schlips helfen?*

Frau

dräkt, dräkten, dräkter	**Kostüm**
Hans fru hade på sig en blå dräkt.	Seine Frau trug ein blaues Kostüm.
tröja, tröjan, tröjor	**Pulli, Pullover**
Vilken skön tröja du har!	*Was für einen schönen Pullover du hast!*
ylletröja	Wollpullover
jumper, jumpern, jumprar	(elastischer Damen-)**Pullover**
garn, garnet, garn	**Garn**
ull, ullen	**Wolle**
blus, blusen, blusar	**Bluse**
Passar blusen till kjolen?	*Passt die Bluse zu dem Rock?*
Alla flickorna hade blåa blusar.	*Alle Mädchen hatten blaue Blusen (an).*
T-shirt, T-shirten, T-shirtar	**T-Shirt**
kjol, kjolen, kjolar	**Rock**
Det är inte ofta hon har kjol på sig.	*Es kommt nicht oft vor, dass sie einen Rock anhat.*

aber:

rock ☞ 162, rocken, rockar	**Herrenmantel**

11.3 Unterwäsche

underkläder (Pl.)	**Unterwäsche**, Unterbekleidung

Mann

underbyxor (Pl.)	**Unterhose**
kalsonger (Pl.)	**Herrenunterhose**
långkalsonger (Pl.)	lange Unterhosen

pyjamas, pyjamasen, pyjamas oder pyjamasar	**Schlafanzug**

Frau

linne, linnet, linnen	**Unterhemd, -wäsche**
linneskåp, -skåpet, -skåpen	Wäscheschrank

trosa, trosan, trosor	**Slip**
trosor (Pl.)	Schlüpfer

aber:

slipprig, slipprigt	schlüpfrig

behå, behån, behåar	**Büstenhalter, BH**

underkjol, kjolen, kjolar	**Unterrock**

nattlinne, -linnet, -linnen	**Nachthemd**
sidennattlinne	Seidennachthemd

aber bitte nicht anziehen:

slöfock, -focken, -fockar	Schlafmütze

11.4 Schuhe, Strümpfe, Taschen

Schuhe

sko, skon, skor	**Schuh**
Skon är jättebra.	*Der Schuh ist sehr gut.*
Det står ett par skor där.	*Dort steht ein Paar Schuhe.*
vinterskor	Winterschuhe
Det skulle vara fint med nya vinterskor.	*Neue Winterschuhe wären etwas Schönes (wären schön).*
sommarskor	Sommerschuhe
skoaffär, -affären, -affärer	Schuhgeschäft
skoborste, -borsten, -borstar	Schuhbürste

aber:

skoj, skojet	Schwindel, Humbug, Spaß, Ulk
skoja, skojar, skojade, skojat	schwindeln, spaßen, ulken
Jag skojade bara.	Ich hab nur Spaß gemacht (geulkt).

sandal, sandalen, sandaler	**Sandale**

stövel, stöveln, stövlar	**Stiefel**
Min fru måste köpa nya vinterstövlar.	*Meine Frau muss neue Winterstiefel kaufen.*
Jag tar på mig vinterstövlarna.	*Ich ziehe (die) Winterstiefel an.*
ridstövel	Reitstiefel

handske, handsken, handskar	**Handschuh**
läderhandskar	Lederhandschuhe
Du kan få låna mina läderhandskar.	*Du kannst meine Lederhandschuhe bekommen (haben, leihen).*

siehe auch:

handskfack, -facket, -facken	Handschuhfach

Strümpfe

strumpa, strumpan, strumpor	**Strumpf**
Det är hål på alla mina strumpor.	*In allen meinen Strümpfen sind Löcher.*
stoppa strumpor	Strümpfe stopfen
strumpbyxor (Pl.)	Strumpfhose

socka, sockan, sockor	**Socke**
Jag letar efter mina sockor.	*Ich suche meine Socken.*

aber:

sockra 80, sockrar, sockrade, sockrat	zuckern

Taschen

väska, väskan, väskor	**Tasche**
Kan du hålla min väska ett slag?	*Kannst du mal einen Moment meine Tasche halten?*
handväska, (axelväska, skolväska)	Handtasche, (Umhängetasche, Schultasche)

siehe auch:

ficka 162, fickan, fickor	**Tasche** (eines Kleidungsstücks)

12

Kultur, Kunst und Religion

12.1 Kultur und Kunst

applåd, applåden, applåder	**Applaus, Beifall**
Konstnären fick applåder.	*Der Künstler bekam Applaus.*
applådera, applåderar, applåderade, applåderat	applaudieren, Beifall klatschen

museum, museet, museer	**Museum**
Vi vill absolut besöka Vasaskeppet och Moderna Museet.	*Wir wollen unbedingt das Vasaschiff und Das Moderne Museum besuchen.*

utställning, utställningen, utställningar	**Ausstellung**
Vi besökte en utställning.	*Wir besuchten eine Ausstellung.*
utställa, utställer, utställde, utställt	ausstellen
Jag ställde ut en tavla igår.	*Ich stellte gestern ein Bild aus.*
utställare, utställaren, utställare	Aussteller

siehe auch:

utställa en växel	einen Wechsel ausstellen

stil, stilen, stilar	**Stil**
stilkänsla, stilkänslan, stilkänslor	Stilgefühl
stilfull, -fullt	stilvoll
stilig, stiligt	schick, fesch

aber:

still	still
sitta still ett ögonblick	einen Augenblick still sitzen

kultur, kulturen, kulturer	**Kultur**
kulturavtal, -avtalet, -avtal	Kulturabkommen
kulturbyte, -bytet, -byten	Kulturaustausch
kulturcentrum, -centrumet, -centrum	Kulturzentrum
kulturhistoria, -historien, -historier	Kulturgeschichte
kulturpolitik, -politiken	Kulturpolitik
utbildnings och kulturminister	Kultusminister, Kulturminister
kulturell, kulturellt	kulturell

konst, konsten, konster	**Kunst**
Hon har alltid varit intresserad av konst.	*Sie war immer an Kunst interessiert.*
Det är ingen konst!	*Das ist keine Kunst!*
konstakademi, -akademin, -akademier	Kunstakademie
konsthandel, -handeln	Kunsthandel
konsthantverk, -hantverket, -hantverk	Kunsthandwerk
konsthistoria, -historia, -historier	Kunstgeschichte
konstkritiker, -kritikern, -kritiker	Kunstkritiker
konstkännare, -kännaren, -kännare	Kunstkenner, Kunstliebhaber
konstsamling, -samlingen, -samlingar	Kunstsammlung
konststycke, -stycket, -stycken	Kunststück
konstutställning, -utställningen, -utställningar	Kunstausstellung
konstverk, -verket, -verk	Kunstwerk
konstnär, konstnären, konstnärer	Künstler
konstnärlig	künstlerisch
konstfärdig, -färdigt	kunstfertig
konstlös, -löst	kunstlos

aber:

konstgjord, -gjort	künstlich
bildlärare, -läraren, -lärare	Kunsterzieher

program, programmet, program	**Programm**
Du måste se det här programmet på tv idag.	*Du musst dieses Programm im Fernsehen heute sehen.*

programledare, -ledaren, -ledare	Moderator, Conférencier
programmera 44, programmerar, programmerade, programmerat	programmieren

spela 173, 254, 313, spelar, spelade, spelat	**spielen**
spela upp	vorspielen
Kapellet spelar upp till dans.	*Die Kapelle spielt zum Tanz auf.*
spela teater	Komödie spielen
spela bort	verspielen
spela med	mitspielen
spel, spelet, spel	Spiel
speldosa, -dosan, -dosor	Spieldose
spelfilm, -filmen, -filmer	Spielfilm
spellektion, -lektionen, -lektioner	Musikstunde
spellista, -listan, -listor speltid, -tiden, -tider	Spielplan
spelare, spelaren, spelare	Spieler

skådespel, skådespelet, skådespel	**Schauspiel**
skådespelare, -spelaren, -spelare	Schauspieler
skådespelerska, -spelerskan, -spelerskor	Schauspielerin

trolla, trollar, trollade, trollat	**zaubern**
troll, trollet, troll	Kobold
trollflöjt, -flöjten, -flöjter	Zauberflöte
De spelade Mozarts Trollflöjten.	*Sie spielten Mozarts Zauberflöte.*
trollformel, -formeln, -formler	Zauberformel
trollkonst, -konsten, -konster	Zauberkunst
trollstav, -staven, -stavar	Zauberstab

Bildende Kunst

Malerei

bild, bilden, bilder	**Bild**
Vi visade bilder från resan.	*Wir zeigten Bilder von der Reise.*
bilderbok, -boken, -böcker	Bilderbuch

bildruta, -rutan, -rutor	Bildschirm
bildspråk, -språket, -språk	Bildersprache
bildyta, -ytan, -ytor	Bildfläche
bildöverföring, -överföringen, -överföringar	Bildübertragung
bildlig, bildligt	bildlich, figürlich
bildskön, -skönt	bildschön

aber:

bildning ☞ 45, bildningen	Bildung

tavla, tavlan, tavlor	**Tafel, Bild, Gemälde**
Vem har målat tavlan?	*Wer hat das Bild gemalt?*

färga, färgar, färgade, färgat	**färben**
färg ☞ 142, 327, färgen, färger	Farbe
färgbild, -bilden, -bilder	Farbbild

måla, målar, målade, målat	**malen**
måleri, måleriet, målerier	Malerei
landskapsmåleri	Landschaftsmalerei
målarateljé, ateljén, ateljéer	Maleratelier
målare, målaren, målare	Maler
målarinna, målarinnan, målarinnor	Malerin
målning, målningen, målningar	Gemälde, Bild

aber:

mål, målet, mål	Stimme; Ziel; Tor ☞ 256; Mahlzeit ☞ 267

Fotografie

foto, fotot, foton	**Foto**
Har du något foto på ...?	*Hast du ein Foto von ...?*
Du ser lycklig ut på semesterfotot.	*Du siehst auf dem Urlaubsfoto glücklich aus.*

Vi visade foton från semestern.	*Wir zeigten Fotos vom Urlaub.*
ta ett foto, tar ..., tog ..., tagit ...	ein Foto machen
färgfoto	Farbfoto
fotoaffär, -affären, -affärer	Fotogeschäft
fotoalbum, -albumet, -album	Fotoalbum
fotograf, fotografen, fotografer	Fotograf
fotografi, -fotografiet, -fotografier	Fotografie
fotokopia, -kopian, -kopior	Fotokopie
fotomodell, -modellen, -modeller	Fotomodell
fotomontage, -montaget, -montage	Fotomontage
fotografera, fotograferar, fotograferade, fotograferat	fotografieren
Vi fotograferade mycket på semestern.	*Wir fotografierten viel im Urlaub.*
fotografisk, -grafiskt	fotografisch
fotogen	fotogen

aber:

fotogen, fotogenen	Petroleum
fotogenlampa, -lampan, -lampor	Petroleumlampe

siehe auch:

kamera, kameran, kameror	Fotoapparat

Darstellende Kunst

Theater

dans, dansen, danser	**Tanz**
folkdans	Volkstanz
dansare, dansaren, dansare	Tänzer
dansgolv, -golvet, -golv	Tanzfläche
dansa, dansar, dansade, dansat	tanzen

aber:

Det går som en dans.	*Das läuft wie am Schnürchen.*

skådespel ✍ 170, skådespelet, skådespel	**Schauspiel**

spela ✍ 170, 254, 313, spelar, spelade, spelat	**spielen**
spelplan, -planen, -planer	Spielplan
spelsäsong, -säsongen, -säsonger	Spielsaison, Spielzeit
speltid, -tiden, -tider	Spielzeit

teater, teatern, teatrar	**Theater**
gå på teatern, går ..., gick ..., gått ...	ins Theater gehen
Vi går på teater då och då.	*Wir gehen ab und zu ins Theater.*
teaterbesök, -besöket, -besök	Theaterbesuch
teaterbesökare, -besökaren, -besökare	Theaterbesucher

Musik

akustik, akustiken	**Akustik**
akustisk, akustiskt	akustisch
Jag förstår det inte akustiskt.	*Ich verstehe das akustisch nicht.*

dirigent, dirigenten, dirigenter	**Dirigent**
Dirigenten är en intressant person.	*Der Dirigent ist eine interessante Person.*
dirigera, dirigerar, dirigerade, dirigerat	dirigieren

konsert, konserten, konserter	**Konzert**
gå på konsert, går ..., gick ..., gått ...	ins Konzert gehen
konserthus, -huset, -hus	Konzerthaus

låt, låten, låtar	**Laut; Lied**
låta, låter, lät, låtit	klingen
Det låter vackert.	*Das klingt schön (gut).*

aber:

låta, låter, lät, låtit	lassen (Hilfsverb)
låta bli	bleiben lassen, unterlassen
låta bli att röka	*das Rauchen (sein) lassen*

musik, musiken	**Musik**
musikant, musikanten, musikanter	Musikant
musiker, musikern, musiker	Musiker
Min bror är musiker.	*Mein Bruder ist Musiker.*
musikhandel, -handeln	Musikalienhandlung, -geschäft
musikaffär, -affären, -affärer	Musikgeschäft
musikhögskola, -skolan, -skolor	Musikhochschule
musikinstrument, -instrumentet, -instrument	Musikinstrument
musiklektion, -lektionen, -lektioner	Musikunterricht
musiklärare, -läraren, -lärare	Musiklehrer
Han arbetar som musiklärare.	*Er arbeitet als Musiklehrer.*
musikstycke, -stycket, -stycken	Musikstück
musikalisk, musikaliskt	musikalisch
Jag är inte musikalisk, men jag lyssnar gärna på musik.	*Ich bin nicht musikalisch, aber ich höre gern Musik.*
musicera, musicerar, musicerade, musicerat	Musik machen

sjunga, sjunger, sjöng, sjungit	**singen**
Pojken sjunger bra.	*Der Junge singt gut.*
Mina barn sjöng i kör.	*Meine Kinder sangen im Chor.*
sjunga med	mitsingen
sjunga om	noch einmal singen

sång, sången, sånger	**Gesang, Lied**
Han skrev sånger på svenska.	*Er schrieb Lieder in Schwedisch.*
På kvällarna sjöng vi många traditionella sånger.	*An den Abenden sangen wir viele Volkslieder.*
folksång	Nationalhymne
sångare, sångaren, sångare	Sänger
Sångaren sjunger mycket bra.	*Der Sänger singt sehr gut.*
sångerska, sångerskan, sångerskor	Sängerin
sångfågel, -fågeln, -fåglar	Singvogel
sångförening, -föreningen, -föreningar	Gesangverein
sångkör, -kören, -körer	Sängerchor
sånglektion, -lektionen, -lektioner	Gesangsstunde
sångundervisning, -undervisningen, -undervisningar	Gesangsunterricht

siehe auch:

folkvisa, -visan, -visor	Volkslied, Volksweise

kör, kören, körer	**Chor**
i kör	im Chor

aber:

i ett kör	in einem fort, fortlaufend
körsbär, -bäret, -bär	Kirsche
körsnär, körsnären, körsnärer	Kürschner
körskola, -skolan, -skolar	Fahrschule

spela 173, spelar, spelade, spelat	**spielen**
spela ett instrument	ein Instrument spielen
Mitt barnbarn spelar fiol (flöjt, gitarr, munspel, piano, trummor, trumpet).	*Mein Enkelkind spielt Geige (Flöte, Gitarre, Mundharmonika, Klavier, Schlagzeug, Trompete).*

fiol, fiolen, fioler	**Geige**
spela fiol	Geige spielen

violin, violinen, violiner	**Geige**

flöjt, flöjten, flöjter	**Flöte**
gitarr, gitarren, gitarrer	**Gitarre**
munspel, -spelet, -spel	**Mundharmonika**
piano, pianot, pianon	**Klavier**
spela piano	Klavier spielen
trumma, trumman, trummor	**Trommel**
trummor (Pl.)	Schlagzeug
slå på trumman	die Trommel rühren
trumslagare, -slagaren, -slagare	Trommler
spela trummor, spelar ..., spelade ..., spelat ...	trommeln, Schlagzeug spielen
trumma ihop	zusammentrommeln
trumpet, trumpeten, trumpeter	**Trompete**
blåsa i trumpet	Trompete spielen
spela trumpet	Trompete spielen
trumpeta, trumpetar, trumpetade, trumpetat	Trompete spielen
trumpeta ut	ausposaunen

Film

amatör, amatören, amatörer	**Amateur**
amatörfotograf, -fotografen, -fotografer	Amateurfotograf
Jag är en amatörfotograf.	*Ich bin ein Amateurfotograf.*
attraktion, attraktionen, attraktioner	**Attraktion**
Lejon var en stor attraktion på safarin.	*Löwen waren eine große Attraktion auf der Safari.*
attraktiv	attraktiv
äventyr, äventyret, äventyr	**Abenteuer**
äventyrare, äventyraren, äventyrare	Abenteurer
äventyrsfilm, -filmen, -filmer	Abenteuerfilm
Äventyrsfilmen var så trist att jag	*Der Abenteuerfilm war so langweilig,*

nästan somnade.	*dass ich fast eingeschlafen bin.*
äventyrslusta, -lustan	Abenteuerlust
äventyrsroman, -romanen, -romaner	Abenteuerroman
äventyrlig, äventyrligt	abenteuerlich

bio, bion, biografer	**Kino**
gå på bio, går ..., gick ..., gått ...	ins Kino gehen
Nils och Siv går på bio.	*Nils und Siv gehen ins Kino.*
biobiljett, biljetten, biljetter	Kinokarte

film, filmen, filmer	**Film**
Det var en rolig film.	*Das war ein amüsanter Film.*
Var går filmen?	*Wo läuft der Film?*
färgfilm (huvudfilm, kortfilm, långfilm, skräckfilm)	Farbfilm (Hauptfilm, Kurzfilm, Spielfilm, Horrorfilm)
spelfilm	Spielfilm
filmduk, -duken, -dukar	Leinwand
filmhjälte, -hjälten, -hjältar	Filmheld
filmmanuskript, -manuskriptet, -manuskript	Drehbuch
filmregissör, -regissören, -regissörer	Filmregisseur
filmskådespelare, -spelaren, -spelare	Filmschauspieler
filmskådespelerska, -skådespelerskan, -skådespelerskor	Filmschauspielerin
filmstjärna, -stjärnan, -stjärnor	Filmstar
filma, filmar, filmade, filmat	filmen

huvudroll, -rollen, -roller	**Hauptrolle**
En film med Ingrid Bergman i huvudrollen går på bion.	*Ein Film mit Ingrid Bergmann in der Hauptrolle läuft im Kino.*

regissör, regissören, regissörer	**Regisseur**
Han är både regissör och skådespelare i filmen.	*Er ist in dem Film sowohl Regisseur als auch Schauspieler.*

Literatur

anekdot, anekdoten, anekdoter	**Anekdote**
Romanen baserar sig på anekdoter och legender.	*Der Roman basiert auf Anekdoten und Legenden.*

berättelse, berättelsen, berättelser	**Erzählung**
berätta, berättar, berättade, berättat	erzählen
Den här berättelsen måste du läsa.	*Diese Erzählung musst du lesen.*
berättare, berättaren, berättare	Erzähler

bibliotek, biblioteket, bibliotek	**Bibliothek**
bibliotekarie, -bibliotekarien, -bibliotekarier	Bibliothekar

bok, boken, böcker	**Buch**
Har du läst någon bok på svenska?	Hast du (irgend)ein Buch in Schwedisch gelesen?

aber:

boka, bokar, bokade, bokat (boka in)	buchen (reservieren)
bok ☞ 197, boken, bokar	Buche

dikt, dikten, dikter	**Gedicht, Dichtung, Fabel**
Han skriver både romaner och dikter.	*Er schrieb sowohl Romane als auch Gedichte.*
diktare, diktaren, diktare	Dichter
diktsamling, -samlingen, -samlingar	Gedichtsammlung
dikta, diktar, diktade, diktat	dichten

aber:

dikt	dicht
diktamen ☞ 51, diktamen, diktamina	Diktat

författa, författar, författade, författat	**verfassen**
författare, författaren, författare	Verfasser, Autor, Schriftsteller
Det är en bok av en tysk författare.	*Das ist ein Buch von einem deutschen Autor.*
författarnamn, -namnet, -namn	Verfassername, Schriftstellername

siehe auch:

författning, författningen, författningar Verfassung; Gesetz

litteratur, litteraturen	**Literatur**
Min son är mycket intresserad av litteratur.	*Mein Sohn ist sehr an Literatur interessiert.*
litteraturförteckning, -förteckningen, -förteckningar	Literaturverzeichnis

skönlitteratur, -litteraturen	**Belletristik**
skönlitterär, -litterärt	belletristisch

legend, legenden, legender	**Legende**
legendarisk, legendariskt	legendär

novell, novellen, noveller	**Novelle**

roman, romanen, romaner	**Roman**
Min dotter läser bara kärleksromaner.	*Meine Tochter liest nur Liebesromane.*

saga, sagan, sagor	**Märchen**
Mor läste en saga för oss varje kväll.	*Mutter las jeden Abend ein Märchen für uns vor.*
sagobok, -boken, -böcker	Märchenbuch
sagolik, sagolikt	sagenhaft, märchenhaft

titel, titeln, titlar	**Titel**
titelblad, -bladet, -blad	Titelblatt
titelroll, -rollen, -roller	Titelrolle

aber:

omslagsbild, -bilden, -bilder	Titelbild

12.2 Kirche und Religion

kyrka, kyrkan, kyrkor	**Kirche**
Det finns en fin gammal kyrka i stadens centrum.	*Im Stadtzentrum gibt es eine schöne alte Kirche.*
Det finns många fina träkyrkor i Sverige.	*Es gibt viele schöne Holzkirchen in Schweden.*
gå i kyrkan, går …, gick …, gått …	in die Kirche gehen

domkyrka	Dom, Münster
Uppsalas domkyrka grundlades 1260.	*Für Uppsalas Dom wurde der Grundstein 1260 gelegt.*
kyrkklocka, -klockan, -klockor	Kirchenglocke
kyrkobesökare, -besökaren, -besökare	Kirchenbesucher
kyrkobok, -boken, -böcker	Personenstandsregister
kyrkogård, -gården, -gårdar	Kirchhof
kyrkoherde, -herden, -herdar	Pfarrer
kyrkokör, -kören, -körer	Kirchenchor
kyrkomusik, -musiken	Kirchenmusik
kyrkoruin, -ruinen, -ruiner	Kirchenruine
kyrklig, kyrkligt	kirchlich

evangelisk, evangeliskt	**evangelisch**

protestantisk, protestantiskt	**protestantisch, evangelisch**
Han är protestant.	*Er ist evangelisch.*

katolsk, katolskt	**katholisch**
katolska kyrkan	katholische Kirche
katolik, katoliken, katoliker	Katholik

konfirmation, konfirmationen, konfirmationer	**Konfirmation**
Det är konfirmation på söndag.	*Die Konfirmation findet am Sonntag statt.*
konfirmand, konfirmanden, konfirmander	Konfirmand
konfirmera, konfirmerar, konfirmerade, konfirmerat	konfirmieren

nattvard, nattvarden, nattvarder	**Abendmahl**
nattvardsgång, -gången	Kommunion
nattvardsbarn, -barnet, -barn	Konfirmand

pastor, pastorn, pastorer	**Pastor**
pastorsexpedition, -expeditionen, -expeditioner	Pfarramt

Vorsicht:

pastorsexp. — Abkürzung für pastorsexpedition

präst, prästen, präster — **Pfarrer, Pastor, Priester**

Prästen berättade om träkyrkans historia. — *Der Pfarrer erzählte über die Geschichte der Holzkirche.*

prästfru, -frun, -fruar — Pfarrersfrau

prästgård, -gården, -gårdar — Pfarrhaus

siehe auch:

kyrkoherde 180 — Pfarrer

påve, påven, påvar — **Papst**

påvlig, påvligt — päpstlich

gud, **Gud**, guden, gudar — **Gott**

Tror du på Gud? — *Glaubst du an Gott?*

Gode Gud! — Lieber Gott!

Gud Fader — Gott Vater

Herregud! — Großer Gott! Um Gottes willen!

Gode (store) gud! — Lieber (großer) Gott!

Gudskelov! — Gott sei Dank!

gudstjänst, -tjänsten, -tjänster — Gottesdienst

Det brukar vara gudstjänst kl. 10.00 på söndagarna. — *(Der) Gottesdienst findet normalerweise um 10.00 am Sonntag statt.*

Det vete gudarna. — *Das wissen die Götter.*

gudinna, gudinnan, gudinnor — Göttin

gudom, gudomen, gudomar — Gottheit

gudomlig, gudomligt — göttlich, himmlisch, wundervoll

gudfruktig, -fruktigt — gottesfürchtig

gudlös, -löst — gottlos

aber:

gudbarn, -barnet, -barn	Patenkind
gudfar	Pate

siehe auch:

Gud, vad hungrig jag är!	Gott, wie bin ich hungrig! Oh, wie hungrig ...
gudaspis, -spisen, -spisar	Götterspeise

dö, dör, dog, dött	**sterben**
Han dog i en bilolycka.	*Er starb bei einem Autounfall.*
död, döden, dödar	Tod
död, dött	tot
Efter valet var han en politiskt död man.	*Nach der Wahl war er ein politisch toter Mann.*
dött kapital	totes Kapital
döda, dödar, dödade, dödat	töten

grav, graven, gravar	**Grab, Gruft**
begrava, begraver, begravde, begravt	begraben, beerdigen
begravning, begravningen, begravningar	Begräbnis, Beerdigung
Han hade en vacker begravning.	*Er hatte ein schönes Begräbnis.*
begravningsbyrå, -byrån, -byråer	Beerdigungsinstitut
begravningståg, -tåget, -tåg	Trauerzug
begravningsplats, -platsen, -platser	Beerdigungsplatz, Begräbnisstätte

aber:

grav, gravt	ernst, schwer

jorda, jordar, jordade, jordat	**beerdigen**

13

Natur, Landschaft und Umwelt

13.1 Natur

natur, naturen, naturer	**Natur**
av naturen	von Natur, von Haus aus
naturbehov, -behovet, -behov	natürliches Bedürfnis
naturbeskrivning, -beskrivningen, -beskrivningar	Naturbeschreibung
naturfenomen, -fenomenet, -fenomen	Naturphänomen, Naturerscheinung
naturforskare, -forskaren, -forskare	Naturforscher
naturfärg, -färgen, -färger	Naturfarbe
naturhamn, -hamnen, -hamnar	Naturhafen
naturkatastrof, -katastrofen, -katastrofer	Naturkatastrophe
naturlag ☞ 212	Naturgesetz
naturlig, naturligt	natürlich, urwüchsig
naturlighet, naturligheten, naturligheter	Natürlichkeit
naturligtvis	natürlich, selbstverständlich
onaturlig, (övernaturlig)	unnatürlich, (übernatürlich)
naturpark, -parken, -parker	Naturpark
naturprodukt, -produkten, -produkter	Naturprodukt
Det är en naturprodukt.	*Das ist ein Naturprodukt.*
naturreservat, -reservatet, -reservat	Naturreservat, -schutzgebiet
Det är vackert här i naturreservatet.	*Es ist schön hier im Naturreservat.*
naturskydd	Naturschutz
naturvetare, -vetaren, -vetare	Naturwissenschaftler
naturvetenskap, -vetenskapen, -vetenskaper	Naturwissenschaft
naturvetenskaplig, -vetenskapligt	naturwissenschaftlich

naturvetenskapliga fakulteten	die naturwissenschaftliche Fakultät
naturvård, -vården	Naturschutz
naturvårdare, -vårdaren, -vårdare	Naturschützer

13.2 Landschaften

område, området, områden	**Gebiet, Gegend, Bereich**
privat område	Privatbesitz
naturskyddsområde	Naturschutzgebiet
land, landet, länder	**Land**
landsman, -mannen	Landsmann
landtunga, -tungan, -tungor	Landzunge
på landet	auf dem Lande
landskap, landskapet, landskap	**Landschaft; Provinz**
Bohuslän är ett underbart landskap.	*Bohuslän ist eine wunderbare Landschaft.*
län, länet, län	**Verwaltungsbezirk**
Jönköpings län	Verwaltungsbezirk Jönköping
länståg, -tåget, -tåg	Regionalzug
park, parken, parker	**Park**
nationalpark	Nationalpark
naturpark	Naturpark
parkbänk, -bänken, -bänkar	Parkbank
Vi satt på parkbänken.	*Wir saßen auf der Parkbank.*
nationalpark, -parken, -parker	**Nationalpark**
I Sverige har man inrättat 18 nationalparker.	*In Schweden hat man 18 Nationalparks eingerichtet.*
yta, ytan, ytor	**Fläche, Oberfläche**
Smålands naturpark har en yta på 100 hektar.	*Smålands Naturpark hat eine Fläche von 100 ha.*
ytlig, ytligt	oberflächlich
ytlighet, ytligheten, ytligheter	Oberflächlichkeit

Wald, Feld und Wiese

skog, skogen, skogar	**Wald**
På sommaren plockar vi blåbär i skogen.	*Im Sommer sammeln wir Blaubeeren im Wald.*
skog och mark	Wald und Feld
skogsarbetare, -arbetaren, -arbetare	Waldarbeiter
skogsareal, -arealen, -arealer	Waldfläche
skogsbrand, -branden, -bränder	Waldbrand
skogsbruk, -bruket, -bruken	Forstwirtschaft
skogsdöd, -döden	Waldsterben
skogsindustri, -industrin	Holz verarbeitende Industrie
skogsväg, -vägen, -vägar	Waldweg
till skogs	in den Wald
skogig, skogigt	waldig

fält, fältet, fält	**Feld**
blickfält	Blickfeld
fältarbete, -arbetet, -arbeten	Feldarbeit
fälthare, -haren, -harar	Feldhase

åker, åkern, åkrar	**Feld**
åkerbruk, -bruket	Ackerbau
åkerbruksarbete, -arbetet, -arbeten	Feldarbeit
åkerjord, -jorden, -jordar	Ackerboden

äng, ängen, ängar	**Wiese**
ängsblomma, -blomman, -blommor	Wiesenblume

gräs, gräset, gräs	**Gras, Rasen**
Igår klippte jag gräset.	*Gestern habe ich den Rasen gemäht.*
gräshoppa, -hoppan, -hoppor	Heuschrecke, Grashüpfer
gräsklippare, -klipparen, -klippare	Rasenmäher
gräsmatta, -mattan, -mattor	Rasen
gräslök, -löken	Schnittlauch

Berg und Tal

berg, berget, berg	**Berg, Gebirge, Felsen**
Det finns höga berg i norra delen av Sverige.	*Es gibt hohe Berge in dem nördlichen Teil Schwedens.*
bergsbestigning, -bestigningen, -bestigningar	Bergbesteigung
berglandskap, -landskapet, -landskap	Berg-, Gebirgslandschaft
bergmassiv, -massivet, -massiv	Bergmassiv, Gebirgsmassiv
bergsbruk, -bruket, -bruken	Bergbau
bergsrygg, -ryggen, -ryggar	Bergrücken
bergverk, -verken, -verkar	Bergwerk
bergvägg, -väggen, -väggar	Felswand
i bergen	in den Bergen, im Gebirge
nerför berget, (uppför berget)	bergab, (bergauf, bergan)
bergig, bergigt	bergig, gebirgig

fjäll, fjället, fjällen	**Berg**, Pl.: **Gebirge**
Jag vandrar i fjällen varje sommar.	*Ich wandere jeden Sommer im Gebirge.*
fjällvandring, -vandringen, -vandringar	Gebirgs-, Bergwanderung
åka till fjällen, åker ..., åkte ..., åkt ...	in die Berge (ins Gebirge) fahren
fjällresa, -resan, -resor	Reise ins Gebirge
fjälltopp, -toppen, -toppar	Berggipfel
fjällväxt, -växten, -växter	Gebirgspflanze

aber:

fjäll, fjället, fjäll	Schuppe
fjällig	schuppig

topp, toppen, toppar	**Gipfel**

klippa, klippan, klippor	**Klippe, Fels**
klippblock, -blocket, -block	Felsblock
klippfast	felsenfest
klippig, klippigt	felsig
klippvägg, -väggen, -väggar	Felswand

aber:

klippa ☞ 314, klipper, klippte, klippt	schneiden

sten, stenen, stenar	**Stein**
Jag har en sten i min sko.	*Ich habe einen Stein im Schuh.*
av sten	steinern
stendöd, -dött	mausetot
stenfrukt, -frukten, -frukter	Steinobst
stenig, stenigt	steinig
stenkol, -kolen	Steinkohle

dal, dalen, dalar	**Tal**
Vi gick genom en dal.	*Wir gingen durch ein Tal.*

Gewässer

hav, havet, hav	**Meer; See**
Han bor ensam i ett hus vid havet.	*Er wohnt einsam in einem Haus am Meer.*
på öppna havet	auf offener (hoher) See
havsyta, -ytan, -ytor	Meeresspiegel

skär, skäret, skär	**Schären(insel), Klippe**
skärgård, -gården, -gårdar	Schären
Vi tycker om att segla med vänner i skärgården.	*Wir segeln gern mit Freunden in den Schären.*

aber:

skär	rosa, hellrot; rein
skära, skär, skar, skurit	schneiden

strand, stranden, stränder	**Strand, Ufer**
Det finns en fin strand i närheten av Halmstad.	*Es gibt einen schönen Strand in der Nähe von Halmstad.*
sandstrand	Sandstrand
strandbad, -badet, -baden	Strandbad
strandpromenad, -promenaden, -promenader	Strandpromenade
strandstol, -stolen, -stolar	Strandkorb

kust, kusten, kuster	**Küste**
Han bor i huset vid kusten.	*Er wohnt in dem Haus an der Küste.*
kustbevakning, -bevakningen, -bevakningar	Küstenbewachung
kustbo, -bon, -bor	Küstenbewohner
kustsamhälle, -samhället, -samhällen	Küstenort

sjö, sjön, sjöar	**See**
I den här sjön badar våra barn på sommaren.	*In diesem See baden unsere Kinder im Sommer.*
Det finns många sjöar i Sverige.	*In Schweden gibt es viele Seen.*
gå i sjön	ins Wasser gehen
insjö	Binnensee
sjöfart, -farten, -farter	Seefahrt
sjöfarare, -fararen, -farare	Seefahrer
sjögång, -gången, -gångar	Seegang
svår sjögång	hoher Seegang
sjöhäst, -hästen, -hästar	Seepferdchen
sjöman, -mannen, -män	Seemann
sjömakt, -makten, -makter	Seemacht
sjöväg, -vägen, -väger	Seeweg
sjöresa, -resan, -resor	Seereise
sjömil, -milen, -milor	Seemeile
sjönöd, -nöden	Seenot
sjörövare, -rövaren, -rövare	Seeräuber
sjötunga, -tungan, -tungor	Seezunge
sjösjuka, -sjukan, -sjukor	Seekrankheit
sjösjuk, -sjukt	seekrank

bäck, bäcken, bäckar	**Bach**
Många bäckar små gör en stor å.	*Viele kleine Bäche machen einen großen Fluss.*

å, ån, åar	**kleiner Fluss, Bach**
Vi far med en roddbåt på ån Lagan.	*Wir fahren mit einem Ruderboot auf dem Fluss Lagan.*
Åarna i Sverige är mycket rena.	*Die Flüsse in Schweden sind sehr sauber.*
gå över ån efter vatten	Eulen nach Athen tragen, Holz in den Wald schaffen

flod, floden, floder	**Fluss, Strom**
Vad heter floden?	*Wie heißt der Fluss?*
nedför floden, (uppför floden)	flussabwärts, (flussaufwärts)
flodmynning, -mynningen, -mynningar	Flussmündung
flodstrand, -stranden, -stränder	Flussufer
flodbädd, -bädden, -bäddar	Flussbett
flodarm, -armen, -armar	Flussarm
flodhäst, -hästen, -hästar	Flusspferd, Nilpferd
flodkräfta, -kräftan, -kräftor	Flusskrebs
flodvåg, -vågen, -vågor	Flutwelle
flöda, flödar, flödade, flödat	fluten

älv, älven, älvar	**Fluss, Strom**
Du kan fiska i älven om du har ett fiskekort.	*Du kannst in dem Fluss fischen, wenn du einen Angelschein hast.*

kanal, kanalen, kanaler	**Kanal**
Varorna kom genom kanalen.	*Die Waren kamen über den Kanal.*
Götakanalen, (Suezkanalen)	der Götakanal, (der Suezkanal)

ö, ön, öar	**Insel**
Öland är en underbar ö.	*Öland ist eine wunderbare Insel.*
halvö	Halbinsel
öbo, -bon, -bor	Inselbewohner

13.3 Umweltschutz

allemansrätt, -rätten	**Recht zum Gemeingebrauch**
I allemansrätten står det vad man får göra och vad man inte får göra ute i naturen.	*Im Allemansrätt steht das, was man in der Natur machen und was man nicht machen darf.*

miljö, miljön, miljöer	**Umwelt; Milieu**
miljöproblem, -problemet, -problem	Umweltproblem
Avgaserna är ett stort miljöproblem.	*Abgase sind ein großes Umweltproblem.*
miljöfråga, -frågan, -frågor	Umweltfrage
miljöförgiftning, -förgiftningen, -förgiftningar	Umweltvergiftung

miljöbetingelser (Pl.)	Umweltbedingungen
miljöförstöring, -förstöringen, -förstöringar	Umweltzerstörung
miljövård, -vården, -vårdar	Umweltschutz
miljövårdare, -vårdaren, -vårdare	Umweltschützer
miljövänlig, -vänligt	umweltfreundlich
Vi köper bara miljövänligt tvättmedel.	*Wir kaufen nur ein umweltfreundliches Waschmittel.*
miljöfarlig, -farligt	umweltgefährdend
miljöskadlig, -skadligt	umweltschädlich

ekologisk, ekologiskt	**ökologisch**
ekologi, ekologin	Ökologie

katastrof, katastrofen, katastrofer	**Katastrophe**

avfall, avfallet	**Abfall, Müll**
radioaktivt avfall	radioaktiver Abfall
Det radioaktiva avfallet är ett stort problem.	*Der radioaktive Abfall ist ein großes Problem.*
avfallshantering, -hanteringen, -hanteringar	Abfallbeseitigung
avfallsprodukt, -produkten, -produkter	Abfallprodukt
avfallsåtervinning, -återvinningen, -återvinningar	Abfallwiederverwertung
avskräde, avskrädet, avskräden	Abfälle

siehe auch:

ved, veden	Abfallholz, Brennholz
återvinning, -vinningen, -vinningar	Abfallverwertung

sopor (Pl.)	**Müll, Abfall**
sophämtning 138, -hämtningen, -hämtningar	Müllabfuhr
soptipp, -tippen, -tippar	Mülllkippe, -abladeplatz
sopstation, -stationen, -stationer	Mülldeponie
soppåse, -påsen, -påsar	Müllbeutel
sophink, -hinken, -hinkar	Mülleimer

sophög, -högen, -högar	Müllhaufen
sopsortering, -sorteringen, -sorteringar	Müllsortierung
Har ni sopsortering?	*Habt ihr Müllsortierung?*

13.4 Himmelsrichtungen

väderstreck, -strecket, -streck	**Himmelsrichtung**
fyra väderstreck	vier Himmelsrichtungen

öst	**Ost**(en)
Östafrika	Ostafrika
Östeuropa	Osteuropa
östeuropeisk	osteuropäisch
Östtyskland	Ostdeutschland
östtysk, -tyskt	ostdeutsch
östtysk, -tysken, -tyskar	Ostdeutscher
östkust, -kusten	Ostküste
östpolitik, -politiken	Ostpolitik
östlig, östligt	östlich
östra	östlich
östan	von Osten
östanvind, -vinden (kurz: östan)	Ostwind
Det blåser en mild östan idag.	*Es weht heute ein milder Ostwind.*

öster, östern	**Osten**
Fjärran Östern, (Mellanöstern, Mellersta Östern)	der Ferne Osten, (der Nahe Osten, der Mittlere Osten)
Östergötland	Östergötland
Östersjön	die Ostsee
i öster	im Osten
i östra delen (av Sverige)	im Osten (Schwedens)
mot (åt) öster	gegen (nach) Osten
österut	nach Osten, ostwärts
öster om (Adverb)	östlich von
Oxelösund ligger öster om Norrköping.	*Oxelösund liegt östlich von Norrköping.*

väst	**West**(en)
Västeuropa	Westeuropa
västeuropeisk	westeuropäisch
Västtyskland	Westdeutschland
västtysk, -tyskt	westdeutsch
västkust, -kusten, -kuster	Westküste
västlig, västligt	westlich
västan	von Westen
västan	Westwind
västra	westlich
i västra delen	im Westen

väster, västern	**Westen**
Vilda Västern	der Wilde Westen
västerut	nach Westen, westwärts
väster om	westlich von
Ludvika ligger väster om Avesta.	*Ludvika liegt westlich von Avesta.*

aber:

väst, västen, västar	Weste

norr	**Nord**
Norge (ein n!)	Norwegen
norrman, -mannen, -män	Norweger
norska, norskan, norskor (ein n!)	Norwegerin
norra Sverige	Nordschweden
vind från norr	Wind von Norden, Nordwind
norrsida, -sidan, -sidor	Nordseite
norrsken, -skenet	Nordlicht
i norr	im Norden
mot norr	nach Norden
norra	nördlich
norr om	nördlich von
Uppsala ligger norr om Stockholm.	*Uppsala liegt nördlich von Stockholm.*
från norr till söder	von Norden nach Süden
norrut	nach Norden, nordwärts

nord, norden	**Norden**
Nordafrika, (Nordamerika, Nordirland)	Nordafrika, (Nordamerika, Nordirland)
Nordkap	Nordkap
Nordpol, -polen, -poler	der Nordpol
Nordsjön	die Nordsee
Nordtyskland	Norddeutschland
nordtysk	norddeutsch
nordsida, -sidan, -sidor	Nordseite
nordgräns, -gränsen, -gränser	Nordgrenze
nordlig, nordligt	nördlich
nordisk, nordiskt	nordisch
nordväst	Nordwesten
nordvästlig, -västligt	nordwestlich
nordöst	Nordosten
nordöstlig, -östligt	nordöstlich

syd, syden	**Süd**
Sydafrika, (Sydeuropa)	Südafrika, (Südeuropa)
Sydtyskland	Süddeutschland
sydtysk	süddeutsch
sydpol, -polen, -poler	Südpol
sydlig, sydligt	südlich
sydvästlig, -västligt	südwestlich
sydöst, sydost	Südosten
sydväst	Südwesten
sydkust, -kusten, -kuster	Südküste
sydfrukter ☞ 72, -frukten, -frukter	Südfrüchte

söder, södern	**Süden**
Söderhavet	Südsee
söder om	südlich von
Vetlanda ligger söder om Eksjö.	*Vetlanda liegt südlich von Eksjö.*
södra	südlich
i södra delen	im Süden
söderut	nach Süden, südwärts

polcirkel, -cirkeln	**Polarkreis**

ekvator, ekvatorn	**Äquator**

14

Pflanzen und Tiere

14.1. Botanik

Pflanzen allgemein

natur ☞ 183, naturen	**Natur**
botanik, botaniken	**Botanik**
botaniker, botanikern, botaniker	Botaniker
botanisk, botaniskt	botanisch
en botanisk trädgård	ein botanischer Garten
planta, plantan, plantor	**Pflanze**
plantering, planteringen, planteringar	Pflanzung
plantera, planterar, planterade, planterat	pflanzen
Vi planterade rosor i trädgården.	*Wir pflanzten Rosen im Garten.*
plantera med skog	aufforsten
plantera in	einpflanzen
plantera om	umpflanzen, verpflanzen
plantskola, -skolan, -skolor	Pflanzschule
växt, växten, växter	**Pflanze, Gewächs**
krukväxt	Topfpflanze
köksväxter	Küchenkräuter
växtriket	das Pflanzenreich
växtfamilj, -familjen, -familjer	Pflanzenfamilie
växtfett, -fettet, -fetter	Pflanzenfett
växtgift, -giftet, -gifter	Pflanzengift
växthus, -huset, -hus	Gewächshaus
växthuseffekt, -effekten	Treibhauseffekt

växtsaft, -saften, -safter	Pflanzensaft
växtskydd, -skyddet	Pflanzenschutz
växtskyddsmedel, -medlet, -medlen	Pflanzenschutzmittel
växtätare, -ätaren, -ätare	Pflanzenfresser
växa, växer, växte, växt	wachsen
I min trädgård växer rosor.	*In meinem Garten wachsen Rosen.*
växa upp	aufwachsen
med växande nervositet	mit wachsender Nervosität

trädgård, -gården, -gårdar	**Garten**
handelsträdgård	Gärtnerei
trädgårdsmästare, -mästaren, -mästare	Gärtner
trädgårdsmöbel, -möbeln, -möbler	Gartenmöbel

Blumen

blomma, blomman, blommor	**Blume**
blomma, blommar, blommade, blommat	blühen
blombukett, -buketten, -buketter	Strauß, Blumenbukett
blomkruka, -krukan, -krukor	Blumentopf
blomkål, -kålen	Blumenkohl
blomvas, -vasen, -vaser	Blumenvase
blommig, blommigt	geblümt, blumig

siehe auch:

bukett, buketten, buketter	Strauß, Bukett

vårblomma, -blomman, -blommor	**Frühlingsblume**
några vårblommor	einige Frühlingsblumen
Några vårblommor blommar i trädgården.	*Einige Frühlingsblumen blühen im Garten.*
blåsippa, -sippan, -sippor	Leberblümchen
vitsippa, -sippan, -sippor	Buschwindröschen
gullviva, -vivan, -vivor	Schlüsselblume
liljekonvalj, -konvaljen, -konvaljer	Maiglöckchen
pingstlilja, -liljan, -liljor	Narzisse

påsklilja, -liljan, -liljor	Osterglocken
smörblomma	Butterblume
snödroppe, -droppen, -droppar	Schneeglöckchen
snöklocka, -klockan, -klockor	Schneeglöckchen
tussilago, tussilagon, tussilagor	Huflattich
Tussilago betraktas som ogräs i Tyskland.	*Huflattich betrachtet man in Deutschland als Unkraut.*
vårlök, -löken, -lökar	Wald-Goldstern

sommarblomma, -blomman, -blommor	**Sommerblume**
blåklint, -klinten, -klintar	Kornblume
maskros, -rosen, -rosor	Löwenzahn
prästkrage, -kragen, -kragar	Margerite

höstblomma, -blomman, -blommor	**Herbstblume**
aster, astern, astrar	Aster
dahlia, dahlian, dahlior	Dahlie

blomma, -blomman, -blommor	**Blüte**
blomning, blomningen, blomningar	Blüte
stå i full blom	in voller Blüte stehen

stängel, stängeln, stänglar	**Stängel**

knopp, knoppen, knoppar	**Knospe**

blad, bladet, blad	**Blatt**
bladlus, -lusen, -löss	Blattlaus
bladväxt, -växten, -växter	Blattpflanze

aber:

ett papper	ein Blatt Papier
smördeg, -degen	Blätterteig

siehe auch:

löv, lövet, löv	Blatt, Laub
lövskog, -skogen, -skogar	Laubwald

rot, roten, rötter	**Wurzel**
slå rot, slår ..., slog ..., slagit ...	Wurzeln schlagen
ha djupa rötter, har ..., hade ..., haft ...	tief wurzeln

aber:

rot, roten, rötter	Wurzel (Mathematik)
Roten ur 25 är 5.	Die Wurzel aus 25 ist 5.
röd ☞ 328, rött	rot

lök, löken, lökar	**Zwiebel**

Bäume

träd, trädet, träd	**Baum**
På träden kan du se de första gröna löven.	*Am Baum kannst du die ersten grünen Blätter sehen.*
frukträd, (äppelträd) ☞ 72	Obstbaum, (Apfelbaum)
al, alen, alar	**Erle**
björk, björken, björkar	**Birke**
bok, boken, bokar	**Buche**
ek, eken, ekar	**Eiche**
ekbräde, -brädet, -bräden	Eichenbrett
gran, granen, granar	**Tanne**
julgran	Weihnachtstanne, -baum
granbarr, -barret, -barr	Tannennadel

aber:

granne ☞ 100, grannen, grannar	Nachbar

tall, tallen, tallar	**Kiefer**
tallbarr, -barret, -barr	Kiefernnadel
tallkotte, -kotten, -kottar	Kiefernzapfen

siehe auch:

trä ☞ 146, träet, trän	Holz
furuträ	Kiefernholz

aber:

käke, käken, käkar	Kiefer (Mund)

gren, grenen, grenar	**Ast**
Fågeln satt på grenen ock sov.	*Der Vogel saß auf dem Ast und schlief.*
buske, busken, buskar	**Busch**
häck, häcken, häckar	**Hecke**
skog ☞ 185, skogen, skogar	**Wald**

14.2 Zoologie

Tiere allgemein

djur, djuret, djur	**Tier**
Pojken tycker mycket om djur.	*Der Junge hat Tiere sehr gern.*
djurpark, -parken, -parker	Tierpark, Tiergarten, Zoo
djurrike, -riket, -riken	Tierwelt, Tierreich

Tiere auf dem Bauernhof

bondgård, -gården, -gårdar	**Bauernhof**
häst, hästen, hästar	**Pferd**
dalahäst	Dalapferd (aus Dalarna)
åsna, åsnan, åsnor	**Esel**
får, fåret, får	**Schaf**
det svarta fåret	das schwarze Schaf
Han är familjens svarta får.	*Er ist das schwarze Schaf der Familie.*

siehe auch Scherzfrage:

Får får får? Nej, får får inte får. Får får lamm.	*Bekommt ein Schaf ein Schaf? Nein, ein Schaf bekommt kein Schaf. Ein Schaf bekommt ein Lamm.*

lamm, lammet, lamm	**Lamm**

bock, bocken, bockar	**Bock (Tier), Ziegenbock**

siehe auch:

hoppa bock, hoppar ..., hoppade ..., hoppat ...	Bock springen
sätta bocken till trädgårdsmästare, sätter ..., satte ..., satt ...	den Bock zum Gärtner machen

aber:

bock, bocken, bockar	Verbeugung, Bückling
bocka sig, bockar..., bockade..., bockat...	sich verbeugen

get, geten, getter	**Ziege**

horn, hornet, horn	**Horn**

gris, grisen, grisar	**Schwein**
griskött, -köttet	Schweinefleisch
grisig	dreckig, schmutzig

siehe auch:

köpa grisen i säcken	die Katze im Sack kaufen

anka, ankan, ankor	**Ente**
plastanka	Plastente
ankhanne, -hannen, -hannar	Enterich

gås, gåsen, gäss	**Gans**
gåslever, -levern, -levrar	Gänseleber

ko, kon, kor	**Kuh**
kostall, -stallet, -stall	Kuhstall

kalv, kalven, kalvar	**Kalb**
kalvkött, -köttet	Kalbfleisch
kalva, kalvar, kalvade, kalvat	kalben

oxe, oxen, oxar	**Ochse**
oxkött, -köttet	Rindfleisch

nöt, nötet, nöt	**Rind; Rindvieh**; Hornochse
nötkreatur, -kreaturet, -kreatur	Rind
nötkött, -köttet	Rindfleisch

siehe auch:

Ditt nöt!	Du Rindvieh!

höna, hönan, hönor	**Henne, Huhn**
Hönan ligger på ägg.	*Das Huhn (die Henne) liegt auf dem Ei.*

höns, hönset, hönsen	**Huhn**
Hönsen äter majs.	*Hühner fressen Mais.*
höns (Pl.)	Hühner
På gården har vi höns.	*Im Garten haben wir Hühner.*
hönsbuljong, -buljongen, -buljonger	Hühnerbrühe
hönsfarm, -farmen, -farmar	Hühnerfarm
hönshus, -huset, -hus	Hühnerhaus
hönsbröst, -bröstet, -bröst	Hühnerbrust

tupp, tuppen, tuppar	**Hahn**
tuppkyckling, -kycklingen, -kycklingar	Hähnchen; Grünschnabel

hane, hanen, hanar	**Männchen (Zoo)**

aber:

hane, hanen, hanar	Hahn (am Gewehr)
han	er

hund, hunden, hundar	**Hund**
Min hund heter Ozzy.	*Mein Hund heißt Ozzy.*
Här ligger en hund begraven.	*Hier ist der Hund begraben.*
knähund, (jakthund, vakthund)	Schoßhund, (Jagd-, Wachhund)
hundkoja, -kojan, -kojor	Hundehütte
hundkoppel, -kopplet, -koppel	Hundeleine
hundmat, -maten	Hundefutter

katt, katten, katter	**Katze**
Katten är ett husdjur.	*Die Katze ist ein Haustier.*

mus, musen, möss	**Maus**

Alles, was fliegt

bi, biet, bin	**Biene**
bistock, -stocken	Bienenstock

aber:

honung, honungen	Bienenhonig

geting, getingen, getingar	**Wespe**

fågel, fågeln, fåglar	**Vogel**
rovfågel	Raubvogel
fågelstation, -stationen, -stationer	Vogelwarte
Det finns en fågelstation här.	*Hier gibt es eine Vogelwarte.*

and, anden, änder	**Wildente**
vildand	Wildente

uggla, ugglan, ugglor	**Eule**
örn, örnen, örnar	**Adler**
svala, svalan, svalor	**Schwalbe**

siehe auch:

svans, svansen, svansar	**Schwanz**

mygga, myggan, myggor	**Mücke**
myggmedel, -medlet, -medel	Mückenmittel

knott	**Kriebelmücke**
Det finns massor av mygg och knott.	*Es gibt viele Mücken und Kriebelmücken.*

Tiere im Wald

hare, haren, harar	**Hase**
hamster, hamstern, hamstrar	**Hamster**
hjort, hjorten, hjortar	**Hirsch**
lodjur, -djuret, -djur	**Luchs**
ren, renen, renar	**Rentier**
rådjur, -djuret, -djur	**Reh**
rådjursstek, -steken, -stekar	Rehbraten
rådjurssadel, -sadeln, -sadlar	Rehrücken
råbock, -bocken, -bockar	Rehbock
räv, räven, rävar	**Fuchs**
rävhona, -honan, -honor	Füchsin
rävlya, -lyan, -lyor	Fuchsbau
rävskinn, -skinnet, -skinn	Fuchspelz
rävsvans, -svansen, -svansar	Fuchsschwanz

aber:

fogsvans, -svansen, -svansar	Fuchsschwanz (Säge)

varg, vargen, vargar	**Wolf**
älg, älgen, älgar	**Elch**

Tiere im und am Wasser

bäver, bävern, bävrar	**Biber**

utter, uttern, uttrar	**Otter**
groda, grodan, grodor	**Frosch**
fisk ☞ 84, -fisken, -fiskar	**Fisch** ☞ 244

Tiere im Zoo

djurpark, -parken, -parker	**Tierpark, Tiergarten, Zoo**
zoo, zoot, zoon	**Zoo**
zoolog, zoologen, zibologer	Zoologe
zoologi, zoologin	Zoologie
apa, apan, apor	**Affe**
Apan heter Fips.	*Der Affe heißt Fips.*
apa efter, apar ..., apade ..., apat ...	nachäffen
björn, björnen, björnar	**Bär**
elefant, elefanten, elefanter	**Elefant**
giraff, giraffen, giraffer	**Giraffe**
kamel, kamelen, kameler	**Kamel**
lejon, lejonet, lejon	**Löwe**
I safariparken finns elefanter, giraffer, sebror och lejon.	*Im Safaripark gibt es Elefanten, Giraffen, Zebras und Löwen.*
lejoninna, lejoninnan, lejoninnor	Löwin
lejonjakt, -jakten, -jakter	Löwenjagd
lejonparten	der Löwenanteil
leopard, leoparden, leoparder	**Leopard**
sebra, sebran, sebror	**Zebra**
tiger, tigern, tigrar	**Tiger**
Han kämpade som en tiger.	*Er kämpfte wie ein Tiger.*

15

Politik

15.1 Allgemeines

historia, historien, historier	**Geschichte**
Sveriges historia	die Geschichte Schwedens
Sveriges historia är mycket intressant.	*Schwedens Geschichte ist sehr interessant.*
berätta en rolig historia, berättar ..., berättade ..., berättat ...	eine lustige Geschichte (einen Witz) erzählen
historiebok, -boken, -böcker	Geschichtsbuch
historiker, historikern, historiker	Historiker
historisk, historiskt	historisch

aber:

historia, historien, historier	Angelegenheit

tradition, traditionen, traditioner	**Tradition**
Den här festen är en lokal tradition.	Dieses Fest ist eine lokale Tradition.
traditionell, traditionellt	traditionell
Samerna bevarar sina traditionella kulturformer.	*Die Samen bewahren ihre traditionellen Kulturformen.*
traditionsrik, -rikt	traditionsreich

medel, medlet, medel	**Mittel**; Geldmittel
med alla medel	mit allen Mitteln
maktmedel	Machtmittel
medeltid, -tiden	Mittelalter; Durchschnittszeit
under medeltiden	im Mittelalter
Under medeltiden var Kalmar Sveriges största stad.	*Im Mittelalter war Kalmar Schwedens größte Stadt.*
medeltida	mittelalterlich

siehe auch:

diskmedel ☞ 139	Spülmittel
medellängd, -längden, -längder	Durchschnittslänge

aber:

medelålder, -åldern, -åldrar	Durchschnittsalter

sekel, seklet, sekel	**Jahrhundert**

grunda, grundar, grundade, grundat	**gründen**
Christian IV grundade Kristianstad.	*Christian IV. gründete Kristianstad.*
grundare, grundaren, grundare	Gründer

grund, grunden, grunder	**Grund; Ursache; Anlass**
grundlag, grundlagen, grundlagar	Verfassung, Grundgesetz
grundlägga, -lägger, -lade, -lagt	gründen, den Grund legen
grundläggare, -läggaren, -läggare	Gründer
grundläggning, -läggningen, -läggningar	Gründung
grundlig, grundligt	gründlich
en grundlig undersökning	eine gründliche Untersuchung
grundlighet, grundligheten	Gründlichkeit
grundlös, grundlöst	grundlos
grundregel, -regeln, -regler	Grundregel
grundsats, -satsen, -satser	Grundsatz
grundsten, -stenen, -stenar	Grundstein
grundtanke, -tanken, -tankar	Grundgedanke

siehe auch:

grundfärg, -färgen, -färger	Grundfarbe
grundkurs, -kursen, -kurser	Grundkurs
grundskola, -skolan, -skolor	Grundschule
grundtal, -talet, -tal	Grundzahl
grundvatten, -vattnet	Grundwasser

rike, riket, riken	**Reich**
inrikesflyg, -flyget, -flyg	Inlandflug
inrikespolitik, -politiken	Innenpolitik
inrikespolitisk, -politiskt	innenpolitisch
utrikesminister, -ministern, -ministrar	Außenminister
utrikespolitik, -politiken	Außenpolitik
utrikespolitisk, -politiskt	außenpolitisch
riksgräns, -gränsen, -gränser	Reichsgrenze
riksspråk, -språket, -språk	Landessprache
riksbekant, -bekant	weit bekannt, altbekannt
riksdag - 211, dagen, -dagar	Reichstag

siehe auch:

rik 331, rikt	reich

nation, nationen, nationer	**Nation**
nationalitet	Nationalität
Det finns många nationaliteter i gruppen.	*Es gibt viele Nationalitäten in der Gruppe.*
nationaldag, -dagen, -dagar	Nationalfeiertag
Brukar man göra något speciellt på nationaldagen?	*Pflegt man irgendetwas Besonderes am Nationalfeiertag zu machen?*
nationalitetsbeteckning, -beteckningen, -beteckningar	Nationalitätskennzeichen
nationalpark, -parken, -parker	Nationalpark
nationalsång, -sången, -sånger	Nationalhymne
nationalhjälte, -hjälten, -hjältar	Nationalheld

aber:

landslag, -laget, -lag	Nationalmannschaft

stat, staten, stater	**Staat**
statsskick, -skicket, -skick	Staatsform
statschef, -chefen, -chefer	Staatsoberhaupt
statsminister, -ministern, -ministrar	Ministerpräsident

statsbidrag, -bidraget, -bidragen	staatliche Unterstützung
statsunderstöd, -understödet, -understöden	staatliche Unterstützung
statsmakt, -makten, -makter	Staatsmacht
statsman, -mannen, -män	Staatsmann

makt, makten, makter	**Macht**
Kungen i Sverige har ingen politisk makt.	*Der König hat in Schweden keine politische Macht.*
människomakt	menschliche Macht
stormakt	Großmacht
maktbefogenhet, -befogenheten, -befogenheter	Machtbefugnis
maktfaktor, -faktorn, -faktorer	Machtfaktor
maktkamp, -kampen, -kamper	Machtkampf
maktlös, -löst	machtlos
maktmedel, -medlet, -medel	Machtmittel
maktmissbruk, -missbruket, -missbruk	Machtmissbrauch
maktområde, -området, -områden	Machtbereich

politik, politiken	**Politik**
I Tyskland slutar alla fester med att man diskuterar politik.	*In Deutschland schließen alle Feste damit, dass man über Politik diskutiert.*
utrikespolitik	Außenpolitik
inrikespolitik	Innenpolitik
inrikespolitisk	innenpolitisch
politiker, politikern, politiker	Politiker
Hennes bror var politiker.	*Ihr Bruder war Politiker.*
politisk, politiskt	politisch

samhälle, samhället, samhällen	**Gesellschaft**
det svenska samhället	die schwedische Gesellschaft
samhällsgrupp, -gruppen, -grupper	soziale Gruppe
samhällsklass, -klassen, -klasser	soziale Klasse
samhällsställning, -ställningen, -ställningar	soziale, gesellschaftliche Stellung
samhällsvetare, -vetaren, -vetare	Gesellschaftswissenschaftler, Sozialwissenschaftler
samhällskritisk, -kritiskt	gesellschaftskritisch

Henning Mankells romaner är ganska samhällskritiska.	*Henning Mankells Romane sind ziemlich gesellschaftskritisch.*
samhällsfarlig, -farligt	gemeingefährlich
samhällelig, samhälleligt	gesellschaftlich

15.2 Das politische System Schwedens

Monarchische Elemente

monark, monarken, monarker	**Monarch, Herrscher**
monarki, monarkin, monarkier	Monarchie
Sverige är en konstitutionell monarki och en parlamentarisk demokrati.	*Schweden ist eine konstitutionelle Monarchie und eine parlamentarische Demokratie.*

kung, kungen, kungar auch: konung, konungen, konungar	**König**
Kungen och drottningen är mycket populära i Sverige.	*Der König und die Königin sind sehr populär in Schweden.*
kungafamilj, -familjen, -familjer	königliche Familie
Man kan läsa mycket om kungafamiljen i veckotidningarna.	*Man kann in den Wochenzeitschriften viel über die Königsfamilie lesen.*
kungapar, -paret, -par	Königspaar
kunglig, kungligt	königlich

drottning, drottningen, drottningar	**Königin**
Drottningen besökte skolan.	*Die Königin besuchte die Schule.*

prins, prinsen, prinsar	**Prinz**
prinsessa, prinsessan, prinsessor	Prinzessin

krona, kronan, kronor	**Krone**
kröna, kröner, krönte, krönt	krönen
Festligheterna kröntes med en galamiddag.	*Die Festlichkeiten wurden mit einem Galaessen gekrönt.*

flagga, flaggan, flaggor	**Fahne**
hissa flaggan, hissar ..., hissade ..., hissat ...	die Fahne hissen

Exekutive Elemente

president, presidenten, presidenter	**Präsident**
Rysslands president kommer till Sverige i helgen.	*Russlands Präsident kommt am Wochenende nach Schweden.*
presidera, presiderar, presiderade, presiderat	den Vorsitz führen, präsidieren
presidium, presidiet, presidier	Präsidium

regering, regeringen, regeringar	**Regierung**
Sverige har en ny regering.	*Schweden hat eine neue Regierung.*
regeringsförklaring, -förklaringen, -förklaringar	Regierungserklärung
regera, regerar, regerade, regerat	regieren
regeringsbeslut, -beslutet, -besluten	Regierungsbeschluss
regeringsform, -formen, -former	Regierungsform; Verfassung

minister, ministern, ministrar	**Minister**
statsminister	Ministerpräsident
Statsministern ska presentera den nya regeringen i dag.	*Der Ministerpräsident wird heute die neue Regierung vorstellen.*
utrikesminister, (finansminister)	Außenminister, (Finanzminister)
Finansministern talade om Tysklands ekonomi i framtiden.	*Der Finanzminister sprach über Deutschlands Ökonomie (Wirtschaft) in der Zukunft.*
ministerium, ministeriet, ministerier	Ministerium
ministerpresident, -presidenten, -presidenter	Ministerpräsident
ministär, ministären, ministärer	Regierung, Ministerrat
ministeriell, ministeriellt	ministeriell

Parteien und legislative Elemente

parti, partiet, partier	**Partei**; Partie
De sju största partierna i Sverige är:	*Die sieben größten Parteien in Schweden sind:*
Moderata samlingspartiet	Die konservative (Sammlungs-)Partei
Kristdemokraterna	Die Christdemokraten
Folkpartiet	Die Volkspartei
Centerpartiet	Die Zentrumspartei
Miljöpartiet de gröna	die Umweltpartei die Grünen

Socialdemokraterna	Die Sozialdemokraten
Vänster partiet	Die linke Partei
partifunktionär, -funktionären, -funktionärer	Parteifunktionär
partikongress, -kongressen, -kongresser	Parteikongress, Parteitag
partiledare, -ledaren, -ledare	Parteiführer
partilös, -löst	parteilos

välja, väljer, valde, valt	**wählen**
välja ut	auswählen, aussuchen
väljare, väljaren, väljare	Wähler

val, valet, val	**Wahl**
När är det val nästa gång?	*Wann ist das nächste Mal Wahl?*
riksdagsval	Reichstagswahl
valbar, valbart	wählbar
valbarhet, valbarheten, valbarheter	Wählbarkeit
valberättigad	wahlberechtigt
valbyrå, -byrån, -byråer	Wahlbüro
valdag, -dagen, -dagar	Wahltag
valdeltagande, -deltaganden	Wahlbeteiligung
valdistrikt, -distriktet, -distrikt	Wahlbezirk
valfiske, -fisket	Stimmenfang
valkampanj, -kampanjen, -kampanjer	Wahlkampagne
valkandidat, -kandidaten, -kandidater	Wahlkandidat
valkrets, -kretsen, -kretsar	Wahlkreis
vallista, -listan, -listor	Wahlliste
vallokal, -lokalen, -lokaler	Wahllokal
valman, -mannen, -män	Wähler
valomgång, -omgången, -omgångar	Wahlgang
valutgång, -utgången, -utgångar	Wahlausgang
valpropaganda, -propagandan	Wahlpropaganda
valresultat, -resultatet, -resultat	Wahlergebnis
valrätt, -rätten, -rätter	Wahlrecht
valseger, -segern, -segrar	Wahlsieg
valspråk, -språket, -språk	Wahlspruch
valurna, -urnan, -urnor	Wahlurne

aber:

val, valen, valar	Wal(fisch)
valhänt	klamm, steif
valnöt, -nöten, -nötter	Walnuss

aber:

Vill Ni beställa?	*Haben Sie schon gewählt? (Restaurant)*
slå (ett telefonnummer)	eine Nummer wählen (am Telefon)

röst, rösten, röster	**Stimme**
rösta, röstar, röstade, röstat	wählen
gå och rösta	wählen gehen
rösta (för, mot)	(ab)stimmen (für, gegen)
röstkort, -kortet, -kort	Wahlbenachrichtigungskarte
röstning, röstningen, röstningar	Abstimmung
rösträtt, -rätten, -rätter	Wahlrecht, Stimmrecht

parlament, parlamentet, parlament	**Parlament**
parlamentarisk, parlamentariskt	parlamentarisch

riksdag, -dagen, -dagar	**Reichstag**
Ledamöterna diskuterar förslaget i riksdagen.	*Die Abgeordneten diskutieren den Vorschlag im Reichstag.*
riksdagsbeslut, -beslutet, -besluten	Reichstagsbeschluss
riksdagshus, -huset, -hus	Reichstagsgebäude
riksdagsman, -mannen, -män	Reichstagsabgeordneter
riksdagsval, -valet, -val	Reichstagswahl

ledamot, ledamoten, ledamöter	**Mitglied, Abgeordneter**

deputerad, deputeraden, deputerade	**Abgeordneter**

demokrat, demokraten, demokrater	**Demokrat**
demokrati, demokratin, demokratier	Demokratie
demokratisk, demokratiskt	demokratisch

demonstrera, demonstrerar, demonstrerade	**demonstrieren**
demonstrant, demonstranten, demonstranter	Demonstrant
demonstration, demonstrationen, demonstrationer	Demonstration
demonstrationståg, -tåget, -tåg	Demonstrationszug
demonstrativ, demonstrativt	demonstrativ

Judikative Elemente

rätt ☞ 32, rätten, rätter	**Recht**

lag, lagen, lagar	**Gesetz**
Lagen säger att man måste ha ljus på bilen.	*Das Gesetz besagt, dass man am Auto Licht haben muss.*
lagen om	das Gesetz über
i lagens namn	im Namen des Gesetzes
i lag förbjudet	gesetzlich verboten
lagbestämd	gesetzlich festgelegt
lagbestämmelse, -bestämmelsen, -bestämmelser	gesetzliche Bestimmung, Gesetzesvorschrift
laglighet, lagligheten, lagligheter	Gesetzlichkeit, Rechtmäßigkeit
laglös, -löst	gesetzlos
laglöshet, laglösheten, laglösheter	Gesetzlosigkeit
lagparagraf, -paragrafen, -paragrafer	Gesetzesparagraph
laglig, lagligt	gesetzlich, gesetzmäßig
lagligen	gesetzlich
laggiltig, -giltigt	rechtsgültig, rechtskräftig

aber:

lag, laget, lagen	Mannschaft
laga, lagar, lagade, lagat	kochen, anrichten, zubereiten

advokat, advokaten, advokater	**Advokat, Rechtsanwalt**
advokatbyrå, -byrån, -byråer	Anwaltsbüro

åsikt, åsikten, åsikter	**Ansicht, Meinung**

dom, domen, domar	**Urteil**
döma, dömer, dömde, dömt	urteilen
döma (om)	urteilen (über)
bedöma ngn	über jmd. urteilen
domare, domaren, domare	Richter

aber:

dom 180, domen, domer	Dom

skyldig, skyldigt	**schuldig; verpflichtet**
skyldighet, skyldigheten, skyldigheter	Schuldigkeit, Verpflichtung

fri, fritt	**frei**
frihet, friheten, friheter	Freiheit
frihetskamp, -kampen, -kamper	Freiheitskampf
frihetskrig, -kriget, -krig	Freiheitskrieg
frihetsstraff, -straffet, -straffen	Freiheitsstrafe

straff, straffet, straff	**Strafe**
Vad fick hon för straff?	*Was bekam sie für eine Strafe?*
straffrätt, -rätten	Strafrecht
straffbar, straffbart	strafbar, sträflich
straffri, -fritt	straffrei
strafflös, -löst	straflos

siehe auch:

straffspark, -sparken, -sparkar	Strafstoß, Elfmeter

fängelse, fängelset, fängelser	**Gefängnis**
Hon fick två års fängelse.	*Sie bekam zwei Jahre Gefängnis.*
fängelsecell, -cellen, -celler	Gefängniszelle

böta, bötar, bötade, bötat	**(Strafe) zahlen**
böter (Pl.)	(Geld-)Strafe
Jag körde mot rött och fick betala böter.	*Ich fuhr bei Rot und musste Strafe bezahlen.*
bötesstraff, -straffet, -straff	Geldstrafe

15.3 Bevölkerung

folk, folket, folk	**Volk; Leute**
Jag tror inte att folk gillar det här.	*Ich glaube nicht, dass das Volk das billigt.*
folkbildning, -bildningen, -bildningar	Volksbildung
folkbokföring, -bokföringen, -bokföringar	Einwohnermeldewesen
folkdräkt, -dräkten, -dräkter	Volkstracht
folkfest, -festen, -fester	Volksfest
folkrik, -rikt	volkreich
folkrätt, -rätten, -rätter	Völkerrecht
folksmord, -morden	Völkermord
folksång, -sången, -sånger	Nationalhymne
folktro, -tron	Volksglaube
folkvilja, -viljan, -viljor	Volkswille

befolkning, befolkningen, befolkningar	**Bevölkerung**
Ungefär 85 % av befolkningen bor i den södra delen av Sverige.	*Ungefähr 85% der Bevölkerung wohnen in dem südlichen Teil Schwedens.*
befolka, befolkar, befolkade, befolkat	bevölkern

människa, människan, människor	**Mensch**
Det regnade och det var inte en människa ute på gatan.	*Es regnete und es gab nicht einen Menschen auf der Straße.*
människor	Leute, Menschen
I Stockholm lever ungefär 1,6 miljoner människor.	*In Stockholm leben ungefähr 1,6 Millionen Menschen.*
människobarn, -barnet, -barn	Menschenkind
människokärlek, -kärleken	Menschenliebe
människoliv, -livet, -liv	Menschenleben
människomakt, -makten, -makter	menschliche Macht
Det står inte i människomakt.	*Es steht nicht in menschlichem Ermessen.*

invånare, invånaren, invånare	**Einwohner, Bewohner**
Hur många invånare har Ystad?	*Wie viel Einwohner hat Ystad?*

kommun, kommunen, kommuner	**Gemeinde, Kommune**
Det finns ett bibliotek i kommunen.	*Es gibt in der Kommune eine Bibliothek.*

kommunalnämnd	Gemeinderat
kommunal, kommunalt	kommunal
kommunalskatt, -skatten, -skatter	Kommunalsteuer

15.4 Schwedens Platz in der Welt

värld, världen, världar	**Welt**
gamla (nya) världen	die Alte (Neue) Welt
i hela världen	auf der ganzen Welt
från hela världen	aus der ganzen Welt
inte för allt i världen	nichts für alles in der Welt
världsfred, -freden, -freder	Weltfrieden
världskrig, -kriget, -krig	Weltkrieg
världshistoria, -historien	Weltgeschichte
världskarta, -kartan, -kartor	Weltkarte
världsmakt, -makten, -makter	Weltmacht
världsmarknad, -marknaden, -marknader	Weltmarkt
världsutställning, -utställningen, -utställningar	Weltausstellung
världsberömd, -berömt	weltberühmt, weltbekannt
världsordning, -ordningen	Weltordnung

siehe auch:

världsmästerskap, -mästerskapet, -mästerskap	Weltmeisterschaft
världsrekord, -rekordet, -rekord	Weltrekord

internationell, internationellt	**international**
Det är en internationell institution.	*Das ist eine internationale Institution.*
en internationell konferens	eine internationale Konferenz

utomlands	**ins Ausland, im Ausland**

utland, utlandet	**Ausland**
i utlandet	im Ausland
utlandskorrespondent, korrespondenten, - korrespondenter	Auslandskorrespondent

utlandsresa, -resan, -resor	Auslandsreise
utlandsvistelse, -vistelsen, -vistelse	Auslandsaufenthalt
utländsk, utländskt	ausländisch
Det står en utländsk bil på gatan.	*Es steht ein ausländisches Auto auf der Straße.*
utländska, utländskan, utländskor	Ausländerin
utlänning, utlänningen, utlänningar	Ausländer

siehe auch:

i inlandet	im Inland
i hemlandet	im Inland
inrikesflyg, -flyget, -flyg	Inlandflug

gräns, gränsen, gränser	**Grenze**
Sverige har ingen gräns mot Tyskland.	*Schweden hat keine Grenze mit Deutschland.*
gränsa (till) (varandra), gränsar ..., gränsade ..., gränsat ...	grenzen (an) (aneinander)
gränslös, -löst	grenzenlos
gränsområde, -området, -områden	Grenzgebiet
gränssten, -stenen, -stenar	Grenzstein
gränsövergång, -övergången, -övergångar	Grenzübergang
gränsvakt, -vakten, -vakter	Grenzposten
gränstrafik, -trafiken	Grenzverkehr
sätta gränser, sätter ..., satte ..., satt ...	Grenzen setzen

legitimation, legitimationen, legitimationer	**Legitimation, Ausweis**
legitimationskort, -kortet, -kort	Personalausweis
Har du ditt legitimationskort?	*Hast du deinen Ausweis?*
legitimera sig, legitimerar ..., legitimerade ..., legitimerat ...	sich ausweisen

siehe auch:

identitetskort, -kortet, -kort	Ausweis

visum, visumet	**Visum**
Du behöver inget visum.	*Du brauchst kein Visum.*

ambassad, ambassaden, ambassader	**Botschaft**
Sveriges ambassad ligger i Berlin i distriktet Tiergarten.	*Die Botschaft Schwedens befindet sich in Berlin im Bezirk Tiergarten.*
ambassadör, ambassadören, ambassadörer	Botschafter

diplomat, diplomaten, diplomater	**Diplomat**
diplomati, diplomatin, diplomatier	Diplomatie
diplomatisk, diplomatiskt	diplomatisch

FN Förenta Nationerna	**UN Vereinte Nationen**
Medlemskapet i FN är en hörnpelare i Sveriges utrikespolitik.	*Die Mitgliedschaft in der UN ist ein Eckpfeiler in Schwedens Außenpolitik.*

Europa	**Europa**
Det kommer många flyktingar från Afrika till Europa.	*Es kommen viele Flüchtlinge von Afrika nach Europa.*
europé, europén, européer	Europäer
europeisk man, ... mannen, ... män	Europäer
europeisk kvinna, ... kvinnan, ... kvinnor	Europäerin
europeiska	Europäerin
europeisk, europeiskt	europäisch
Europaparlamentet	das Europäische Parlament
Europarådet	der Europarat
Europeiska centralbanken	Europäische Zentralbank
Europeiska Unionen	die Europäische Union
euro, euron, euror	Euro

siehe auch:

europamästerskap, -mästerskapet, -mästerskap	Europameisterschaft
europamästare, -mästaren, mästare	Europameister

medlem, medlemmen, medlemmar	**Mitglied**
Sverige är medlem av Europeiska Unionen.	*Schweden ist Mitglied der Europäischen Union.*
medlemsavgift, -avgiften, -avgifter	Mitgliedsbeitrag
medlemskap, medlemskapet, medlemskap	Mitgliedschaft
medlemskort, -kortet, -kort	Mitgliedskarte

Einige wichtige Länder

Danmark	**Dänemark**
dansk, dansken, danskar	Däne
danska, danskan, danskor	Dänin
dansk, danskt	dänisch

England	**England**
engelsman, -mannen, -män	Engländer
engelska, engelskan, engelskor	Engländerin
engelsk, engelskt	englisch

Finland	**Finnland**
finländare, finländaren, finländare	Finne
finne, finnen, finnar	Finne
finländska, finländskan, finländskor	Finnin
finska, finskan, finskor	Finnin
finsk, finskt	finnisch

Frankrike	**Frankreich**
fransman, -mannen, -män	Franzose
fransyska, fransyskan, fransyskor	Französin
fransk, franskt	französisch

Grekland	**Griechenland**
grek, greken, greker	Grieche
grekiska, grekiskan, grekiskor	Griechin
grekisk, grekiskt	griechisch

Island	**Island**
isländning, isländningen, isländningar	Isländer, Isländerin
isländsk, isländskt	isländisch
Italien	**Italien**
italienare, italienaren, italienare	Italiener
italienska, italienskan, italienskor	Italienerin
italiensk, italienskt	italienisch
Kina	**China**
kines, kinesen, kineser	Chinese
kinesiska, kinesiskan, kinesiskor	Chinesin
kinesisk, kinesiskt	chinesisch
Norge	**Norwegen**
norrman, -mannen, -män	Norweger
norska, norskan, norskor	Norwegerin
norsk, norskt	norwegisch
Polen	**Polen**
polack, polacken, polacker	Pole
polska, polskan, polskor	Polin
polsk, polskt	polnisch
Ryssland	**Russland**
ryss, ryssen, ryssar	Russe
ryska, ryskan, ryskor	Russin
rysk, ryskt	russisch
Sverige	**Schweden**
svensk, svensken, svenskar	Schwede
svenska, svenskan, svenskor	Schwedin
svensk, svenskt	schwedisch
Tyskland	**Deutschland**
tysk	Deutscher
tyska, tyskan, tyskor	Deutsche
tysk, tyskt	deutsch

USA	**USA**
amerikan	Amerikaner
amerikanska,	
amerikanskan, amerikanskor	Amerikanerin
amerikansk, amerikanskt	amerikanisch

15.5 Ausländer

invandra, invandrar, invandrade, invandrat	**einwandern**
invandrare, invandraren, invandrare	Einwanderer
Hur länge är man invandrare i Sverige?	*Wie lange ist man in Schweden Einwanderer?*
invandring, invandringen, invandringar	Einwanderung
Invandringen är större i år än förra året.	*Die Einwanderung ist in diesem Jahr größer als im vorigen.*

exil, exilen	**Exil**

asyl, asylen asyler	**Asyl**
politisk asyl	politisches Asyl
Många tyskar fick politisk asyl i Sverige.	*Viele Deutsche fanden politisches Asyl in Schweden.*
begära politisk asyl, begär ..., begärde ..., begärt ...	um politisches Asyl bitten
bevilja ngn asyl, beviljar ..., beviljade ..., beviljat ...	jmd. Asyl gewähren
asylrätt, -rätten	Asylrecht

emigrant, emigranten, emigranter	**Emigrant**
emigration, emigrationen	Emigration
emigrera, emigrerar, emigrerade, emigrerat	emigrieren

flykting, flyktingen, flyktingar	**Flüchtling**

diskriminera, diskriminerar, diskriminerade, diskriminerat	**diskriminieren**

förfölja, förföljer, förföljde, förföljt	**verfolgen**

undertrycka, undertrycker, undertryckte, undertryckt	**unterdrücken**

förtrycka	**unterdrücken**
förtrycka minoriteter	Minderheiten unterdrücken
förtryck, -trycket	Unterdrückung
politiskt förtryck	politische Unterdrückung

tillstånd, -ståndet, -stånd	**Genehmigung, Erlaubnis**
arbetstillstånd	Arbeitserlaubnis
Hennes arbetstillstånd går snart ut.	*Ihre Arbeitserlaubnis läuft bald aus.*
Invandrare från EU-länderna måste söka uppehållstånd men har rätt att arbeta utan arbetstillstånd.	*Einwanderer aus EU-Ländern müssen eine Aufenthaltsgenehmigung beantragen, aber haben das Recht, ohne Arbeitserlaubnis zu arbeiten.*
tillståndbevis, -beviset, -bevisen	Berechtigungsschein
uppehållstillstånd	Aufenthaltsgenehmigung

15.6 Krieg und Frieden

krig, kriget, krig	**Krieg**
Nu är kriget äntligen slut.	*Nun ist der Krieg endlich aus.*
världskrig	Weltkrieg
kriga, krigar, krigade, krigat	Krieg führen
krigsbarn, -barnet, -barn	Kriegskind
krigsfara, -faran, -faror	Kriegsgefahr
krigföring, -föringen, -föringar	Kriegsführung
krigsförklaring, -förklaringen, -förklaringar	Kriegserklärung
krigshetsare, -hetsaren, -hetsare	Kriegshetzer
krigshistoria, -historian, -historior	Kriegsgeschichte
krigisk, krigiskt	kriegerisch

fred, freden, freder	**Frieden**
Olaf Palme jobbade för freden i hela sitt liv.	*Olaf Palme arbeitete sein ganzes Leben für den Frieden.*
fredspris, priset	Friedensnobelpreis
fredsfördrag, -fördraget, -fördragen	Friedensvertrag
fredlig, fredligt	friedlich

kris, krisen, kriser	**Krise**

aggression, aggressionen, aggressioner	**Aggression**
aggressiv, aggressivt	aggressiv

anslag, anslaget, anslag	**Anschlag, Attentat,** Plakat
anslagstavla, -tavlan, -tavlor	Anschlagtafel, Anschlagbrett

attentat, attentatet, attentat	**Attentat**
göra ett attentat, gör ..., gjorde ..., gjort ...	einen Anschlag verüben
Man gjorde ett attentat in Bagdad idag.	*Man verübte heute in Bagdad einen Anschlag.*
attentator, attentatorn, attentatorer	Attentäter

anfall, anfallet, anfall	**Angriff; Anfall**
anfallskrig, -kriget, -krig	Angriffskrieg
anfallsvapen, -vapnet, -vapen	Angriffswaffe
anfalla, anfaller, anföll, anfallit	angreifen

vapen, vapnet, vapen	**Waffe**
Polisen har inte hittat mordvapnet.	*Die Polizei hat die Mordwaffe nicht gefunden.*
bära vapen, bär ..., bar ..., burit ...	Waffen tragen
vapendragare, -dragaren, -dragare	Waffenträger
vapenlicens, -licensen, -licenser	Waffenschein
vapenlös, -löst	waffenlos, unbewaffnet
vapenstillestånd, -stilleståndet, -stillestånd	Waffenstillstand
kärnvapen, kärnvapnet	Kernwaffen, Atomwaffen
kärnvapen fri zon	kernwaffenfreie Zone
Svensk regeringen verkar för en kärnvapen fri zon.	*Die schwedische Regierung setzt sich für eine kernwaffenfreie Zone ein.*

värn, värnet, värn	**Schutz**
värna, värnar, värnade, värnat	schützen
värnplikt, -plikten	Wehrpflicht
värnpliktsålder, -åldern, -åldrar	Wehrpflichtalter
värnpliktstid, -tiden	Wehrpflichtzeit, Wehrdienstzeit
värnpliktig, -pliktigt	wehrpflichtig

försvara, försvarar, försvarade, försvarat	**verteidigen; rechtfertigen**
försvar, försvaret	Verteidigung
Sverige har ett starkt försvar.	*Schweden hat eine starke Verteidigung.*
svenska försvaret	die schwedischen Streitkräfte
försvarsdepartement, -departementet, -departement	Verteidigungsministerium
försvarslös, -löst	wehrlos

siehe auch:

försvarare, försvararen, försvarare	Verteidiger, Abwehrspieler

motstånd, -ståndet, -stånder	**Widerstand**
motståndare, -ståndaren, -ståndare	Gegner
motståndskraft, -kraften, -krafter	Widerstandskraft
motståndskraftig, -kraftigt	widerstandsfähig

seger, segern, segrar	**Sieg**
segerrik, -rikt	siegreich
segerviss, -visst	siegesgewiss, siegessicher
segra (över), segrar, segrade, segrat	siegen (über)

vinna (på), vinner ..., vann ..., vunnit ...	**gewinnen** (bei)
Sverige vann kriget.	*Schweden gewann den Krieg.*

siehe auch:

vinna på lotteri	in der Lotterie gewinnen
vinna med 3-0	mit 3:0 gewinnen
vinna tid	Zeit gewinnen
(inte) vinna bifall	(keinen) Beifall finden

16

Presse, Rundfunk und Fernsehen

16.1 Allgemeines

intervju, intervjun, intervjuer	**Interview**
Hörde ni intervjun med henne?	*Habt ihr das Interview mit ihr gehört?*
intervjua, intervjuar, intervjuade, intervjuat	interviewen; ausfragen
intervjuare, intervjuaren, intervjuare	Interviewer

journalist, journalisten, journalister	**Journalist**
Han vill bli journalist.	*Er will Journalist werden.*
journalistik, journalistiken	Journalistik
journalistisk, journalistiskt	journalistisch

aber:

journal, journalen, journaler	Krankenblatt

kommunikation, kommunikationen, kommunikationer	**Kommunikation**, Mitteilung; Verkehr
Kommunikation är mycket viktigt.	*Kommunikation ist sehr wichtig.*
kommunicera, kommunicerar, kommunicerade, kommunicerat	kommunizieren
kommunikationsminister, -ministern, -ministrar	Verkehrsminister
kommunikativ, kommunikativt	kommunikativ

nyhet, nyheten, nyheter	**Nachricht**, Neuheit, Neuerscheinung, Neuerung
de senaste nyheterna	die neuesten Nachrichten

Jag måste höra de senaste nyheterna innan jag går.	*Ich muss die neuesten Nachrichten hören, bevor ich gehe.*
nyhetsbyrå, - byrån, -byråer	Nachrichtenagentur
nyhetsuppläsare, uppläsaren, -uppläsare	Nachrichtensprecher

16.2 Zeitung

annons, annonsen, annonser	**Annonce, Inserat**
Jag ringer med anledning av annonsen.	*Ich rufe aufgrund der Annonce an.*
annonsavdelning, -avdelningen, -avdelningar	Anzeigenteil, Anzeigenabteilung
annonsera, annonserar, annonserade, annonserat	annoncieren
artikel, artikeln, artiklar	**Artikel; Ware**
tidningsartikel	Zeitungsartikel
Läste du tidningsartikeln?	*Hast du den Zeitungsartikel gelesen?*
tidning, tidningen, tidningar	**Zeitung**
Det står i tidningen.	*Es steht in der Zeitung.*
Vi läser svenska tidningar varje morgon.	*Wir lesen jeden Morgen schwedische Zeitungen.*
dagstidning, (kvällstidning, veckotidning)	Tageszeitung, (Abendzeitung, Wochenzeitung)
tidskrift, tidskriften, tidskrifter	Zeitschrift
Får jag låna din tidskrift?	Kann ich (mir) deine Zeitschrift leihen?
tidningsartikel, -artikeln, -artiklar	Zeitungsartikel
tidningskiosk, -kiosken, -kiosker	Zeitungskiosk
tidningspapper, -papperet, -papper	Zeitungspapier

16.3 Rundfunk und Fernsehen

radio, radion	**Radio, (Rund-)Funk**
i radio, på radio	im Rundfunk, im Radio
Vi hör de senaste nyheterna varje morgon i radio.	*Wir hören jeden Morgen die neuesten Nachrichten im Radio.*
radioapparat, -apparaten, -apparater	Rundfunkapparat

radiolicens, -licensen, -licenser	Rundfunkgebühr
radiolyssnare, -lyssnaren, -lyssnare	Rundfunkhörer
radioprogram, -programmet, -program	Rundfunkprogramm
radiosändare, -sändaren, -sändare	Rundfunksender
radioutsändning, -utsändningen, -utsändningar	Rundfunksendung

aber:

radiobil, -bilen, -bilar	Funkstreifenwagen

teve, teven; auch: **TV**	**TV, Fernseher, Fernsehen**
Det är irriterande med mycket reklam på teven.	*Das ist irritierend mit der vielen Reklame (Werbung) im Fernsehen.*
se (titta) på TV, ser ..., såg ..., sett ... (tittar ..., tittade ..., tittat ...)	fernsehen
Pojken tittade bara på teve hela dagen.	*Der Junge guckte den ganzen Tag nur Fernsehen.*
se ngt på TV	etw. im Fernsehen (an)sehen
TV-antenn, - antennen, -antenner	Fernsehantenne
TV-apparat, -apparaten, -apparater	Fernseher

video, videon, videor	**Video**
videoband, -bandet, -band	Videoband
videospelare, -spelaren, -spelare	Videorecorder

17

PC und Internet

17.1 Der Computer und seine Teile

dator, datorn, datorer	**Computer**
Du använder dator varje dag.	*Du benutzt den Computer jeden Tag.*
bärbar dator, (minidator, persondator)	tragbarer Computer, (Minicomputer, Personalcomputer)
datanät, -nätet, -nät	Datennetz
datavirus, -viruset, -virus	Computervirus
datoranimation, -animationen, -animationer	Computeranimation
datorbord, -bordet, -bord	Computertisch
datorhaveri, -haveriet, -haverier	Computerabsturz
datorprogram, -programmet, -program	Computerprogramm
skärm, skärmen, skärmar	**Schirm, Bildschirm**
bildskärm	Bildschirm
Bildskärmens kvalitet är viktig.	*Die Qualität des Bildschirms ist wichtig.*
skärmsläckare, -släckaren, -släckare	Bildschirmschoner
upplösning, upplösningen, upplösningar	**Auflösung**
kort, kortet, kort	**Karte**
grafikkort	Grafikkarte
tangent, tangenten, tangenter	**Taste**
tangentbord, -bordet, -bord	Tastatur; Keyboard
fönster, fönstret, fönster	**Fenster**
programfönster	Programmfenster

modem, modemet, modem	**Modem**

processor, processorn, processore	**Prozessor**

Det engelska ordet för processor är CPU. — *Die englische Bezeichnung für Prozessor ist CPU.*

minne, minnet, minnen	**Speicher**; Gedächtnis

externminne, (internminne, arbetsminne)	externer Speicher, (interner Speicher, Arbeitsspeicher)
permanent minne, (korttidsminne)	permanenter Speicher, (Kurzzeitspeicher)
minneskapacitet, -kapaciteten, -kapaciteter	Speicherkapazität

17.2 Tätigkeiten am Computer

incheckning, incheckningen	**Einchecken**

logga i (in)/ logga ut, loggar ..., loggade ..., loggat ...	**einloggen/ausloggen**

lösenord, -ordet, -ord	**Kennwort, Passwort**

nyckelord, -ordet, -ord	**Schlüsselwort**

fil, filen, filer	**Datei**

filnamn, -namnet, -namn	Dateiname
öppna en fil, (spara, stänga, infoga, bifoga, printa)	eine Datei öffnen, (speichern, schließen, einfügen, anhängen, drucken)

aber:

fil, filen, filar	Feile
fil, filen	schwedische saure Milch

formatering, formateringen	**Formatierung**

snabbformatering	Schnellformatierung

mus, musen, möss	**Maus**
en mus med två knappar	eine Maus mit zwei Tasten
Det finns även trådlösa möss.	*Es gibt auch (sogar) drahtlose Mäuse.*
musmatta, -mattan, -mattor	Mausunterlage
klicka, klickar, klickade, klickat	**klicken**
dubbelklicka	doppelklicken
dra, drar, drog, dragit	**ziehen**
markera, markerar, markerade, markerat	**markieren**
Markering av text är viktigt för att kopiera texten.	*Das Markieren von Text ist wichtig, um den Text zu kopieren.*
markerad, markerat	markiert
klippa ut, klipper ..., klippte ..., klippt ...	**ausschneiden**
klistra in, klistrar ..., klistrade ..., klistrat ...	**einfügen**

17.3 Anwendungsgebiete

användningsområde, -området, -områden	**Anwendungsgebiete**
databehandling, behandlingen, behandlingar	**Datenverarbeitung**
ordbehandling (textbehandling) behandlingen, behandlingar	**Textverarbeitung**
databank, -banken, -banker	**Datenbank**
databas, -basen, -baser	Datenbank
kalkylprogram, -programmet, -program	**Rechnerprogramm**
kalkylblad, -bladet, -blad	Rechnerblatt

bildbehandling, -behandlingen, -behandlingar	**Bildbearbeitung**

17.4 Internet

nät, nätet, nät	**Netz**
på nätet	im Netz (Internet)
surfa på nätet, surfar ..., surfade ..., surfat ...	im Netz surfen
nätanslutning, -anslutningen, -anslutningar	Netzanschluss
Internet	**Internet**
Internetleverantör, -leverantören, -leverantörer	Provider
internetuppkoppling, -uppkopplingen, -uppkopplingar	Internetverbindung
ha tillgång till Internet, har ..., hade ..., haft ...	Internetanschluss haben
anslutning, anslutningen, anslutningar	**Anschluss**
säkerhet, säkerheten	**Sicherheit**
datavirus, -viruset, -virus	**Computervirus**
trojansk häst, ... hästen, ... hästar	**Trojanisches Pferd**
adress, adressen, adresser	**Adresse**
adress på Internet	Adresse im Internet
adressbok, -boken, -böcker	Adressbuch
hemsida, -sidan, -sidor	**Homepage**
lägga upp en hemsida på nätet	*eine Homepage im Internet einrichten*
surfa, surfar, surfade, surfat	**surfen**
surfa på Internet	im Internet surfen

länk, länken, länkar	**Link, Hyperlink**
hyperlänk	Hyperlink
elektronisk post, **E-post**, ... posten, ... poster	**elektronische Post, E-Mail**
mejla, mejlar, mejlade, mejlat	E-Mail schreiben
E-brev, -brevet, -brev	elektronischer Brief
chatta, chattar, chattade, chattat	**chatten**
söka information på Internet	Information **suchen** im Internet
sökfunktion, -funktionen, -funktioner	Suchfunktion
sökmaskin, -maskinen, -maskiner	Suchmaschine
Google är en mycket snabb sökmaskin.	*Google ist eine sehr schnelle Suchmaschine.*
sökord, -ordet, -ord	Suchwort
söktjänst, -tjänsten, -tjänster	Suchdienst
sökresultat, -resultatet, -resultaten	Suchergebnis

18

Reisen und Touristik

18.1 Allgemeines

semester, semestern, semestrar	**Urlaub, Ferien**
Hur var din semester?	*Wie war dein Urlaub?*
tillbringa semestern, -bringar …, -bringade …, -bringat …	den Urlaub verbringen
Det finns många sätt att tillbringa semestern på.	*Es gibt viele Arten, den Urlaub zu verbringen.*
semestra, semestrar, semestrade, semestrat	Urlaub machen
ha semester, har …, hade …, haft …	Urlaub haben
ta semester, tar …, tog …, tagit …	Urlaub nehmen
vara på semester, är …, var …, varit …	im Urlaub sein
gå på semester, går …, gick …, gått…	in Urlaub gehen
semesterresa, -resan, -resor	Urlaubsreise
semesterstängning, -stängningen, -stängningar	Betriebsferien

aber:

termin, terminen, terminer	Semester

säsong, säsongen, säsonger	**Saison**
Det är inte säsong för jordgubbar nu.	*Jetzt ist nicht Saison für Erdbeeren.*
högsäsong	Hochsaison
Vi har högsäsong nu.	*Wir haben jetzt Hochsaison.*

turist, turisten, turister	**Tourist**
turistattraktion, -attraktionen, -attraktioner	Touristenattraktion

turistbuss, -bussen, -bussar	Reisebus
Parkeringsplatsen är full med turistbussar.	*Der Parkplatz ist voll von Reisebussen.*
turistbyrå ☞ 17, -byrån, -byråer	Reisebüro
Turistbyrån ligger nära kyrkan.	*Das Touristenbüro liegt nahe der Kirche.*
turistinformation, -informationen, -informationer	Touristeninformation
Var finns det någon turistinformation här?	*Wo gibt es hier eine Touristeninformation?*
turistland, -landet, -landen	Reiseland
turistmål, -målet, -mål	Touristenziel
turisttrafik, -trafiken	Reiseverkehr
turistsäsong, -säsongen, -säsonger	Touristensaison
turiststation, -stationen, -stationer	Hütte, Bergstation
turism, -turismen	Fremdenverkehr, Tourismus
packa, packar, packade, packat	**packen**
packåsna, -åsnan, -åsnor	Packesel
bagage, bagaget	**Gepäck**
Reser hon alltid med så mycket bagage?	*Reist sie immer mit so viel Gepäck?*
bagageinlämning, -inlämningen, -inlämningar	Gepäckannahme
bagageutlämning	Gepäckausgabe
väska, väskan, väskor	**Tasche**
resväska	Reisetasche, Koffer
Ska du ta min resväska?	*Kannst du meine Reisetasche nehmen?*
ryggsäck, -säcken, -säckar	**Rucksack**
Vad lätt ryggsäcken är!	*Wie leicht der Rucksack ist!*
rygg ☞ 111, ryggen, ryggar	Rücken
atlas, atlasen, atlaser	**Atlas, Kartenwerk**
karta, kartan, kartor	(Land-)**Karte, Stadtplan**
kartbok, -boken, -böcker	Atlas

kort, kortet, kort	**Karte, Bild, Foto**
campingkort, (fiskekort, körkort, trafikkort)	Campingkarte, (Angelschein, Führerschein)
vykort ☞ 28	Ansichtskarte
kompass, kompassen, kompasser	**Kompass**
souvenir, souveniren, souvenirer	**Souvenir, Andenken**

18.2 Reisen

resa, reser, reste, rest	**reisen, fahren, abfahren**
Hon vill sluta jobba och bara resa.	*Sie will aufhören zu arbeiten und nur (noch) reisen.*
Vi reser utomlands tre gånger om året.	*Wir reisen dreimal im Jahr ins Ausland.*
Vi reste omkring i hela Sverige.	*Wir sind in ganz Schweden herumgereist.*
avresa	abreisen, Abreise
resa, -resan, -resor	Reise, Fahrt
Trevlig (Lycklig) resa!	*Gute (Glückliche) Reise!*
Det var fint väder på hela resan.	*Es gab auf der ganzen Reise schönes Wetter.*
göra en resa, gör ..., gjorde ..., gjort ...	eine Reise machen
genomresa	Durchreise
Vi är bara på genomresa.	*Wir sind nur auf der Durchreise.*
resebroschyr, -broschyren, -broschyrer	Reisebroschüre, Reiseprospekt
resebyrå, -byrån, -byråer	Reisebüro
Vilken resebyrå reser du med?	*Mit welchem Reisebüro reist du?*
reseberättelse, -berättelsen, -berättelser	Reisebericht
resebeskrivning, -beskrivningen, -beskrivningar	Reisebeschreibung
resehandbok, -handboken, -handböcker	Reiseführer (Handbuch)
reslektyr, -lektyren	Reiselektüre
resekostnad, -kostnaden, -kostnader	Reisekosten
reseledare, -ledaren, -ledare	Reiseführer, Reiseleiter
resande, resanden, resande	Reisender
resfeber, -febern	Reisefieber
resmål, -målet, -mål	Reiseziel

färd, färden, färder	**Fahrt, Reise**
färdbiljett, -biljetten, -biljetter	Fahrkarte ☞ 238
färdledare, -ledaren, -ledare	Reiseführer
färdtjänst, -tjänsten, -tjänster	Fahrdienst (für Behinderte)

tur, turen, turer	**Tour, Fahrt, Reise**
endagstur	Tagestour
De bestämmer sig för att göra endagsturer.	*Sie entscheiden sich, Tagestouren zu machen.*
guidad tur	geführte Tour
rundtur	Rundfahrt
Vi gjorde en rundtur i Småland.	*Wir machten eine Rundreise in Småland.*
segeltur	Segeltour
tur och retur	Hin- und Rückfahrt, hin und zurück
tur och returbiljett	Rückfahrkarte
returbiljett	Rückfahrkarte
Vill du köpa en returbiljett?	*Willst du eine Rückfahrkarte kaufen?*

siehe auch:

returglas, -glaset, -glas	Pfandflasche
returflaska, -flaskan, -flaskor	Pfandflasche
returförpackning, -förpackningen, -förpackningar	Mehrwegverpackung
returpapper, -papperet, -papper	Altpapier

aber:

tur, turen, turer	Glück, Schwein, Dusel
tur	Reihe
i tur och ordning	der Reihe nach
Det är min tur.	Ich bin an der Reihe.

hit **dit**	**hierher, hierhin** **dahin, dorthin**
ditresa, (på ditresan)	Hinreise, (auf der Hinreise)
hitresa, (på hitresan)	Herreise, (auf der Herreise)
på ditvägen	auf dem Hinweg

ta ✍ 318, tar, tog, tagit	**nehmen**
ta bilen (bussen, båten, cykeln, färjan, motorcykeln, taxin, tåget)	das Auto nehmen (den Bus, das Boot, das Fahrrad, die Fähre, das Motorrad, das Taxi, den Zug)

åka ✍ 303, åker, åkte, åkt	**fahren**
Hon åker med bilen till Sverige.	*Sie fährt mit dem Auto nach Schweden.*
åka bil (buss, båt, cykel, skidor, taxi, tåg)	Auto fahren (Bus, Boot, Fahrrad, Ski, Taxi, Zug)
Åker du skidor?	Fährst du Ski?

siehe auch:

bila, bilar, bilade, bilat	Auto fahren
cykla, cyklar, cyklade, cyklat	Fahrrad fahren

stiga, stiger, steg, stigit	**steigen**
stiga av/ur, (stiga på)	aussteigen, (zusteigen)
stig, stigen, stigar	Pfad
stigning, stigningen, stigningar	Steigung

Reisen mit dem Auto ✍ 1

Reisen mit der Eisenbahn

järnväg, -vägen, -vägar	**Eisenbahn**
Det finns ingen järnväg där uppe.	*Da oben gibt es keine Eisenbahn.*
SJ betyder Statens järnvägar.	*SJ heißt Staatliche Eisenbahn.*
smalspårig järnväg	Schmalspur(eisen)bahn
järn ✍ 144, järnet, järn	Eisen
järnvägare, -vägaren, -vägare	Eisenbahner
järnvägförbindelse, -förbindelsen, -förbindelse	Eisenbahnverbindung
järnvägsarbetare, -arbetaren, -arbetare	(Eisen-)Bahnarbeiter
järnvägsbro, -bron, -broar	Eisenbahnbrücke
järnvägsman, -mannen, -män	Eisenbahner
järnvägsnät, -nätet, -nät	Eisenbahnnetz
järnvägsolycka, -olyckan, -olyckor	Eisenbahnunglück
järnvägsresa, -resan, -resor	(Eisen-)Bahnfahrt, Bahnreise

järnvägsspår, -spåret, -spår	(Eisen-)Bahngleis
järnvägsstation, -stationen, -stationer	Bahnhof
järnvägsvagn, -vagnen, -vagnar	Eisenbahnwagen
järnvägövergång, -övergången, -övergångar	Bahnübergang

tåg, tåget, tåg	**Zug**
Vi vill resa med tåg.	*Wir wollen mit (dem) Zug reisen.*
Tåget är snabbare än bilen.	*Der Zug ist schneller als das Auto.*
Finns det platser kvar på tåget?	*Gibt es noch (freie) Plätze in dem Zug?*
byta ☞ 310 tåg, byter ..., bytte ..., bytt ..., bytte ..., bytt ...	umsteigen (Zug)
missa tåget, missar ..., missade ..., missat ...	den Zug verpassen
stiga på tåget, stiger ..., steg ..., stigit ...	in den Zug einsteigen
snälltåg	Schnellzug
snälltågstillägg, -tillägget, -tillägg	Schnellzugzuschlag
tågbiljett, biljetten, biljetter	Zugfahrkarte

aber:

snäll ☞ 356	freundlich, nett, lieb
hastig, fort, rask, snabb, strax	schnell ☞ 358

vagn, vagnen, vagnar	**Wagen**
järnvägvagn	Eisenbahnwagen

spår, spåret, spår	**Gleis, Spur**
Från vilket spår går tåget?	Von welchem Bahnsteig geht der Zug ab?

tid ☞ 269, tiden, tider	**Zeit**
ankomsttid	Ankunftszeit
Skicka ett mail med din ankomsttid.	*Schicke eine Mail mit deiner Ankunftszeit.*
avgångstid	Abfahrtszeit
På tavlan där borta står avgångstiderna.	*An der Tafel da drüben stehen die Abfahrtszeiten.*
tidtabell, -tabellen, -tabeller	Fahrplan; Kursbuch

avgång, avgången, avgångar	**Abfahrt**
avgångssignal, -signalen, -signaler	Abfahrtssignal
avgå, avgår, avgick, avgått	abfahren; zurücktreten
Tåget till Lund avgår 10.00.	*Der Zug nach Lund fährt (geht) um 10.00 Uhr ab.*
Du kan se avgående tåg på spår sex.	*Du kannst den abgehenden Zug auf Gleis sechs sehen.*

ankomst, ankomsten	**Ankunft, Eintreffen**
ankomsttid, -tiden, -tider	Ankunftszeit
ankomma, ankommer, ankom, ankommit (till en stad)	ankommen (in einer Stadt)

biljett 237, biljetten, biljetter	**Fahrkarte, Fahrschein,** Eintrittskarte
boka biljett, bokar .., bokade ..., bokat ...	eine Fahrkarte buchen
en enkel biljett	ein Einzelfahrschein
en tur och retur biljett	eine Hin- und Rückfahrkarte
platsbiljett (sittplatsbiljett)	Platzkarte
Behöver jag sittplatsbiljett?	*Brauche ich eine Platzkarte?*
biljettautomat, -automaten, -automater	Fahrkartenautomat
biljettlucka, -luckan, -luckor	Fahrkartenschalter
biljettkontor, -kontoret, -kontor	Fahrkartenausgabe (Theater: Tageskasse)
biljettpengar (Pl.)	Fahrgeld
Hålla biljettpengarna i beredskap!	*Das Fahrgeld bereithalten!*
biljettpris, -priset, -priser	Fahrpreis (Theater: Eintrittspreis)

klass, klassen, klasser	**Klasse**
första klass, (andra klass)	erste Klasse, (zweite Klasse)
gå i första klass, går ..., gick ..., gått ...	in die erste Klasse gehen
åka andra klass, åker ..., åkte ..., åkt ...	zweiter Klasse fahren

siehe auch:

skolklass 48	Schulklasse

Reisen mit dem Flugzeug

flyg, flyget, flyg	**Flugzeug**, Fliegen; Flugwesen
Flyget från Berlin är försenat.	*Der Flug von Berlin ist verspätet.*
med flyg	mit dem Flugzeug
inrikesflyg	Inlandflug
ta flyget, tar ..., tog ..., tagit ...	fliegen, einen Flug nehmen
flyga, flyger, flög, flugit	fliegen, abfliegen
Min mor flyger bara om hon måste.	*Meine Mutter fliegt nur, wenn sie muss.*
flygbiljett, -biljetten, -biljetter	Flugschein
flygbolag, -bolaget, -bolag	Fluggesellschaft
flygbuss, -bussen, -bussar	Zubringerbus, Flughafenzubringer
flygfält, -fältet, -fält	Flugplatz
flyglinje, -linjen, -linjer	Fluglinie
flygplan, -planet, -plan	Flugzeug
flygplanskapare, -kaparen, -kapare	Flugzeugentführer
flygplanskapning, -kapningen, -kapningar	Flugzeugentführung
flygplats, -platsen, -platser	Flugplatz, Flughafen
Hur kommer vi till flygplatsen?	*Wie kommen wir zum Flugplatz?*
flygtrafik, -trafiken	Flugverkehr

aber:

flykt	Flucht
vara på flykt	auf der Flucht sein

plan, planet, plan	**Flugzeug**
flygplan	Flugzeug
militärplan	Militärflugzeug

aber:

plan, plant	eben, plan, flach
plan, planet, plan	Ebene; Platz, Spielfeld
plan, planen, planer	Plan, Entwurf

siehe auch:

start, starten, starter	Abflug
avfärd, -färden, -färder	Abflug
avgång, -gången, -gångar	Abflug
avgångshall, -hallen, -hallar	Abflughalle
avgångstid, -tiden, -tider	Abflugszeit

checka in/ut, checkar ..., checkade ..., checkat ...	**einchecken/auschecken** abgefertigt werden
Nu kan man checka in till Stockholm.	Man kann jetzt nach Stockholm einchecken.

legitimation 216, legitimationen, legitimationer	**Legitimation, Ausweis**

(res)**pass**, (res)passet, (res)pass	**(Reise-)Pass**
Jag har glömt mitt pass.	Ich habe meinen Pass vergessen.

aber:

pass	(Berg-)Pass
pass	Polizeistreifenbezirk
Polisen går på sitt pass.	Der Polizist geht Streife.
pass	Jagdwesen: Anstand
Jägaren står på pass.	Der Jäger steht auf dem Anstand.

Reisen mit Nahverkehrsmitteln

taxi, taxin, taxi	**Taxi**
Taxichauffören hittade inte adressen.	*Der Taxifahrer fand die Adresse nicht.*
beställa en taxi, beställer ..., beställde ..., beställt ...	ein Taxi bestellen
ta en taxi, tar ..., tog ..., tagit ...	ein Taxi nehmen
Vi tar en taxi hem.	*Wir nehmen ein Taxi nach Hause.*
taxistation, -stationen, -stationer	Taxistand
åka taxi, åker ..., åkte ..., åkt ...	Taxi fahren

buss, bussen, bussar	**Bus**
Det går en buss i halvtimmen till Malmö.	*Es geht ein Bus in einer halben Stunde nach Malmö.*
Det är bättre att vi tar bussen.	*Es ist besser, wir nehmen den Bus.*
busschaufför, -chauffören, -chaufförer	Busfahrer
bussförare, -föraren, -förare	Busfahrer
bussförbindelse, -förbindelsen, -förbindelser	Busverbindung
busslinje, -linjen, -linjer	Buslinie
busstation, -stationen, -stationer	Busbahnhof
Busstationen ligger i centrum.	*Die Busstation (der Busbahnhof) befindet sich im Zentrum.*

aber:

Buss på honom!	Fass ihn! (Hund)
bussig, bussigt	nett
Det är bussigt av dig.	Das ist nett von dir.
busväder, -vädret	Mistwetter

gå ☞ 304, går, gick, gått	**gehen**
En buss går till Ohs.	*Ein Bus geht (fährt) nach Ohs.*
Motorn går.	*Der Motor läuft.* *Der Motor funktioniert.*

chaufför, chauffören, chaufförer	**Chauffeur, Fahrer**
Jag är chaufför så jag tar ingen öl.	*Ich bin Fahrer, daher trinke ich kein Bier.*

konduktör, konduktören, konduktörer	**Schaffner**
Man kan köpa biljetterna av konduktören.	*Man kann die Fahrkarten beim (vom) Schaffner kaufen.*

Reisen auf dem Wasser

kanot, kanoten, kanoter	**Kanu**
Du kan hyra en kanot här.	*Man kann hier ein Kanu mieten.*
kanotled, -leden, -leder	Kanuwanderstrecke

båt, båten, båtar	**Boot**
Du kan ta båten dit om du vill.	*Du kannst das Boot dorthin nehmen, wenn du willst.*
roddbåt, (segelbåt, snabbåt, ubåt)	Ruderboot, (Segel-, Schnell-, U-Boot)
åka båt, åker ..., åkte ..., åkt ...	Boot fahren

färja, färjan, färjor	**Fähre**
Det gick ingen färja så tidigt.	*Es ging so zeitig keine Fähre.*
ta färjan, tar ..., tog ..., tagit ...	die Fähre nehmen
åka färja	mit der Fähre fahren

skepp, skeppet, skepp	**Schiff**
Skeppet var lastat med bananer.	*Das Schiff war mit Bananen beladen.*
skeppare, skepparen, skeppare	Schiffer
skeppsbrott, -brottet, -brott	Schiffbruch
skeppsläkare ☞ 119, -läkaren, -läkare	Schiffsarzt
skeppsvarv, -varvet, -varv	Schiffswerft

land, landet, länder	**Land**
gå i land, går ..., gick ..., gått ...	an Land gehen
landa, landar, landade, landat	landen
landning, landningen, landningar	Landung

siehe auch:

utomlands	ins Ausland, im Ausland

hamna, hamnar, hamnade, hamnat	**landen**
hamn, hamnen, hamnar	Hafen
Det ligger många båtar i hamnen.	*Es liegen viele Boote im Hafen.*

18.3 Freizeitaktivitäten

fritid, fritiden	**Freizeit**
på fritiden	in der Freizeit
fritidsbåt, -båten, -båtar	Freizeitboot
fritidsintresse, -intresset, -intressen	Freizeitinteresse
fritidssysselsättning, -sysselsättningen, -sysselsättningar	Freizeitbeschäftigung

äventyr, äventyret, äventyr	**Abenteuer**
äventyra, äventyrar, äventyrade, äventyrat	riskieren, aufs Spiels setzen
äventyrare, äventyraren, äventyrare	Abenteurer
äventyrlig, äventyrligt	abenteuerlich

camping, campingen	**Camping**
campingkort, -kortet, -kort	Campingkarte
Campingkortet är komfortabelt.	*Die Campingkarte ist komfortabel.*
campingplats, -platsen, -platser	Campingplatz
Vad kostar en övernattning på campingplatsen?	*Was kostet eine Übernachtung auf dem Campingplatz?*
campa, campar, campade, campat	campen
campare, camparen, campare	Camper, Camperin

tält, tältet, tält	**Zelt**
sätta upp ett tält, sätter ..., satte ..., satt ...	ein Zelt aufbauen
tältläger, -lägret, -läger	Zeltlager
tältplats, -platsen, -platser	Zeltplatz, Campingplatz
tälta, tältar, tältade, tältat	zelten
Vi tältade på Öland.	*Wir zelteten auf Öland.*

Sportliche Aktivitäten

bada ☞ 131, badar, badade, badat	**baden**
I den här sjön badar jag med mina barn på sommaren.	*In diesem See bade ich mit meinen Kindern im Sommer.*
gå och bada	baden gehen
bada bastu	in die Sauna gehen, saunieren
bad, badet, bad	Bad
badbalja, -baljan, -baljor	Badewanne
badbassäng, -bassängen, -bassänger	Freibad, Swimmingpool
badbyxor (Pl.)	Badehose
badmästare, -mästaren, -mästare	Bademeister
badort, -orten, -orter	Badeort
badplats, -platsen, -platser	Badeplatz
badrum, -rummet, -rum	Badezimmer, Bad
badställe, -stället, -ställen	Badestelle, Badeplatz
badvatten, -vattnet, -vatten	Badewasser

simma 316, simmar, simmade simmat	**schwimmen**
bordtennis 258, -tennisen	**Tischtennis**
cykla 315, cyklar, cyklade, cyklat	**Rad fahren, radeln**
dansa, dansar, dansade, dansat	**tanzen**
"Hon dansade bara en sommar."	*„Sie tanzte nur einen Sommer."*
dans, dansen, danser	Tanz
danserska, danserskan, danserskor	Tänzerin
fiska, fiskar, fiskade, fiskat	**angeln, fischen**
Har du lust att fiska?	*Hast du Lust zum Angeln?*
fisk 84, fisken, fiskar	Fisch
Kan vi steka fiskarna här?	*Können wir die Fische hier braten?*
fiskare, fiskaren, fiskare	Fischer
fiske, fisket, fisken	Angelmöglichkeit, Fischen, Fischfang
Fiske förbjudet!	*Angeln verboten!*
fiskebåt, -båten, -båtar	Fischerboot
fiskeflotta, -flottan, -flottor	Fischereiflotte
fiskegräns, -gränsen, -gränser	Fischereigrenze
fiskekort, -kortet, -kort	Angelkarte
Man kan köpa ett fiskekort här.	*Man kann hier einen Angelschein kaufen.*
fiskeläge, -lägen, -läger	Fischerdorf
fiskemöjligheter (Pl.)	Angelmöglichkeiten
fisketur, -turen, -turer	Angeltour
fiskevatten, -vattnet, -vatten	Fischereigewässer
fisknät, -nätet, -nät	Fischernetz
fiskredskap, -redskapet, -redskapen	Angelgerät
meta, metar, metade, metat	**angeln**
metkrok, -kroken, -krokar	Angel
metspö, -spöet, -spön	Angel, Angelhaken, Angelrute

vandra, vandrar, vandrade, vandrat	**wandern**
I höst skulle vi vilja vandra.	*Im Herbst möchten wir wandern.*
vandrare, vandraren, vandrare	Wanderer
vandrarhem, -hemmet, -hem	Jugendherberge
Man kan bo på hotell eller vandrarhem.	*Man kann im Hotel oder in der Jugendherberge wohnen.*
vandring, vandringen, vandringar	Wanderung
vandringsled, -leden, -leder	Wanderweg
Här finns det många markerade vandringsleder.	*Hier gibt es viele markierte Wanderwege.*
vandringslust, -lusten	Wanderlust

siehe auch:

invandrare 220, invandraren, invandrare	**Einwanderer**

ro 259, ror, rodde, rott	**rudern**

segla 260, seglar, seglade, seglat	**segeln**

siehe auch:

segelflyga, -flyger, -flög, -flugit	Segelfliegen
segelflygplan, -planet, -plan	Segelflugzeug
segelflykt, -flykten	Segelflug

Weitere Aktivitäten

fotografera, fotograferar, fotograferade, fotograferat	**fotografieren**
fotografi, -grafiet, -grafier	Fotografie
fotograf, fotografen, fotografer	Fotograf
fotokopia, -kopian, -kopior	Fotokopie
fotomodell, -modellen, -modeller	Fotomodell

sola 280 (sig), solar ..., solade ..., solat...	(sich) **sonnen**
Är det fint ska jag sola.	*Wenn es schön ist, kann ich mich sonnen.*

sol, solen, solar	Sonne
Vad skönt solen värmer!	*Wie schön die Sonne wärmt!*
solarium, solariet, solarier	Solarium
solbad, -badet, -bad	Sonnenbad
solbada, -badar, -badade, -badat	ein Sonnenbad nehmen
solbränd, -bränt	sonnengebräunt; sonnenverbrannt
solbränna, -brännan	Sonnenbräune; Sonnenbrand
solglasögon (Pl.)	Sonnenbrille
solhatt, -hatten, -hattar	Sonnenhut
solkräm, -krämen, -krämer	Sonnencreme
sololja, -oljan, -oljor	Sonnenöl
solskyddsmedel, -medlet, -medel	Sonnenschutzmittel

grilla, grillar, grillade, grillat	**grillen**
Ska vi grilla ikväll?	*Können wir heute Abend grillen?*
grill, grillen, grillar	Grill
grillkorv, -korven, -korvar	Grillwurst
grillkol, -kolen, -kol	Grillkohle, Holzkohle
grillspett, -spettet, -spett	Schaschlik

eld 136, elden, eldar	**Feuer**
göra upp eld, gör ..., gjorde ..., gjort ...	Feuer machen, Feuer anzünden
Att göra upp eld är inte tillåtet.	*Feuer anzumachen ist nicht erlaubt.*
eldfarlig, -farligt	feuergefährlich
eldsläckare, -släckaren, -släckare	Feuerlöscher

tillåta, tillåter, tillät, tillåtit	**erlauben**

lov, lovet, lov	**Erlaubnis**

förbjuda 321, förbjuder, förbjudit, förbjuden	**verbieten**

Örtlichkeiten

ort, orten, orter	**Ort, Ortschaft**
på ort och ställe	an Ort und Stelle
badort, (förort)	Badeort, (Vorort)
ortsnamn, -namnet, -namn	Ortsname

by, byn, byar	**Dorf**
stugby	Feriendorf
bybo, -bon, -bor	Dorfbewohner, -bewohnerin

stad, staden, städer, auch: stan	**Stadt**
hansestad	Hansestadt
Lübeck var en viktig hansestad.	*Lübeck war eine wichtige Hansestadt.*
huvudstad, -staden, -städer	Hauptstadt
Stockholm är Sveriges huvudstad.	*Stockholm ist Schwedens Hauptstadt.*
karta över staden	Stadtplan
stadsbo, -bon, -bor	Städter, Stadtbewohner
stadsdel, -delen, -delar	Stadtteil, Stadtviertel
stadshus, -huset, -hus	Stadthaus (Stockholmer Rathaus)
stadskarta, -kartan, -kartor	Stadtplan
stadsmur, -muren, -murar	Stadtmauer
stadsrundtur, -rundturen, -rundturer	Stadtrundfahrt
stadstrafik, -trafiken	Stadtverkehr

center, centret, centrer	**Zentrum**
centrum, centrumet, centrum	Zentrum
i centrum	im Zentrum
Slottet ligger i stadens centrum.	*Das Schloss liegt im Zentrum der Stadt.*
central, centralt	zentral
centralstation, -stationen, -stationer	Hauptbahnhof, Zentralbahnhof

siehe auch:

city, cityt, cityn	Stadtzentrum

lokal, lokalt	**lokal, örtlich**
lokalsamtal, -samtalet, -samtal	Ortsgespräch
lokaltrafik, -trafiken	Nahverkehr
lokaltåg, -tåget, -tåg	Nahverkehrszug

Straßen und Wege

gränd, gränden, gränder	**Gasse**

gata, gatan, gator	**Straße**
gata upp och gata ner	Straße auf und ab
på gatan	auf der Straße
De bor på Nobelgatan.	*Sie wohnen in der Nobelstraße.*
gå på gatan	auf den Strich gehen
på allmän ☞ 32 gata	auf öffentlicher Straße
gågata	Fußgängerzone
tvärgata	Querstraße
gatflicka, -flickan, -flickor	Straßenmädchen
gathörn, -hörnet, -hörn	Straßenecke
gatlykta, -lyktan, -lyktor	Straßenlaterne
gatuarbete, -arbeten, -arbetar	Straßenbau
gatubelysning, -belysningen, -belysningar	Straßenbeleuchtung
gatukorsning, -korsningen, -korsningar	Straßenkreuzung
Han körde på hennes bil mitt i en gatukorsning.	*Er fuhr mitten auf einer Straßenkreuzung auf ihr Auto auf.*
gatukök, -köket, -kök	Imbissstand
gatuskylt, -skylten, -skyltar	Straßenschild
gatutrafik, -trafiken	Straßenverkehr
gatuövergångsställe, -stället, -ställen	Straßenübergang

väg, vägen, vägar	**Straße**
landsväg	Landstraße
järnväg ☞ 236	Eisenbahn
vägbygge, -bygget, -byggen	Straßenbau
vägskylt, -skylten, -skyltar	Wegweiser

aber:

vägg, väggen, väggar	Wand

allé, allén, alléer	**Allee**

led, leden, leder	**Weg, Route**
vandringsled	Wanderweg

plats, platsen, platser	**Platz**
badplats, (flyg-, camping-, tält-, parkerings plats, busshållplats)	Badeplatz, (Flug-, Camping-, Zelt-, Parkplatz, Bushaltestelle)

torg, torget, torg	**Markt, Platz**
Vi gick till torget.	*Wir gingen zu dem Platz.*
torghandel, -handeln, -handlar	Markt
café, caféet, caféer	**Café**
Caféet i stadenscentrum är fint.	*Das Café im Stadtzentrum ist schön.*
cafeteria, cafeterian, cafeterior	Cafeteria
kafé, kaféet, kaféer	**Café**

aber:

kaffe, kaffet	Kaffee

uteservering, -serveringen, -serveringar	**Straßencafé**

Sehenswürdigkeiten

sevärd, sevärt	**sehenswert, sehenswürdig**
sevärdhet, sevärdheten, sevärdheter	Sehenswürdigkeit
upptäcka, upptäcker, upptäckte, upptäckt	**entdecken**
upptäckt, upptäckten, upptäckter	Entdeckung
upptäckare, upptäckaren, upptäckare	Entdecker
upptäckarglädje, -glädjen	Entdeckerfreude
fästning, fästningen, fästningar	**Festung**

borg, borgen, borgar	**Burg**
fornborg	Fluchtburg
borggård, -gården, -gårdar	Burghof

slott, slottet, slott	**Schloss**
Kalmar slott har spelat en viktig roll i Sveriges historia.	*Das Schloss von Kalmar hat eine wichtige Rolle in der Geschichte Schwedens gespielt.*

torn, tornet, torn	**Turm**

ruin, ruinen, ruiner	**Ruine**
Borgen är bara en ruin idag.	*Die Burg ist heute nur eine Ruine.*

museum, museet, museer	**Museum**

teater, teatern, teatrar	**Theater**
gå på teatern, går ..., gick ..., gått ...	ins Theater gehen
abonnemang på teatern, abonnemanget ..., abonnemangen ...	Theaterabonnement
teaterbesök, -besöket, -besök	Theaterbesuch
teaterbiljett, -biljetten, -biljetter	Theaterkarte
teaterföreställning, föreställningen, -föreställningar	Theatervorstellung, Aufführung
teaterpjäs, -pjäsen, -pjäser	Theaterstück
teatersalong, -salongen, -salonger	Zuschauerraum

kyrka, kyrkan, kyrkor	**Kirche**
domkyrka	Dom
kyrkobesökare, -besökaren, -besökare	Kirchenbesucher, Kirchgänger
kyrkogård, -gården, -gårdar	Kirchhof, Friedhof
kyrklig, kyrkligt	kirchlich
kyrktorn, -tornet, -torn	Kirchturm

utställning, utställningen, utställningar	**Ausstellung**
utställare, utställaren, utställare	Aussteller
ställa ut, ställer ..., ställde ..., ställt ...	ausstellen

18.4 Unterkunft

hotell, hotellet, hotell	**Hotel**
Kan du rekommendera mig ett prisvärt hotell?	*Kannst du mir ein preiswertes Hotel empfehlen?*
Hotellet har en restaurang.	*Das Hotel hat ein Restaurant.*
ta in på ett hotell, tar …, tog …, tagit…	in einem Hotel absteigen
bo på hotell (hotellet), bor …, bodde …, bott …	im Hotel wohnen
Jag bodde på ett hotell på huvudgatan.	*Ich wohnte in einem Hotel in der Hauptstraße.*
hotellguide, -guiden, -guider	Hotelführer
hotellrum, -rummet, -rum	Hotelzimmer
hotellgäst, -gästen, -gäster	Hotelgast
hotellräkning, -räkningen, -räkningar	Hotelrechnung
motell, motellet, motell	**Motel**
uthyrningsrum, -rummet, -rum	**Privatunterkunft**
pensionat, pensionatet, pensionat	**Pensionat, Internat**
pension, pensionen, pensioner	**Pension**
helpension	Halbpension
vandrarhem, -hemmet, -hem	**Jugendherberge**
Finns det ett vandrarhem?	*Gibt es eine Jugendherberge?*
hus ☞ 126, huset, hus	**Haus**
Vi skulle vilja hyra ett hus.	*Wir möchten ein Haus mieten.*
fritidshus	Freizeithaus
husbil, -bilen, -bilar	Wohnmobil
husvagn, -vagnen, -vagnar	Wohnwagen, Campingwagen
Vad kostar en övernattning med husvagn?	*Was kostet eine Übernachtung mit Campingwagen?*
stuga, stugan, stugor	**Stuga, Hütte**
Han bor ensam i en stuga.	*Er wohnt einsam in einer Hütte.*
WC finns tyvärr inte i stugan.	*Ein WC gibt es leider nicht in der Stuga.*

sommarstuga	Sommerstuga
Finns det kallt och varmt vatten i sommarstugan?	*Gibt es kaltes und warmes Wasser in der Sommerstuga?*
stugsittare, -sittaren, -sittare	Stubenhocker
rum, rummet, rum	**Zimmer**
enkelrum, (dubbelrum)	Einzelzimmer, (Doppelzimmer)
Jag tar enkelrummet.	*Ich nehme das Einzelzimmer.*
boka rum, bokar ..., bokade ..., bokat ...	ein Zimmer buchen
reception, receptionen, receptioner	**Rezeption, Anmeldung**
Man kan hämta nyckeln där i receptionen.	*Man kann den Schlüssel dort in der Rezeption abholen.*
övernatta, övernattar, övernattade, övernattat	**übernachten**
övernattning, övernattningen, övernattningar	Übernachtung
Vad kostar en övernattning?	*Was kostet eine Übernachtung?*
räkning (på), räkningen ..., räkningar ...	**Rechnung** (über)
service, servicen	**Service, Kundendienst**
servicehus, -huset, -hus	Appartementhotel
boka, bokar, bokade, bokat	**buchen**
Det är tyvärr fullbokat.	*Wir sind leider ausgebucht.*
boka in	reservieren
hyra, hyr, hyrde, hyrt	**mieten**
hyra en stuga, (en lägenhet)	eine Stuga, (eine Wohnung) mieten
Jag har hyrt lägenheten.	*Ich habe die Wohnung gemietet*
hyreslägenhet, -lägenheten, -lägenheter	Mietwohnung
hyra ut	vermieten
Vi hyr ut stugan till en tysk familj.	*Wir vermieten die Stuga an eine deutsche Familie.*

19

Sport

19.1 Allgemeines

idrott, idrotten	**Sport**
idrotta, idrottar, idrottade, idrottat	Sport treiben
Idrottar du?	*Treibst du Sport?*
Johan idrottade när han gick i skolan.	*Johan trieb Sport, als er in die Schule ging.*
idrottsförening, -föreningen, -föreningar	Sportverein
idrottsgren, -grenen, -grenar	Sportart
idrottshall, -hallen, -hallar	Sporthalle
idrottsklubb, -klubben, -klubbar	Sportklub
idrottskvinna, -kvinnan, -kvinnor	Sportlerin
idrottsman, -mannen, -män	Sportler
idrottslärare, -läraren, -lärare	Sportlehrer
idrottsplats, -platsen, -platser	Sportplatz

sport, sporten, sporter	**Sport**
Fotboll är också i Sverige en mycket populär sport.	*Fußball ist auch in Schweden ein sehr populärer Sport.*
vintersport	Wintersport
Hede är en känd vintersportort.	*Hede ist ein beliebter Wintersportort.*
sportaffär, -affären, -affärer	Sportgeschäft
sportbil, -bilen, -bilar	Sportwagen
sportfiske, -fisket	Angelsport
sportflygplan, -flygplanet, -flygplan	Sportflugzeug
sportgren, -grenen, -grenar	Sportart
sporthall, -hallen, -hallar	Sporthalle
Fotbollsmatchen är i sporthallen.	*Das Fußballspiel findet in der Sporthalle statt.*
sportdräkt, -dräkten, -dräkter	Sportbekleidung
sportmössa, -mössan, -mössor	Sportmütze
sportskjorta, -skjortan, -skjortor	Sporthemd
sporttröja, -tröjan, -tröjor	Sporthemd
sportsko, -skon, -skor	Sportschuh
sportsman, -mannen, -män	Sportler
sporta, sportar, sportade, sportat	Sport treiben
sportig, sportigt	sportlich

spela ✍ 170, 173, 313	**spielen**
spela bordtennis (fotboll, golf, ishockey, schack, kort)	Tischtennis spielen (Fußball, Golf, Eishockey, Schach, Karten)
spel, spelet, spel	Spiel
spelare, spelaren, spelare	Spieler

leka ✍ 313, leker, lekte, lekt	**spielen**
leka med barnen	mit dem Kind spielen

match, matchen, matcher	(Wett-)**Spiel**
hemmamatch	Heimspiel
kvalmatch	Qualifikationsspiel, Ausscheidungsspiel
Malmö vann kvalmatchen.	*Malmö gewann das Qualifikationsspiel.*

motståndare, motståndaren, motståndare	**Gegner, Gegenspieler**

träna, tränar, tränade, tränat	**trainieren, (sich) üben**
Han tränar tre gånger i veckan.	*Er trainiert dreimal in der Woche.*
tränare, tränaren, tränare	Trainer
träning, träningen, träningar	Training
träningsoverall, -overallen, -overaller	Trainingsanzug
träningsläger, -lägret, -läger	Trainingslager

kvala, kvalar, kvalade, kvalat	**qualifizieren**
kvala in till	sich für etwas qualifizieren
kvala in till turneringen	sich für das Turnier qualifizieren

kvalificera sig, kvalificerar ..., kvalificerade ..., kvalificerat ...	**sich qualifizieren**
kvalificerad, kvalificerat	qualifiziert
kvalifikation, kvalifikationen, kvalifikationer	Qualifikation

tävla (med), tävlar ..., tävlade ..., tävlat ...	**kämpfen, wetteifern**
Han kan tävla med vem som helst.	*Er kann es mit jedem aufnehmen.*
tävlan	Wettbewerb
ta upp tävlan, tar ..., tog ..., tagit ...	in Wettbewerb treten
tävling, tävlingen, tävlingar	Wettkampf, Rennen
tävlande	Teilnehmer (am Wettbewerb)
tävlingsbana, -banan, -banor	Aschenbahn, Rennbahn
tävlingsbil, -bilen, -bilar	Rennwagen
tävlingsförare, -föraren, -förare	Rennfahrer
tävlingsregler (Pl.)	Wettkampfregel

anfall, anfallet, anfall	**Angriff** (bes. Sport); **Anfall**
anfalla, anfaller, anföll, anfallit	angreifen
anfallare, anfallaren, anfallare	Stürmer, Angreifer
anfallsspelare, -spelaren, -spelare	Stürmer, Angriffspieler, Angreifer

kondition, konditionen, konditioner	**Kondition, Verfassung**
Han har god kondition.	*Er ist in guter Verfassung.*

mål, målet, mål	**Ziel**
målsättning, -sättningen, -sättningar	Zielsetzung
göra mål, gör ..., gjorde ..., gjort ...	ein Tor machen, ein Tor schießen
Mitt manskap gjorde mål i sista minuten.	*Meine Mannschaft machte in der letzten Minute ein Tor.*
skjuta i mål, skjuter ..., sköt ..., skjutit ...	ein Tor schießen
stå i mål, står ..., stod ..., stått ...	im Tor stehen
måltavla, -tavlan, -tavlor	Zielscheibe
målstolpe, -stolpen, -stolpar	Torpfosten
mållös, -löst	ziellos
mållinje, -linjen, -linjer	Ziellinie

aber:

mål, målet, mål	Mahl
måla ☞ 171, målar, målade, målat	malen, streichen

förlora, förlorar, förlorade, förlorat	**verlieren**
Berlin förlorade matchen.	*Berlin verlor das Spiel.*
förlorare, förloraren, förlorare	Verlierer

vinna (på), vinner ..., vann ..., vunnit ...	**gewinnen** (bei)
vinna med 3-0	mit 3:0 gewinnen
Sverige vann fotbollsspelet med 3-2 över Tyskland.	*Schweden gewann das Fußballspiel mit 3:2 gegen Deutschland.*
vinnande	gewinnend
ett vinnande leende	ein gewinnendes Lächeln
vinnare, vinnaren, vinnare	Gewinner
vinning, vinningen	Gewinn

seger, segern, segrar	**Sieg**
segerrik, -rikt	siegreich
segerviss, segervisst	siegesgewiss, siegessicher
segertåg, -tåget, -tåg	Siegeszug
segra (över ngn)	(über jmd.) siegen

rekord, rekordet, rekord	**Rekord**
världsrekord ☞ 215	Weltrekord

mästare, mästaren, mästare	**Meister**
världsmästare	Weltmeister

19.2 Sportarten

Ballsport

boll, bollen, bollar	**Ball**
läderboll, (badmintonboll)	Lederball, (Badmintonball)
bollbehandling, -behandlingen	Ballbehandlung
bollkalle, -kallen, -kallar	Balljunge
bollpojke, -pojken, -pojkar	Balljunge
bollspel, -spelet, -spel	Ballspiel

handboll, -bollen, -bollar	**Handball**
handbollsspelare, -spelaren, -spelare	Handballer

fotboll, -bollen, -bollar	**Fußball**
Pojkarna spelar fotboll idag.	*Die Jungen spielen heute Fußball.*
fotbollsspelare, -spelaren, -spelare	Fußballer
fotbollsplan, -planen, -planer	Fußballplatz
fotbollsmatch, -matchen, -matcher	Fußballspiel
fotbollslag, -laget, -lag	Fußballmannschaft

aber:

lag ☞ 212, -lagen, -lagar	Gesetz

halv, halvt	**halb**
halva, halvan, halvor	Hälfte
halvlek, -leken, -lekar	Halbzeit
halvtid, -tiden, -tider	Halbzeit

aber:

halvtid ☞ 38	Teilzeit, Halbtag

tennis, tennisen	**Tennis**
tennisspelare, -spelaren, -spelare	Tennisspieler
bordtennis	Tischtennis
spela bordtennis, spelar …, spelade …, spelat …	Tischtennis spielen
Vi brukar spela bordtennis varje dag.	*Wir pflegen jeden Tag Tischtennis zu spielen.*

nät, nätet, nät	**Netz**
nätboll, -bollen, -bollar	Netzball
nätspel, -spelet	Netzspiel (Tennis)

aber:

nätt	nett, hübsch, schlank
Hon är liten och nätt.	*Sie ist klein und schlank.*

golf, golfen	**Golf**
minigolf	Minigolf
golfare, golfaren, golfare	Golfer, Golfspieler
golfbana, -banan, -banor	Golfplatz
golfklubba, -klubban, -klubbor	Golfschläger
golfspelare, -spelaren, -spelare	Golfspieler

Kraftsport

boxa, boxar, boxade, boxat	**boxen**
boxare, boxaren, boxare	Boxer
tungviktsboxare	Schwergewichtsboxer
boxhandske, -handsken, -handskar	Boxhandschuh
boxning, boxningen, boxningar	Boxen
boxningsmatch, -matchen, -matcher	Boxkampf
boxningsring, -ringen, -ringar	Boxring

tyngdlyftning, -lyftningen	**Gewichtheben**
tyngd, tyngden, tyngder	Gewicht

siehe auch:

vikt, vikten, vikter	**Gewicht**
hålla vikten, håller ..., höll ..., hållit ...	sein Gewicht halten
tungvikt	Schwergewicht
viktklass, -klassen, -klasser	Gewichtsklasse

Leichter Sport

gymnastik, gymnastiken	**Gymnastik**
sjukgymnastik	Krankengymnastik
gymnastisk, gymnastiskt	gymnastisch
gymnastiska övningar	gymnastische Übungen

aber:

gymnasist, gymnasisten, gymnasister	Gymnasiast, Oberschüler

rida 316, rider, red, ridit	**reiten**
Mina barnbarn tycker om att leka häst och rida på mig.	*Meine Enkelkinder (spielen gern Pferd und) reiten gern auf mir.*
cykla 315, cyklar, cyklade, cyklat	**Rad fahren, radeln**

Wassersport

simma 316, simmar, simmade, simmat	**schwimmen**
Kan pojken simma?	*Kann der Junge schwimmen?*

aber:

svimma, svimmar, svimmade, svimmat	ohnmächtig werden

ro, ror, rodde, rott	**rudern**
rodd, rodden, rodder	Ruder
roddbåt, -båten, -båtar	Ruderboot
roddare, roddaren, roddare	Ruderer
roddklubb, -klubben, -klubbar	Ruderklub
roddsport, -sporten, -sporter	Rudersport

segla, seglar, seglade, seglat	**segeln**
Vi tycker om att segla.	*Wir segeln gern.*
segel, seglet, segel	Segel
hissa segel, hissar ..., hissade ..., hissat ...	Segel hissen
segelbarhet, segelbarheten	Schiffbarkeit
seglbar, seglbart	schiffbar
segelbåt, -båten, -båtar	Segelboot
segeljakt, -jakten, -jakter	Segeljacht
segeltur, -turen, -turer	Segeltour

båt ✍ 242, båten, båtar	**Boot**

Wintersport

skida, skidan, skidor	**Ski, Schi**
åka skidor, åker..., åkte..., åkt...	Ski fahren, Ski laufen
Jag har åkt skidor sedan jag var en liten pojke.	*Ich bin (schon) Ski gefahren, als (seit) ich (noch) ein kleiner Junge war.*
slalomskida, (vattenskida)	Slalomski, (Wasserski)
skidbacke, -backen, -backar	Sprungschanze, Skihang
skidbindning, -bindningen, -bindningar	Skibindung
skidbyxor (Pl.)	Skihose
skidtur, -turen, -turer	Skitour
skidlift, -liften, -liftar	Skilift
skidlärare, -läraren, -lärare	Skilehrer
skidlöpare, -löparen, -löpare	Skiläufer
skidåkare, -åkaren, -åkare	Skifahrer
skidskola, -skolan, -skolor	Skischule
skidspår, -spåret, -spåren	Skispur
skidstav, -staven, -stavar	Skistab
skidåkning, -åkningen, -åkningar	Skilaufen, Skifahren

aber:

skida	Scheide; Schote

hoppa, hoppar, hoppade, hoppat	**springen**
backhoppning, -hoppningen, -hoppningar	Skispringen
hoppbacke, -backen, -backar	Skisprungschanze

skridsko, -skon, -skor	**Schlittschuh**
åka skridsko, åker ..., åkte ..., åkt ...	Schlittschuh laufen
Kalla vintrar kan du åka skridskor på sjön.	*In kalten Wintern kannst du Schlittschuh auf dem See fahren.*
skridskobana, -banan, -banor	Schlittschuhbahn

ishockey, -hockeyn	**Eishockey**
spela ishockey, spelar ..., spelade ..., spelat ...	Eishockey spielen
ishockeyklubba, -klubban, -klubbor	Eishockeyschläger
ishockeyspelare, -spelaren, -spelare	Eishockeyspieler

kälke, kälken, kälkar	(Rodel-)**Schlitten**
åka kälke	Schlitten fahren

släde, släden, slädar	**Schlitten**
slädparti, -partiet, -partier	Schlittenpartie, Schlittenfahrt

Geistiger Sport

schack, schacket	**Schach**
spela schack, spelar ..., spelade ..., spelat ...	Schach spielen
Vi tycker om att spela schack.	*Wir spielen gern Schach.*
schackspel, -spelet, -spel	Schachspiel
schacka, schackar, schackade, schackat (med löparen)	(mit dem Läufer) Schach bieten
schackbräde, -brädet, -bräden	Schachbrett
schackdrag, -draget, -drag	Schachzug
schackmatt	schachmatt
schackparti, -partiet, -partier	Schachpartie
schackpjäs, -pjäsen, -pjäser	Schachfigur
schackruta, -rutan, -rutor	Schachfeld

siehe auch:

hålla ngn i schack, håller ..., höll ..., hållit ...	jmd. in Schach halten

20

Zeit – Tag und Nacht

20.1 Der Tag

dag, dagen, dagar	**Tag**

dag

En (vacker) dag kommer han.	*Eines (schönen) Tages kommt er.*
dag för dag	Tag für Tag
arbetsdag	Arbeitstag
dagblad, -bladet, -blad	Tagesblatt
Svenska Dagbladet	Svenska Dagbladet
dagbok, -boken, -böcker	Tagebuch
daghem, -hemmet, -hem	Kindertagesstätte
dagordning, -ordningen, -ordningar	Tagesordnung
dagtid, -tiden, -tider	Tageszeit
Affären har öppet under dagtid.	*Das Geschäft hat am Tage geöffnet.*
varje dag	jeden Tag, täglich
vardag	Alltag
vardagsliv, -livet	Alltagsleben
vardagsrum ☞ 132, -rummet, -rum	Wohnzimmer
veckodag ☞ 272, -dagen, -dagar	Wochentag

dagen

Dagen börjar.	*Der Tag beginnt.*
en gång om dagen	einmal täglich (am Tage)
på dagen	tagsüber
dagens tidning	die heutige Zeitung

dagar

Dagarna i Sverige var underbara.	*Die Tage in Schweden waren wunderbar.*
många dagar	viele Tage
efter tre dagars resa	nach einer dreitägigen Reise

daglig, dagligt	**täglich**
daglig tidning	Tageszeitung
i det dagliga livet	im täglichen Leben

dagas, dagades, dagats	**tagen, Tag werden**
Det dagas.	*Es tagt. Es dämmert.*

dagis, dagiset, dagis	**Kita**
dagisfröken	Kindergärtnerin

dags (Adverb)

Hur dags?	*Wann? Um wie viel Uhr?*
dagsaktuell, -aktuellt	topaktuell
dagsbehov, -behovet, -behov	Tagesbedarf
dagskurs, -kursen, -kurser	Tageskurs
dagsljus, -ljuset	Tageslicht
dagslång, -långt	tagelang
dagsnyheter (Pl.)	Nachrichten (TV)
Vi måste lyssna på dagsnyheterna.	*Wir müssen die Nachrichten hören.*
dagsresa, -resan, -resor	Tagesreise
dagstemperatur, -temperaturen, -temperaturer	Tagestemperatur
dagstidning, -tidningen, -tidningar	Tageszeitung

igår (auch: i går)	**gestern**
igår kväll, (i går morse)	gestern Abend, (gestern Morgen)
i förr går	vorgestern

idag (auch: i dag)	**heute**, der heutige Tag
Vad är det för dag i dag?	*Welches Datum haben wir heute?*
idag om en vecka	heute in einer Woche
idag åtta dagar	heute in acht Tagen
i kväll, (i morse)	heute Abend, (heute Morgen)

morgon	**morgen**
Ska vi ses morgon?	*Können wir uns morgen treffen?*
i morgon	morgen
Vad gör vi i morgon?	*Was machen wir morgen?*
i morgon kväll	morgen Abend
morgondagens mode	die Mode von morgen

20.2 Tageszeiten

Der Morgen

morgon, morgonen, morgnar	**Morgen**
God morgon!	*Guten Morgen!*
från morgon till kväll	von morgens bis abends
Han arbetar från morgon till kväll.	*Er arbeitet von morgens bis abends.*
morgongymnastik, -gymnastiken	Morgengymnastik
morgonluft, -luften	Morgenluft
morgonrock, -rocken, -rockar	Morgenrock
morgonsol, -solen	Morgensonne
morgonstund, -stunden, -stunder	Morgenstunde
Morgonstund har guld i mund.	*Morgenstund(e) hat Gold im Mund(e).*
morgontidning, -tidningen, -tidningar	Morgenzeitung
om morgnarna	morgens (immer am Morgen)
på morgonen	am Morgen, morgens
tidigt på morgonen	frühmorgens, am frühen Morgen
varje morgon	jeden Morgen
imorgon	morgen

imorse (auch: i morse)	**heute Morgen**, heute früh
igår morse	gestern Morgen, gestern Früh

Vormittag/Mittag/Nachmittag

förmiddag, -dagen, -dagar	**Vormittag**
på förmiddagen	am Vormittag
middag, -dagen, -dagar	**Mittag** (warme Abendmahlzeit)
middagslur, -luren, -lurar	Mittagsschläfchen
middagsbord, -bordet, -bord	Mittagstisch
middagsrast, -rasten, -raster	Mittagspause
middagstid, -tiden, -tider	Mittagszeit
eftermiddag, -dagen, -dagar	**Nachmittag**
på eftermiddagen	am Nachmittag

Der Abend

kväll, kvällen, kvällar	**Abend**
Tack för en trevlig kväll!	*Danke für den schönen Abend!*
i kväll, (i går kväll, i morgon kväll)	heute Abend, (gestern Abend, morgen Abend)
varje kväll	jeden Abend
på kvällen	abends
på kvällarna	abends (jeden Abend)
på söndagskväll	(am) Sonntagabend
kvällskurs, -kursen, -kurser	Abendkurs
kvällsnyheter	Abend-, Spätnachrichten
kvällstidning, -tidningen, -tidningar	Abendzeitung
afton, aftonen, aftnar	**Abend**
God afton!	*Guten Abend!*
aftonbön, -bönen, -böner	Abendgebet
aftonstjärna, -stjärnan, -stjärnor	Abendstern, Venus
aftonklänning, -klänningen, -klänningar	Abendkleid

Die Nacht

natt, natten, nätter	**Nacht**

natt

God natt!	*Gute Nacht!*
dag och natt	Tag und Nacht
Hon arbetar dag och natt.	Sie arbeitet Tag und Nacht.
i natt, (igår natt)	heute Nacht, (gestern Nacht)
nattarbete, -arbetet, -arbeten	Nachtarbeit
nattblind, -blint	nachtblind
nattblindhet, -blindheten	Nachtblindheit
natten mellan söndag och måndag	in der Nacht zwischen Sonntag und Montag
nattfrost, -frosten	Nachtfrost
nattfågel, -fågeln, -fåglar	Nachtvogel
nattfärja, -färjan, -färjor	Nachtfähre
natthärbärge, -härbärget, -härbärgen	Nachtherberge
nattklubb, -klubben, -klubbar	Nachtklub, Nachtlokal
nattsköterska, -sköterskan, -sköterskor	Nachtschwester
nattvakt, -vakten, -vakter	Nachtwache
nattöppet	nachts geöffnet
nattlig, nattligt	nächtlich

natten

hela natten	die ganze Nacht
Kan vi stanna över natten?	*Können wir über Nacht bleiben?*
på natten (nätterna)	bei Nacht, in der Nacht, nachts
sent på natten	spät (tief) in der Nacht
över natten	über Nacht

nätter

I Sverige är nätterna ljusa på sommaren.	*In Schweden sind die Nächte im Sommer hell.*

20.3 Begrüßungen am Tag und in der Nacht

God morgon!	*Guten Morgen!*
God dag!	*Guten Tag!*
God afton!	*Guten Abend!*
God kväll!	*Guten Abend!*

God natt!	*Gute Nacht!*
Hej!	*Hallo!*
Hej då!	*Auf Wiedersehen! Tschüs*
Adjö!	*Auf Wiedersehen!*
Vi hörs!	*Wir hören von einander!*
Vis ses!	*Man sieht sich! Bis dann!*

20.4 Tägliche Mahlzeiten

mål, målet, mål	**Mahl**
äta tre mål om dagen, äter ..., åt ..., ätit ...	drei Mahlzeiten am Tag essen
måltid, -tiden, -tider	Mahlzeit
Smaklig måltid!	*Guten Appetit*
frukost, frukosten, frukostar	**Frühstück**
Till frukost äter jag ...	*Zum Frühstück esse ich ...*
frukostbuffé, -buffén, -bufféer	Frühstücksbuffet
frukostbord, -bordet, -bord	Frühstückstisch
middag, middagen, middagar	**Mittag**; (warmes) **Abendessen**
middagsbord, -bordet, -bord	Mittagstisch
middagsrast, -rasten, -raster	Mittagspause
middagstid, -tiden, -tider	Mittagszeit
lunch, lunchen, luncher	**Mittagsessen** (12.00 Uhr)
lunchrast, -rasten, -raster	Mittagspause
luncha, lunchar, lunchade, lunchat	zu Mittag essen
efterrätt, -rätten, -rätter	**Nachtisch**
kvällsmat, -maten	**Abendessen**
aftonmåltid, -tiden, -tider	**Abendessen**

väcka, väcker, väckte, väckt	**wecken**
Han väcker Siv.	*Er weckt Siv.*
väckarklocka, -klockan, -klockor	Wecker
vakna, vaknar, vaknade, vaknat	**aufwachen**
Hon vaknar klockan sju.	*Sie wacht um sieben Uhr auf.*
stiga up, stiger, steg, stigit	**aufstehen**
Jag stiger upp klockan sju.	*Ich stehe um sieben Uhr auf.*
raka sig, rakar ..., rakade ..., rakat ...	**sich rasieren**
rakapparat, -apparaten, -apparater	Rasierapparat
tvätta 311 (sig), tvättar, tvättade, tvättat	**waschen** (sich)
Var kan jag tvätta mig?	*Wo kann ich mich waschen?*
tvätta händerna	sich die Hände waschen
tvättlapp, -lappen, -lappar	Waschlappen
borsta tändarna, borstar ..., borstade ..., borstat ...	**die Zähne putzen**
tvål, tvålen, tvålar	**Seife**
dusch, duschen, duschar	**Dusche**
duscha, duschar, duschade, duschat	duschen, sich duschen
bada 131, badar, badade, badat	**baden**
badrum, -rummet, -rum	Badezimmer, Bad
sova 311, sover, sov, sovit	**schlafen**
sömn, sömnen	**Schlaf**
sömnlös, sömnlöst	schlaflos
sömnlöshet, -lösheten, -lösheter	Schlaflosigkeit
sömnig, sömnigt	schläfrig
sömnmedel, -medlet, -medel	Schlafmittel
sömntablett, -tabletten, -tabletter	Schlaftablette

21 Zeit – Uhrzeit, Wochentage, Monatsnamen, Jahreszeiten, Festtage und andere Zeitangaben

21.1 Zeit allgemein

tid, tiden, tider	**Zeit, Termin**

tid

Det är hög tid.	*Es ist (wird) höchste Zeit.*
Vad tiden går!	*Wie die Zeit vergeht!*
Tid är pengar.	*Zeit ist Geld.*
ha tid med ...	Zeit haben für ...
Jag har inte tid.	*Ich habe keine Zeit.*
i tid	rechtzeitig
på kort tid	in kurzer Zeit, bald
på sin tid	zu seiner Zeit
tidpunkt, -punkten, -punkter	Zeitpunkt
tidsfaktor, -faktorn, -faktorer	Zeitfaktor
tidsfråga, -frågan, -frågor	Zeitfrage, Frage der Zeit
tidsförlust, -förlusten, -förluster	Zeitverlust
tidning ☞ 225, tidningen, tidningar	Zeitung
tidskrift, -skriften, -skrifter	Zeitschrift
en vetenskaplig tidskrift	eine wissenschaftliche Zeitschrift
facktidskrift, -skriften, -skrifter	Fachzeitschrift
tidsnöd, -nöden	Zeitnot
tidsplan, -planet, -plan	Zeitplan
tidsålder, -åldern, -åldrar	Zeitalter
tidtabell, -tabellen, -tabeller	Fahrplan
på den gamla goda tiden	in der guten alten Zeit
en tidsfråga	eine Frage der Zeit
fritid, (halvtid)	Freizeit, (Halbzeit)
Han spelade bara till halvtid.	*Er spielte nur eine Halbzeit.*
tidvis (Adverb)	zeitweise
tidlös, -löst	zeitlos

tiden

Tiden gick och snart var det sommar.	*Die Zeit verging und schnell war es Sommer.*
under tiden	inzwischen, mittlerweile
medeltiden	Mittelalter

tider

två halvtider	zwei Halbzeiten

tidig	
tidig, tidigt, (sent)	zeitig, früh, (spät)
Jag steg upp tidigt i morse.	*Ich stehe morgens zeitig auf.*
för tidig	zu früh
komma för tidigt (för sent)	zu früh (zu spät) kommen
tidigare,	früher, zeitiger (Komparativ),
tidigast	früheste (Superlativ)
Tidigare bodde vi i Lund.	*Früher wohnten wir in Lund.*
Hon kommer tidigast i morgon.	*Sie kommt frühestens morgen.*

datum, datumet, datum	**Datum**
Vilket datum har vi?	*Welches Datum haben wir?*

kalender, kalendern, kalendrar	**Kalender**
kalenderår, -året, -år	Kalenderjahr
Kortet gäller ett kalenderår.	*Die Karte gilt ein Kalenderjahr.*
kalendermånad, -månaden, -månader	Kalendermonat

almanacka, almanackan, almanackor	**Kalender**
Jag skulle vilja titta i min almanacka.	*Ich möchte in meinem Kalender nachsehen.*
väggalmanacka	Wandkalender
almanacksblad, -bladet, -blad	Kalenderblatt

21.2 Uhrzeit

klocka, klockan, klockor	**Uhr; Glocke, Klingel**
Vad är klockan?	*Wie spät ist es?*

Hur mycket är klockan?	*Wie spät ist es?*
Klockan är halv sju.	*Es ist halb sieben.*
klockan fyra	um vier Uhr
Klockan går före (efter).	*Die Uhr geht vor (nach).*
kyrkklocka	Kirchenuhr
klockarmband, -armbandet, -armbanden	Uhrarmband
klockslag, -slaget, -slag	Glockenschlag
klockspel, -spelet, -spel	Glockenspiel
klockspel i stadshuset	Glockenspiel im Rathaus

ur, uret, ur	**Uhr**
armbandsur, (solur)	Armbanduhr, (Sonnenuhr)
urmakare, -makaren, -makare	Uhrmacher

sekund, sekunden, sekunder	**Sekunde**
Han kom i sista sekunden.	*Er kam in der letzten Sekunde.*

minut, minuten, minuter	**Minute**
minutvisare, -visaren, -visare	Minutenzeiger
minutiös, minutiöst	minutiös

timme, timmen, timmar	**Stunde**
halvtimme	halbe Stunde
varje timme	jede Stunde, stündlich
om en timme	in einer Stunde
i timmar	stundenlang

aber:

timmer, timret, timmer	unbearbeitetes Holz

kvart, kvarten, kvarter	**Viertelstunde**
Klockan är kvart i elva.	*Es ist dreiviertel 11.*

aber:

stund, stunden, stunder	Weile, Augenblick
Vi ses om en stund!	*Bis nachher!*

21.3 Woche

dag ☞ 262, dagen, dagar	**Tag**

veckodag, -dagen, -dagar	**Wochentag**
måndag, (tisdag, onsdag, torsdag, fredag, lördag, söndag)	Montag, (Dienstag, Mittwoch, Donnerstag, Freitag, Samstag, Sonntag)
alla måndagar	alle Montage
på söndag	am Sonntag
söndagsbarn, -barnet, -barn	Sonntagskind

vecka, veckan, veckor	**Woche**

vecka	
om en vecka	in einer Woche
idag om en vecka	heute in einer Woche
varje vecka	jede Woche
Vi ses varje vecka.	*Wir treffen uns wöchentlich.*
förra veckan	vorige Woche
nästa vecka	nächste Woche

veckan	
tre gånger i veckan	*dreimal in der Woche*

veckor	
om fyra veckor	in vier Wochen

helg, helgen, helger	**Feiertag, Wochenende**
Trevlig helg!	*Schöne Feiertage! Schönes Wochenende!*
helgdag, -dagen, -dagar	Feiertag
helgdagsafton	Heiliger Abend
långhelg	langes Wochenende
veckohelg	Wochenende
över helgen	am Wochenende
(på) sön- och helgdagar	an Sonn- und Feiertagen

21.4 Monat

månad, månaden, månader	**Monat**
hel månad	ganzer Monat
Prova "Värnamo Nyheter" i en hel månad för endast 79 Kr!	*Teste einen ganzen Monat „Värnamo Nyheter" für nur 79 Kr!*
månads biljett	Monatskarte
månadskort, -kortet, -kort	Monatskarte
månadslång	monatelang
några månader	mehrere Monate
Han var arbetslös några månader.	*Er war mehrere Monate arbeitslos.*

Die Monate (keine Beugung!)	
januari, (februari, mars, april, maj,	Januar, (Februar, März, April, Mai,
juni, juli, augusti, september,	Juni, Juli, August, September,
oktober, november, december)	Oktober, November, Dezember)
Januari är årets första månad.	*Der Januar ist der erste Monat des Jahres.*
decembermörker	Dezembernebel, -dunkelheit

21.5 Jahr

år, året, år	**Jahr**

år	
i år	in diesem Jahr, dieses Jahr
år 1994	im Jahre 1994
kalenderår	Kalenderjahr

nyår	Neujahr
årtal, -talet, -tal	Jahreszahl
årgång, -gången, -gångar	Jahrgang
årsavgift, -avgiften, -avgifter	Jahresbeitrag
årsdag, -dagen, -dagar	Jahrestag
fira årsdag av föreningens grundande	den Gründungstag des Vereins feiern
årsinkomst, -inkomsten, -inkomster	Jahreseinkommen
årskort, -kortet, -kort	Jahreskarte
årskurs, -kursen, -kurser	Klassenstufe
årslön, -lönen, -löner	Jahresgehalt
årsmodell, -modellen, -modeller	Baujahr
årsskifte, -skiftet, -skiften	Jahreswechsel
årsslut, -slutet, -slut	Jahresende
årstid, -tiden, -tider	Jahreszeit
årtionde, -tiondet, -tionden	Jahrzehnt
århundrade, -hundradet, -hundraden	Jahrhundert
årtusende, -tusendet, -tusenden	jahrtausende
per år	pro Jahr
varje år	jedes Jahr
år efter år	Jahr für Jahr, jahraus, jahrein
år ut och år in	jahrein und jahraus
årlig, årligt	jährlich

år (Pl.)

Han är 21 år gammal.	*Er ist 21 Jahre alt.*
Han är i sina bästa år.	*Er ist in seinen besten Jahren.*
efter många år	nach etlichen Jahren

21.6 Jahreszeiten

årstid, -tiden, -tider	**Jahreszeit**

vår, våren, vårar	**Frühling**
Våren blir tidigt i år.	*Es wird in diesem Jahr zeitig Frühling.*
om (på) våren	im Frühling, im Frühjahr
i våras	im letzten (vorigen) Frühjahr
Det våras.	*Es wird Frühling.*

vårblomma 195, blomman, -blommor	Frühlingsblume
vårdag, -dagen, -dagar	Frühlingstag
vårtecken, -tecknet, -tecken	Frühlingsbote
vårtermin, -terminen, -terminer	Frühjahrssemester
vårtrött	frühlingsmüde

aber:

vår	unser usw. (Possessivpronomen)

sommar, sommaren, somrar	**Sommer**
midsommar	Mitsommer
sommarblomma 196, -blomman, -blommor	Sommerblume
sommarlov, -lovet, -lov	Sommerferien
i somras	letzten Sommer
alla somrar	alle Sommer
på somrarna	(immer) im Sommer (wiederholt)
På somrarna brukar vi vara på semester i Sverige.	*Im Sommer verbringen wir unseren Urlaub immer in Schweden.*

siehe auch:

på förmiddagarna	(immer) vormittags
på kvällarna	(immer) am Abend
på tisdagarna	(immer) dienstags

höst, hösten, höstar	**Herbst**
höstblomma 196, -blomman, -blommor	Herbstblume
på hösten	im Herbst
Löven faller på hösten.	*Das Laub fällt im Herbst.*

vinter, vintern, vintrar	**Winter**
Vintern är kall i Sverige.	*Der Winter ist kalt in Schweden.*
på vintern	im Winter
vinterdräkt, -dräkten	Winterkleidung
vinterolympiad, -olympiaden, -olympiader	Winterolympiade

vintersport, -sporten, -sporter	Wintersport
vintertid, -tiden, -tider	Winterzeit
vintermånad, -månaden, -månader	Wintermonat
alla vintrar	alle Winter

21.7 Feiertage

jul, julen, jular	**Weihnachten**
fira jul, firar ..., firade ..., firat ...	Weihnachten feiern
julafton, -aftonen, -aftnar	Heiligabend
juldag, -dagen, -dagar	erster Weihnachtsfeiertag
annandag jul	der zweite Weihnachtsfeiertag
julgran, -granen, -granar	Weihnachtsbaum
klä julgranen	den Weihnachtsbaum schmücken
julhelg, -helgen, -helger	Weihnachtsfest
julklapp, -klappen, -klappar	Weihnachtsgeschenk
julstjärna, -stjärnan, -stjärnor	Weihnachtsstern
julsång, -sången, -sånger	Weihnachtslied
jultid, -tiden, -tider	Weihnachtszeit
jultomte, -tomten, -tomtar	Weihnachtsmann
i julas	letzte Weihnachten
jullik, jullikt	weihnachtlich

påsk, påsken, påskar	**Ostern**
påskafton, -aftonen, -aftnar	Ostersonnabend
påskdag, -dagen, -dagar	Ostersonntag
annandag påsk	Ostermontag
påskhare, -haren, -harar	Osterhase
påskhelg, -helgen, -helger	Osterfest
påsklov, -lovet, -lov	Osterferien
påskägg, -ägget, -ägg	Osterei
i påsk	zu Ostern
i påskas	letzte Ostern

pingst, pingsten, pingstar	**Pfingsten**
pingstafton, -aftonen, -aftnar	Pfingstsamstag
pingstdag, -dagen, -dagar	Pfingstsonntag

annandag pingst	Pfingstmontag
pingsthelg, -helgen, -helger	Pfingstfest
i pingst	zu Pfingsten
i pingstas	letzte Pfingsten
över/vid pingsten	über/zu Pfingsten
himmelfärdshelgen	**Himmelfahrt**
Kristi himmelfärdshelg	Christi Himmelfahrt
luciadagen, kurz: lucia	**Lucia** (13. Dezember)
lucia, lucian, lucior	Lucia (Mädchen)
luciafest, -festen, -fester	Luciafest
nationaldag, -dagen, -dagar	**Nationalfeiertag**
fest ☞ 98, festen, fester	**Fest, Feier**
hälsningar/lyckönskningar	**Grüße/Wünsche**
God Jul!	Frohe Weihnacht!
Gott Nytt År!	Frohes Neues Jahr!
Glad Påsk!	Frohe Ostern!
Glad Pingst!	Frohe Pfingsten!
Trevlig (Glad) Midsommar!	Ein schönes Mittsommerfest!

21.8 Weitere Zeitangaben

früher und später

förr	**früher**
i förra veckan	in der vorigen Woche
i förra hälften	in der ersten Hälfte
förr i tiden	**früher**
sen, sent	**spät**
sent på kvällen	spät am Abend
komma för sent	zu spät kommen
Han kom för sent till tåget.	*Er kam zu spät zum Zug.*

vorher und nachher

förut	**vorher**
efteråt	**nachher**
sedan	**nachher, danach**
Först kom hon sedan han.	*Erst kam sie, dann er.*

zuerst und zuletzt

först	**zuerst**
Först till kvarn får först mala.	*Wer zuerst kommt, mahlt zuerst.*
allra först	zuallererst
sist	**zuletzt**
till sist	zum Schluss
allra sist	zuallerletzt, ganz zuletzt
i sista stund	im letzten Moment
på sista tiden	in der letzten Zeit
med detsamma	**sofort**
snar, snart	**bald**
så snart som möjligt	*so bald wie möglich*

manchmal und immer

ibland	**manchmal**
Ibland är det skönt …	*Manchmal ist es schön …*
då och då	**manchmal**
alltid	**immer**
Hon har alltid varit en dålig förlorare.	*Sie ist immer eine schlechte Verliererin gewesen.*
för alltid	auf (für) immer

22

Klima und Wetter

22.1 Allgemeines

klimat, klimatet, klimat	**Klima**
Klimatet är mycket milt här.	*Das Klima ist hier sehr mild.*
klimatförändring, -förändringen, -förändringar	Klimawechsel
klimatzon, -zonen, -zoner	Klimazone
klimatisk, klimatiskt	klimatisch

väder, vädret, väder	**Wetter; Witterung**
Det är vackert (dåligt) väder idag.	*Es ist heute schönes (schlechtes) Wetter.*
Det är ett riktigt aprilväder.	*Das ist ein richtiges Aprilwetter.*
i alla väder	bei jedem Wetter
regnväder, (töväder)	Regenwetter, (Tauwetter)
väderkarta, -kartan, -kartor	Wetterkarte
vädersituation, -situationen, -situationer	Wetterlage
väderomslag, -omslaget, -omslag	Wetterumschwung
vädersatellit, -satelliten, -satelliter	Wettersatellit
vädertjänst, -tjänsten	Wetterdienst
väder utsikter (Pl.)	Wettervorhersage (Zeitung, Rundfunk)
väderprognos, -prognosen, -prognoser	Wettervorhersage
väderrapport, -rapporten, -rapporter	Wetterbericht
väderlek, väderleken	Wetter, Witterung
väderleksutsikter	Wettervorhersage
väderleksprognos	Wettervorhersage
väderleksrapport	Wetterbericht
väderstreck ☞ 191	Himmelsrichtung
väderbeständig, -beständigt	wetterfest

temperatur, temperaturen, temperaturer	**Temperatur**
dagstemperatur	Tagestemperatur
medeltemperatur	Durchschnittstemperatur
temperaturskala, -skalan, -skalor	Temperaturskala

grad, graden, grader	**Grad**
Hur många grader är det ute?	*Wie viel Grad haben wir draußen?*
plusgrad	Grad über Null
Vi hade 35 plusgrader.	*Wir hatten 35 Grad (plus).*
några plusgrader	einige Grade über Null

siehe auch:

till en viss grad	bis zu einem gewissen Grade
i högsta grad	in höchstem Grade

22.2 Himmelskörper: Sonne, Mond und Sterne

sol, solen, solar	**Sonne**
Solen skiner.	*Die Sonne scheint.*
Solen går upp(ner).	*Die Sonne geht auf (unter).*
sitta i solen	in der Sonne sitzen
solig, soligt	sonnig
Vädret på semestern var väldigt soligt.	*Das Wetter im Urlaub war sehr sonnig.*
soligt väder	sonniges Wetter
solklar, -klart	sonnenklar
solnedgång, -nedgången, -nedgångar	Sonnenuntergang
soluppgång, -uppgången, -uppgångar	Sonnenaufgang
solros, -rosen, -rosor	Sonnenblume
solsida, -sidan, -sidor	Sonnenseite
Han växte upp på samhällets solsida.	*Er wuchs auf der Sonnenseite der Gesellschaft auf.*
solsken, -skenet, -sken	Sonnenschein
sitta i solskenet	im Sonnenschein sitzen
solvärme, -värmen	Sonnenwärme
solstråle, -strålen, -strålar	Sonnenstrahl

måne, månen, månar	**Mond**
Vi har fullmåne i kväll.	*Wir haben heute Abend Vollmond.*

stjärna, stjärnan, stjärnor	**Stern**
Han var född under en lycklig stjärna.	*Er war unter einem glücklichen Stern geboren.*
stjärnhimmel, -himlen, -himlar	Sternenhimmel
stjärnklar, -klart	sternenklar
stjärnnatt, -natten, -nätter	Sternennacht

22.3 Wettererscheinungen

himmel, himlen, himlar	**Himmel**
Vilken fantastiskt blå himmel vi har idag!	*Welchen fantastischen blauen Himmel wir heute haben!*
himmelsk, himmelskt	himmlisch
himmelsblå, -blått	himmelblau

sky, skyn, skyar	**Wolke; Himmel**
regnsky, (röksky)	Regenwolke, (Rauchwolke)
ljusa skyar	helle Wolken

aber:

sky, skyn	Bratensaft
sky, skyr, skydde, skytt	scheuen

moln, molnet, moln	**Wolke**
Man ser inte ett moln på himlen.	*Man sieht nicht eine Wolke am Himmel.*
molnfri, -fritt	wolkenlos
molnig, molnigt	bewölkt, wolkig
Det är molnigt.	*Es ist bewölkt.*
molntäcke, -täcket, -täcken	Wolkendecke

dimma, dimman, dimmor	**Nebel**
Man bör inte köra bil om det är dimma.	*Man darf nicht mit dem Auto fahren, wenn es neblig ist.*
dimmig, dimmigt	neblig; verschwommen

sikt, sikten	**Sicht**
god (dålig, fri) sikt	gute (schlechte, freie) Sicht
sikta, siktar, siktade, siktat	sichten; zielen
utsikt, utsikten, utsikter	Aussicht
Vi har en fin utsikt över sjön.	*Wir haben eine schöne Aussicht über den See.*

regn, regnet, regn	**Regen**
regnby, -byn, -byar	Regenböe
regndroppe, -droppen, -droppar	Regentropfen
regnkappa, -kappan, -kappor	Regenmantel
regnrock, -rocken, -rockar	Regenmantel
regnområde, -området, -områden	Regengebiet
regnskog, -skogen, -skogar	Regenwald
regntid, -tiden, -tider	Regenzeit
regnvatten, -vattnet	Regenwasser
regnväder, -vädret, -väder	Regenwetter
regna, regnar, regnade, regnat	regnen
Det regnar.	*Es regnet.*
regnig, regnigt	regnerisch

paraply, paraplyet, paraplyer	**Regenschirm**

by, byn, byar	**Schauer**
regnby, (snöby, åskby)	Regenschauer, (Schneeschauer, Gewitterschauer)

aber:

by ☞ 247, byn, byar	Dorf

skur, skuren, skurar	**Schauer, Guss; Hagel**
regnskur, -skuren, -skurar, (hagelskur)	Regenschauer, (Hagelschauer)
i ur och skur	bei Wind und Wetter

aber:

skura ☞ 312, skurar, skurade, skurat	scheuern

hagel, haglet, hagel	**Hagel**
hagla, haglar, haglade, haglat	hageln
vind, vinden, vindar	**Wind**
Vinden har vänt.	*Der Wind hat sich gedreht.*
vind, vint	windschief, verzogen
vindfång, -fånget, -fång	Windfang
vindfälle, -fället, -fällen	Windbruch
vindjacka, -jackan, -jackor	Windjacke
vindkraft, -kraften	Windkraft
vindmätare, -mätaren, -mätare	Windmesser
vindriktning, -riktningen, -riktningar	Windrichtung
vindskydd, -skyddet, -skydd	Windschutz
vindstilla	windstill
vindstilla, -stillan	Windstille
Det var alldeles vindstilla ute.	*Draußen war vollkommene Windstille.*
vindsurfa, -surfar, -surfade, -surfat	windsurfen
storm, stormen, stormar	**Sturm**
Det ser ut att blir storm.	*Es sieht nach Sturm aus.*
stormby, -byn, -byar	Sturmböe
stormflod, -floden, -floder	Sturmflut
stormfågel, -fågeln, -fåglar	Sturmvogel
stormvarning, -varningen, -varningar	Sturmwarnung
storma, stormar, stormade, stormat	stürmen, erstürmen
stormig, stormigt	stürmisch
stormande	stürmisch
ett stormande hav	ein stürmisches Meer
orkan, orkanen, orkaner	**Orkan**
blåsa, blåser, blåste, blåst	**wehen, blasen**
Det blåser (bra).	*Es ist (sehr) windig*
blåsig, blåsigt	windig
åska, åskan, åskor	**Gewitter, Donner**
Det är åska i luften.	*Es liegt ein Gewitter in der Luft.*
Åskan går. (Det åskar.)	*Es gewittert/blitzt/donnert.*

åskledare, -ledaren, -ledare	Blitzableiter
åskmoln, -molnet, -moln	Gewitterwolke
åskväder, -vädret, -väder	Gewitter
åska, åskar, åskade, åskat	gewittern, donnern
dunder, dundret, dunder	**Donner**
blixt och dunder	Blitz und Donner
dundra, dundrar, dundrade, dundrat	donnern
blixt, blixten, blixtar	**Blitz**
Den här blixten var mycket nära.	*Dieser Blitz war sehr nahe.*
blixtra, blixtrar, blixtrade, blixtrat	blitzen
Det blixtrar.	*Es blitzt.*
snö, snön	**Schnee**
Mina barnbarn väntar på snö.	*Meine Enkelkinder warten auf Schnee.*
snöbetäckt	schneebedeckt, verschneit
snöblind, snöblint	schneeblind
snöblindhet, -blindheten	Schneeblindheit
snöboll, -bollen, -bollar	Schneeball
snöbollskrig, -kriget, -krig	Schneeballschlacht
snöstorm, -stormen, -stormar	Schneesturm
snödriva, -drivan, -drivor	Schneeverwehung, Schneewehe
snödroppe ☞ 196	Schneeglöckchen
snöklocka, -klockan, -klockor	Schneeglöckchen
snöfall, -fallet, -fall	Schneefall
snöflinga, -flingan, -flingor	Schneeflocke
snöfräs, -fräsen, -fräsar	Schneefräse
snögräns, -gränsen	Schneegrenze
snökanon, -kanonen, -kanoner	Schneekanone
snökedja, -kedjan, -kedjor	Schneekette
snökristall, -kristallen, -kristaller	Schneekristall
snöplog, -plogen, -plogar	Schneepflug
snösko, -skon, -skor	Schneeschuh
snöskoter, -skoter, -skotrar	Motorschlitten, Schneeskooter
snötäcke, -täcke	Schneedecke
snövit, -vitt	schneeweiß
Snövit	Schneewittchen

snöa, snöar, snöade, snöat	schneien
Det har snöat i natt.	*Es hat in der Nacht geschneit.*

is, isen, isar	**Eis**
Det är is på sjön.	*Es gibt Eis auf dem See.*
snö och is	Schnee und Eis

siehe auch:

Kan jag få is i juicen?	*Kann ich Eis in den Saft haben?*

22.4 Wetterlage

atmosfär, atmosfären, atmosfärer	**Atmosphäre**
tre atmosfärers tryck	drei Atmosphären Druck
atmosfärisk, atmosfäriskt	atmosphärisch
atmosfäriska störningar	atmosphärische Störungen

siehe auch:

en hjärtlig atmosfär	eine herzliche Atmosphäre

luft, luften	**Luft**
Vi måste gå ut för att få frisk luft.	*Wir müssen rausgehen, um frische Luft zu bekommen.*
luftfuktighet, -fuktigheten	Luftfeuchtigkeit
lufttryck, -trycket, -tryck	Luftdruck
luftväxling, -växlingen, -växlingar	Luftwechsel
lufta, luftar, luftade, luftat	lüften
luftig, luftigt	luftig

siehe auch:

luftballong, -ballong, -ballonger	Luftballon
luftpost, -posten, -poster	Luftpost
luftpump, -pumpen, -pumpar	Luftpumpe
luftrör, -röret, -rör	Luftröhre
luftrum, -rummet, -rum	Luftraum
luftslott, -slottet, -slott	Luftschloss

område, området, områden	**Gebiet**
högtrycksområde, (lågtrycksområde)	Hochdruckgebiet, (Tiefdruckgebiet)
nederbördsområde	Niederschlagsgebiet

stadig, stadigt	**fest, beständig, bleibend**
stadigt väder	beständiges Wetter
ostadig	unbeständig

mulen, mulet, mulna	**trübe, bewölkt**
Det är mulet.	*Es ist trübe (bewölkt).*

disig, disigt	**diesig**

fuktig, fuktigt	**feucht**
Vägen var fuktig av regn.	*Der Weg war feucht vom Regen.*
fuktighet, fuktigheten	Feuchtigkeit
fuktighetsmätare, -mätaren, -mätare	Feuchtigkeitsmesser, -messgerät

siehe auch:

fuktiga ögon	feuchte Augen

blöt, blött	**nass**
genomblöt	durchnässt
blöt (keine Beugung)	Nässe

aber:

dum, dumt, dumma	blöd, dumm
idiotisk, idiotiskt	blöd, idiotisch

köld, kölden	**Kälte**
köldknäpp, -knäppen, -knäppar	Kälteeinbruch
köldvåg, -vågen, -vågor	Kältewelle

23

Einige wichtige Verben (und Ableitungen davon)

23.1 Sinneseindrücke, Empfindungen, Wahrnehmungen

hören

höra, hör, hörde, hört	**hören**
Jag måste höra nyheterna.	*Ich muss die Nachrichen hören.*
hörapparat, -apparaten, -apparater	Hörapparat, Hörgerät
hörfel, -felet, -fel	Hörfehler

lyssna (till), lyssnar, lyssnade, lyssnat	**hören, lauschen, horchen** (auf)
Hunden lyssnar till signalen.	*Der Hund hört auf das Signal.*
lyssna på ngn, (lyssna på ngt)	jmd. zuhören, (sich etwas anhören)
De kopplar av med att lyssna på musik.	*Sie entspannen sich, indem sie Musik hören.*
Läkaren lyssnade på hjärtat.	*Der Arzt hörte das Herz ab.*

sehen

se, ser, såg, sett	**sehen, schauen**
Har du sett filmen?	Hast du den Film gesehen?
se efter	nach etwas sehen, nach jmd. sehen
Se efter i boken!	*Sieh im Buch nach!*
se ut	aussehen
Hon ser bra ut.	*Sie sieht gut aus.*
se på	zusehen, ansehen
se upp	aufsehen
Se upp!	*Vorsicht!*
se sig omkring	sich umsehen
sevärd, -värt	sehenswert

sevärdhet, -heten, -heter	Sehenswürdigkeit
Finns det många sevärdheter i Malmö?	*Gibt es in Malmö viele Sehenswürdigkeiten?*

siehe auch:

Vi ses snart!	Bis bald!

titta, tittar, tittade, tittat	**blicken, sehen, gucken**
Titta det regnar!	*Sieh mal, wie das regnet!*
titta på ngt	sich etwas ansehen
Pojken satt och tittade på teve hela dagen.	*Der Junge saß den ganzen Tag vor dem Fernseher.*
titta efter	nachsehen, nachgucken
titta in, (titta ut)	hineingucken, (hinausgucken)
titta ner	herabblicken, herabgucken
titt, titten, tittar	Blick
tittare, tittaren, tittare	Zuschauer

schmecken

smaka 154, smakar, smakade, smakat	**schmecken**
Det smakar bra.	*Das schmeckt gut.*
i min smak	nach meinem Geschmack
smakfull, -fullt, (smaklös, -löst)	geschmackvoll, (geschmacklos)
smaklöshet, smaklösheten, smaklösheter	Geschmacklosigkeit
smaksak, -saken, -saker	Geschmackssache
Det är en smaksak.	*Das ist eine Geschmackssache.*

riechen

lukta, luktar, luktade, luktat	**riechen, duften, stinken**
Det luktar kaffe.	*Es riecht (duftet) nach Kaffee.*
lukta på ngt	nach etwas riechen
Han luktade på lök.	*Er roch nach Zwiebel.*
lukta gott (illa)	gut (schlecht) riechen
lukt, lukten, lukter	Geruch
luktsinne, -sinnet, -sinnen	Geruchssinn
luktfri, -fritt	geruchlos
dofta, doftar, doftade, doftat	**duften**
Det doftar underbart.	*Es duftet wunderbar.*
doft, doften, dofter	Duft
stinka, stinker, stank	**stinken**
stinkande	stinkig

fühlen

känna, känner, kände, känt	**fühlen, kennen, erkennen**
Vi kände oss trötta.	*Wir fühlten uns müde.*
känna med ngn	mit jmd. fühlen
känna sig sjuk	sich krank fühlen
känna till	kennen, wissen
Känner du till någon bra tandläkare?	*Kennst du einen guten Zahnarzt?*
kännare, kännaren, kännare	Kenner
kännarblick, -blicken, -blickar	Kennerblick
kännarmin, -minen, -miner	Kennermiene
känsel, känseln	Gefühl
känselorgan, -organet, -organen	Tastorgan
känselsinne, -sinnet, -sinnen	Gefühlssinn, Tastsinn
känsla, känslan, känslor	Gefühl

siehe auch:

Hur mår du?	*Wie fühlst du dich?*

glädja (sig), gläder, gladde, glatt	(sich) **freuen, erfreuen**
Barnet gläder sig.	*Das Kind freut sich.*

Mor gladde sig.	*Mutter freute sich.*
glädje, glädjen	Freude
av glädje	vor Freude
glädjesprång, -språnget, -sprången	Freudensprung
glädjeflicka, -flickan, -flickor	Freudenmädchen
glädjetår, -tåren, -tårar,	Freudenträne
glädjande	erfreulich
glädjelös, -löst, (glädjefull, -fullt)	freudlos, (freudvoll)

njuta, njuter, njöt, njutit	**genießen, sich wohlfühlen**
Jag njuter av att simma.	*Ich genieße es, zu schwimmen.*
njutning, njutningen, njutningar	Genuss
Dansa är en verklig njutning för mig	*Tanzen ist ein ein echtes Vergnügen für mich.*
njutbar, njutbart	genießbar

frysa, fryser, frös, frusit	**frieren**
Jag fryser.	*Ich friere. Mir ist kalt.*
Flickan frös.	*Das Mädchen fror.*
frysa in	einfrieren
fryspunkt, -punkten, -punkter	Gefrierpunkt

kyla, kyler, kylde, kyld	**kühlen**
förkyla	erkälten
Jag vill inte bli förkyld nu igen.	*Ich will mich jetzt nicht wieder erkälten.*
kyla, kylan	Kälte, Kühle
i den här kylan	bei (in) dieser Kälte
kyl, kylen, kylar	Kühlschrank
kylskåp, -skåpet, -skåp	Kühlschrank
kylhus, -huset, -hus	Kühlhaus
kylklamp, -klampen, -klampar	Kühlakku, Kühlelement
kylväska, -väskan, -väskor	Kühltasche
kylig, kyligt	kühl

23.2 Geistige Tätigkeiten

mündliche Kommunikation

fråga, frågar, frågade, frågat	**fragen**
Kan jag fråga en sak?	*Kann ich eine Frage stellen?*
Jag går och frågar i turistbyrån.	*Ich gehe im Reisebüro fragen.*
fråga (om)	fragen (nach)
Vad är det frågan om?	*Wovon ist die Rede?*
fråga sig	sich fragen
fråga efter ngt (ngn)	sich nach etwas (jmd.) erkundigen
Han frågade efter dig.	*Er hat nach dir gefragt.*
fråga, frågan, frågor	Frage
Det är en politisk fråga.	*Das ist eine politische Frage.*
Jag har en fråga till dig.	*Ich habe eine Frage an dich.*
ställa ☞ 302 en fråga till ngn, ställer ..., ställde ..., ställt ...	eine Frage stellen an jmd.
Kan jag ställa en fråga?	*Darf ich eine Frage stellen?*
komma ☞ 306 i (på) fråga, kommer ..., kom ..., kommit ...	infrage kommen
Det kommer aldrig på fråga!	*Das kommt nicht infrage!*
frågeformulär, -formuläret, -formulär	Fragebogen
frågelek, -leken, -lekar	Quiz
frågesport, -sporten, -sportar	Frage- und Antwortspiel, Quiz
frågetecken, -tecken, -tecknar	Fragezeichen
frågvis, frågvist	neugierig
utan fråga	fraglos

siehe auch:

utan tvekan	fraglos, zweifellos
tveksam, tveksamt, tveksamma	fraglich
oviss	fraglich, ungewiss

svara, svarar, svarade, svarat	**antworten, erwidern**
svara i telefon	ans Telefon gehen
Det ringer! Svarar du?	*Es klingelt. Gehst du ran?*
svara på en fråga	auf eine Frage antworten
Svara kort på frågorna.	*Antworte kurz auf die Fragen.*
svara på en annons	auf eine Annonce antworten
Har han svarat på annonsen?	*Hat er auf die Annonce geantwortet?*
svara på en hälsning	einen Gruß erwidern

svara på ett brev	auf einen Brief antworten
besvara	beantworten
svar, svaret, svar	Antwort
om svar anhålles (O.s.a.)	um Antwort wird gebeten
svarslös, -löst	nicht antworten können
Han var aldrig svarslös.	*Er war nie um eine Antwort verlegen.*
telefonsvarare, -svararen, -svarare	Anrufbeantworter

berätta, berättar, berättade, berättat	**erzählen**
Berätta om dina planer!	*Erzähl über deine Pläne!*
berätta ngt för ngn	jmd. etwas erzählen
berättelse, berättelsen, berättelser	Erzählung, Bericht
berättare, berättaren, berättare	Erzähler

prata, pratar, pratade, pratat	**plaudern, sprechen, sich unterhalten**
Vem var det du pratade med?	*Wer war das, mit dem du gesprochen hast?*
prata om	sprechen über, sprechen über jmd., etwas besprechen
Det finns mycket att prata om.	*Es gibt vieles zu bereden.*
prata ut	sich aussprechen
småprata	plaudern
prat, pratet, prat	Unterhaltung
pratstund, -stunden, -stunder	Plauderstündchen
Vi har en liten pratstund.	*Wir halten ein Schwätzchen.*
pratig, pratigt	geschwätzig, schwatzhaft
pratsam, pratsamt, pratsamma	gesprächig

språka, språkar, språkade, språkat	**plaudern, reden**
språk, språket, språk	Sprache
Han kunde fyra språk.	*Er konnte vier Sprachen.*
språkkurs, -kursen, -kurser	Sprachkurs
språkfel, -felet, -fel	sprachlicher Fehler, Schnitzer
språksvårighet, -svårigheten, -svårigheter	Sprachschwierigkeit
språklig, språkligt	sprachlich

aber:

spraka, sprakar, sprakade, sprakat	knistern

säga, säger, sade (sa), sagt	**reden, sagen** ✎ 35
Kan man säga så?	*Kann man so sagen?*
Det vill säga ... (dvs.)	*Das heißt ... (d.h.)*
Säg efter mig!	*Sprich mir nach!*
Vad säger du om det?	*Was sagst du dazu?*
Det säger sig självt.	*Das versteht sich von selbst.*
Vad sade hon?	*Was sagte sie?*
Vad sa du?	*Was hast du gesagt?*
så att säga	sozusagen, gewissermaßen

tala, talar, talade, talat	**sprechen, reden**
Jag skulle vilja tala med Nils.	*Ich möchte Nils sprechen.*
Vi talar tyska.	*Wir sprechen deutsch.*
Tala inte så fort!	*Sprich nicht so schnell!*
Han talade svenska mycket bra.	*Er sprach sehr gut schwedisch.*
ärligt talat	ehrlich gesagt
tala för	für jmd./etwas sprechen
Allt talar för att ...	*Alles spricht dafür, dass ...*
tala om	erzählen
övertala	überreden
uttala	aussprechen
uttal, uttalet, uttal	Aussprache
Det finns stora skillnader i uttal i Sverige.	*Es gibt große Unterschiede in der Aussprache in Schweden.*
uttalande, uttalandet, uttalanden	Äußerung, Erklärung
tal, talet, tal	Rede
talare, talaren, talare	Sprecher, Redner
Varje talare skall prata tydligt, så att alla kan förstå honom.	*Jeder Redner muss deutlich sprechen, sodass alle ihn verstehen können.*
talarstol, -stolen, -stolar	Rednerpult
talesman, -mannen, -män	Sprecher, Wortführer
Han gjorde sig till talesman för eleverna.	*Er machte sich zum Wortführer der Schüler.*
samtal, samtalet, samtal	Gespräch

aber:

tal, talet, tal	Zahl
tåla, tål, tålde, tålt	dulden, ertragen

ropa, ropar, ropade, ropat	**rufen**
ropa på ngn	nach jmd. rufen
Han ropar på de andra.	*Er ruft nach den anderen.*
ropa på hjälp	um Hilfe rufen
Hon ropade på hjälp.	*Sie rief nach Hilfe.*
ropa upp	aufrufen

diskutera, diskuterar, diskuterade, diskuterat	**diskutieren**
Det kan vi diskutera nästa gång vi träffas.	*Das können wir beim nächsten Treffen diskutieren.*
Vi diskuterade med varandra.	*Wir diskutierten miteinander.*
diskutera ett problem	(über) ein Problem diskutieren
diskutera politik	(über) Politik diskutieren
diskussion, diskussionen, diskussioner	Diskussion
Den här diskussionen intresserar mig mycket.	*Diese Diskussion interessiert mich sehr.*
diskutabel, diskutabelt, diskutabla	diskutabel, anfechtbar, fragwürdig

förklara, förklarar, förklarade, förklarat	**erklären**
Kan du förklara hur man gör upp eld?	*Kannst du erklären, wie man Feuer macht?*
Jag förklarar mig införstådd med …	*Ich erkläre mich einverstanden mit …*
förklaring, förklaringen, förklaringar	Erklärung
förklarlig, förklarligt	erklärlich, begreiflich, verständlich

förstå, förstår, förstod, förstått	**verstehen**
Förstår du?	*Verstehst du?*
Det förstås!	*Das versteht sich! Natürlich!*
förståelse, förståelsen	Verständnis
förstås	selbstverständlich
missförstå	missverstehen
förståelig	verständlich
förstående	verständnisvoll
införstådd	einverstanden

fatta, fattar, fattade, fattat	**verstehen, begreifen**

aber:

fattig ☞ 331	arm, ärmlich, armselig

förlåta, förlåter, förlät, förlåtit	**entschuldigen**
Förlåt!	*Entschuldigung!*

ringa, ringer, ringde, ringt	**anrufen**
Det var jag som ringde.	*Ich war der, der angerufen hat.*
Det ringer.	*Das Telefon klingelt.*
Har någon ringt mig?	*Hat mich jemand angerufen?*
ringa in	umstellen
ringa till ngn	jmdn. anrufen

siehe auch:

telefon, telefonen, telefoner	Telefon

siehe auch:

slå, slår, slog, slagit	wählen
Hon slår telefonnumret.	Sie wählt die Telefonnummer.

aber:

välja ☞ 210, väljer, valde, valt	wählen

låta, låter, lät, låtit	**klingen**
Det låter bra.	*Das klingt gut.*
Det lät som en explosion.	*Das klang wie eine Explosion.*

aber:

låta, låter, lät, låtit	lassen

Schriftliche Kommunikation

läsa ☞ 50, 60, 300, läser, läste, läst	**lesen, studieren**
Du kan läsa svenska tidningar på Internet.	*Du kannst schwedische Zeitungen im Internet lesen.*
Hon läste en historia.	*Sie las eine Geschichte.*
föreläsa	vorlesen

läsare, läsaren, läsare	Leser
läsbar, läsbart	leserlich
läsebok, -boken, -böcker	Lesebuch
läsesal, -salen, -salar	Lesesaal
läslampa, -lampan, -lampor	Leselampe
läslig, läsligt	leserlich
läsvärd, -värt	lesenswert

skriva, skriver, skrev, skrivit	**schreiben**
Han skriver ett brev.	*Er schreibt einen Brief.*
Jag har skrivit en berättelse.	*Ich habe eine Erzählung geschrieben.*
skriva av	abschreiben
skriva in	eintragen, immatrikulieren lassen
skriva ned, (skriva om, skriva på/ under, skriva upp, skriva ut, skriva till)	niederschreiben, (umschreiben, unterschreiben, aufschreiben, ausschreiben, an jmd. schreiben)
skrivbok, -boken, -böcker	Schreibheft
skrivbord, -bordet, -bord	Schreibtisch
skrivbordslampa, -lampan, -lampor	Schreibtischlampe
skrivare, skrivaren, skrivare	Schreiber
beskriva	beschreiben
beskrivning, beskrivningen, beskrivningar	Beschreibung

diktera, dikterar, dikterade, dikterat	**diktieren**
diktamen, diktamen, diktamina	Diktat
ha diktamen (i skolan)	ein Diktat schreiben (in der Schule)

aber:

diktat, diktatet, diktat	Diktat
diktator, diktatorn, diktatorer	Diktator

rita, ritar, ritade, ritat	**zeichnen**
Hon kan rita jättebra.	*Sie kann sehr gut zeichnen.*
rita av	abzeichnen
ritare, ritaren, ritare	Zeichner
ritning, ritningen, ritningar	Zeichnung
ritpapper, -papperet, -papper	Zeichenpapier

denken und verstehen

tänka, tänker, tänkte, tänkt	**denken**
Tänk bara!	*Denk mal an!*
tänka efter	nachdenken, überlegen
tänka för sig själv	bei sich selbst denken
tänka sig ngt	sich etwas denken, vorstellen
tänka ut ngt	sich etwas ausdenken, ersinnen
tänka över ngt	über etwas nachdenken
tänkbar, tänkbart	denkbar
tänkvärd, -värt	denkwürdig
tanke, tanken, tankar	Gedanke

veta, vet, visste, vetat	**wissen**
Han måste veta det.	*Er muss das wissen.*
Jag vet inte.	*Ich weiß nicht.*

tro, tror, trodde, trott	**glauben, meinen**
Tro det den som vill.	*Das glaube, wer will.*
Du måste tro mig!	*Du musst mir glauben!*
Den är min, tror jag.	*Das ist meins, glaube ich.*
Vi trodde du var hemma.	*Wir glaubten (dachten, meinten), du seiest zu Hause.*
tro (på ngt)	glauben (an etwas)
Tror du på Gud?	*Glaubst du an Gott?*
tro (på ngt), tron	Glaube (an etwas)
i god tro	in gutem Glauben
den kristna tron	der christliche Glaube
trosbekännelse, -bekännelsen, -bekännelser	Glaubensbekenntnis
troende	gläubig, Gläubige
trovärdig, -värdigt	glaubhaft, glaubwürdig
trolig, troligt	glaubhaft

påstå, påstår, påstod, påstått	**behaupten**
Det påstås ...	*Es wird behauptet ...*
påstående, påståendet, påståenden	Behauptung

ana, anar, anade, anat	**ahnen**
aning, aningen, aningar	Ahnung
Jag har ingen aning om …	*Ich habe keine Ahnung von …*

tycka, tycker, tyckte, tyckt	**meinen, finden, glauben**
Tycker du verkligen det?	*Meinst du das wirklich?*
Det tycker jag inte.	*Das finde ich nicht.*
tycka om	halten von, mögen, gern haben
Jag tycker om det.	*Das gefällt mir.*
tycka om att äta	gern essen
Jag tycker inte om kräftor.	*Ich mag Krebse nicht.*
tycke, tycket, tycken	Meinung, Ansicht
enligt mitt tycke	nach meiner Meinung

mena, menar, menade, menat	**meinen**
Det menar du inte!	*Das ist doch nicht dein Ernst!*
mening, meningen, meningar	Meinung

aber:

mening ☞ 57	Satz

siehe auch:

anse, anser, ansåg, ansett	meinen
åsikt, åsikten, åsikter	Meinung

betyda, betyder, betydde, betytt	**bedeuten**
Min mormor sade. "Det betyder otur, om en svart katt går över vägen."	*Meine Großmutter sagte: „Das bedeutet Unglück, wenn eine schwarze Katze über den Weg läuft."*
betydelse, betydelsen, betydelser	Bedeutung
betydelsefull, -fullt	bedeutungsvoll, bedeutend, bedeutsam
betydelselös, -löst	bedeutungslos

heta, heter, hette, hetat	**heißen**
Vad heter du?	*Wie heißt du?*
Jag heter …	*Ich heiße …*
Vad heter han i förnamn?	*Wie heißt er mit Vornamen?*
Vad heter det på svenska?	*Wie heißt das auf Schwedisch?*

kalla, kallar, kallade, kallat	**nennen, heißen**
så kallade (s.k.)	so genannte
kallas	heißen, genannt werden
Vad kallas det?	*Wie heißt das?*

aber:

kall, 349, kallt	kalt
kalla länder	kalte Länder
kall, kallet, kall	Lebensaufgabe, Berufung
kalas, kalaset, kalas	Feier

föreslå, föreslår, föreslog, föreslagit	**vorschlagen**
förslag, förslaget, förslagen	Vorschlag

bestämma sig, bestämmer ..., bestämde ..., bestämt ...	**sich entscheiden**
bestämd, bestämt	bestimmt, resolut
På resan hade vi en bestämd och kraftfull ledare.	*Auf der Reise hatten wir einen bestimmt und resolut auftretenden Leiter.*
en vara med bestämda egenskaper	*eine Ware mit bestimmten Eigenschaften*
bestämning, bestämningen, bestämningar	Bestimmung

räkna (med), räknar, räknade, räknat	**rechnen** (mit)
räkning, räkningen, räkningar	Rechnung

visa, visar, visade, visat	**zeigen**
Kan du visa mig ...?	*Kannst du mir zeigen ...?*
Jag visar dig gärna runt i staden.	*Ich zeige dir gerne die Stadt.*
visa mod	Mut zeigen
visa ngt för ngn	jmd. etwas zeigen
visare, visaren, visare	Zeiger

aber:

visa, visan, visor	Weise, Lied

lära sig, lär ..., lärde ..., lärt ...	**lernen**
Min dröm var att lära mig spela trumpet.	*Mein Traum war, Trompete spielen zu lernen.*
lära sig tyska	Deutsch lernen
Jag lär mig svenska.	*Ich lerne Schwedisch.*
lära sig ett hantverk	ein Handwerk erlernen
lärare, läraren, lärare	Lehrer
Han är en bra lärare.	*Er ist ein guter Lehrer.*
lärare i tyska	Deutschlehrer
Båda hans föräldrar var lärare i tyska.	*Seine beiden Elternteile waren Deutschlehrer.*
svensklärare	Schwedischlehrer
lärling, lärlingen, lärlingar	Lehrling
lärlingstid, -tiden, -tider	Lehrzeit
lärobok, -boken, -böcker	Lehrbuch
läromedel, -medlet, -medel	Lehrmittel
läroplan, -planen, -planer	Lehrplan
lärorik, -rikt	lehrreich

aber:

lära ngn ngt	jmd. etw. lehren

siehe auch:

lära känna, lär ..., lärde ..., lärt ...	**kennenlernen**

läsa, läser, läste, läst	**lesen; studieren, lernen**
Han läser till lärare på lärarhögskolan i Växjö.	*Er studiert für den Lehrerberuf an der Pädagogischen Hochschule in Växjö.*
Hur länge har du läst svenska?	*Wie lange hast du Schwedisch studiert?*
läsa ☞ 50, 60, 295 till ett prov	für eine Prüfung lernen

siehe auch:

ta lektioner i tyska för ngn, tar ..., tog ..., tagit ...	bei jmd. Deutsch lernen

utbilda (sig, till)	**ausbilden** (sich, zu)
Hon utbildar sig till frisör.	*Sie lernt Friseurin (Frisöse).*
utbildning, utbildningen, utbildningar	Ausbildung

studera, studerar, studerade, studerat	**studieren**
Vad studerar han?	*Was studiert er?*
studera vid ett universitet	an einer Universität studieren
studera juridik	Jura studieren
studerande, studeranden, studerande	Student

aber:

student, studenten, studenter	Abiturient

öva, övar, övade, övat	**üben**
övning, övningen, övningar	Übung
öva sig i ngt	sich in etwas üben

siehe auch:

träna, tränar, tränade, tränat	üben, trainieren
träna sig i ngt	sich in etwas üben
träning, träningen, träningar	Übung, Training
repetera, repeterar, repeterade, repeterat	üben, repetieren (Theater)

analysera, analyserar, analyserade, analyserat	**analysieren**
analys, analysen, analyser	Analyse
analytisk, analytiskt	analytisch

23.3 Rasten, ruhen und bewegen

rasten und ruhen

sitta, sitter, satt, suttit	**sitzen**
Sitt! (für Hund)	*Sitz!*
Kappan sitter bra.	*Der Mantel sitzt gut.*
Pojken satt och tittade på teve hela dagen.	*Der Junge saß den ganzen Tag vor dem Fernsehapparat.*
sittande	sitzend
sittplats, -platsen, -platser	Sitzplatz

sätta, sätter, satte, satt	**setzen, stellen, legen**
sätta sig	sich setzen
Vill du inte sätta dig hos oss?	*Möchtest du dich (nicht) zu uns setzen?*
Han sätter sig.	*Er setzt sich.*
sätta i gång ☞ 322	in Gang setzen, anfangen
sätta in pengar ☞ 25 på ett konto	Geld auf ein Konto einzahlen
sätta på	einschalten, anmachen
ligga, ligger, låg, legat	**liegen**
ligga över	übernachten
lägga, lägger, la(de), lagt	**legen**
ställa, ställer, ställde, ställt	**stellen**
Ställ stolen där!	*Stell den Stuhl dorthin!*
ställa en fråga till ngn	eine Frage stellen an jmd.
ställa ner, (ställa ut)	abstellen, (ausstellen)
ställe, stället, ställen	Stelle, Platz
Jag vill inte vara i hans ställe.	*Ich möchte nicht in seiner Haut stecken.*
stå, står, stod, stått	**stehen**
Soffan står i rummet.	*Das Sofa steht im Zimmer.*
stanna, stannar, stannade, stannat	**bleiben, stehen bleiben, halten**
Hur länge ska du stanna här?	*Wie lange bist du noch hier?*
Det stannar oss emellan.	*Das bleibt unter uns.*
Motorn stannade.	*Der Motor setzte aus.*
Klockan har stannat.	*Die Uhr ist stehen geblieben.*
stanna över natten	über Nacht bleiben
Vi skulle vilja stanna över natten.	*Wir möchten über Nacht bleiben.*
hålla, håller, höll, hållit	**halten**
hålla ett tal	eine Rede halten
hållplats, -platsen, -platser	Haltestelle
hänga, hänger, hängde, hängt	**hängen**
Ni kan hänga era jackor där.	*Sie können ihre Jacken dort aufhängen.*
Ska jag hänga spegeln på den här väggen?	*Kann ich den Spiegel an diese Wand (hier) hängen?*

stå och hänga	herumlungern, herumstehen
hängande	hängend
hängmatta, -mattan, -mattor	Hängematte

vänta, väntar, väntade, väntat	**warten, erwarten**
Du behöver inte vänta.	*Du brauchst nicht zu warten.*
Vänta ett slag!	*Warte mal!*
Har du väntat länge?	*Hast du (schon) lange gewartet?*
vänta barn	ein Kind erwarten
Min fru väntar barn.	*Meine Frau erwartet ein Kind.*
vänta på ngn (ngt)	warten auf jmd. (etwas)
Han väntade på oss nere på gatan.	*Er wartete unten auf der Straße auf uns.*
väntetid, -tiden, -tider	Wartezeit
väntrum, -rummet, -rum	Wartezimmer
väntsal, -salen, -salar	Wartesaal

bewegen

fara, far, for, farit	**fahren**
fara bort	wegfahren
Han far bort.	*Er fährt weg.*
fara omkring	umherfahren
Hon for omkring.	*Sie ist umher gefahren*
fara tillbaka, (fara upp)	zurückfahren, (aufschrecken)
Hon for upp ur sängen.	*Sie schreckte aus dem Bett hoch.*
farled, farleden, farleder	Fahrrinne
fart, farten, farter	Geschwindigkeit, Schnelligkeit
fartbegränsning, -begränsningen, -begränsningar	Geschwindigkeitsbegrenzung
farbar	(be)fahrbar

aber:

far (fader, fäder)	Vater
fara, faran, faror	Gefahr

åka 7, 236, åker, åkte, åkt	**fahren**
Åker du tåg till Malmö?	*Fährst du mit dem Zug nach Malmö?*
Ni åkte till Lund.	*Sie sind nach Lund gefahren.*

aber:

åker, åkern, åkrar	Acker

köra, kör, körde, kört	**fahren** (als Fahrer)
Du måste vara femton år om du vill köra moped.	*Du musst fünfzehn sein, wenn du Moped fahren willst.*
Bilen kör 150 (km/h).	*Das Auto fährt 150 (km/h).*
Kör!	*Los!*
De körde honom hem.	*Sie fuhren ihn nach Hause.*
köra förbi, (köra iväg)	vorbeifahren, (davonfahren)
köra i 80	80 fahren
köra mot rött	bei rot über die Kreuzung fahren
köra upp	seine Fahrprüfung machen
körbana, -banan, -banor	Fahrbahn
körfält, -fältet, -fält	Fahrbahn
körkort, -kortet, -kort	Führerschein
Körkort får man ta från 18 års ålder.	*Den Führerschein kann man mit 18 Jahren machen.*
körkortsprov, -provet, -prov	Fahrprüfung
körriktning, -riktningen, -riktningar	eine Fahrtrichtung
körlärare, -läraren, -lärare	Fahrlehrer
körlektion, -lektionen, -lektioner	Fahrstunde
körskola, -skolan, -skolor	Fahrschule
körförbud, -budet, -bud	Fahrverbot
körtid, -tiden, -tider	Fahrzeit

aber:

kör ☞ 175, kören, körer	Chor
körsbär ☞ 73, -bäret, -bär	Kirsche
körsnär, körsnären, körsnärer	Kürschner

gå, går, gick, gått	**gehen**
Jag måste gå nu.	*Ich muss jetzt gehen.*
Kan barnet gå?	*Kann das Kind (schon) laufen?*
Ska vi gå och handla?	*Sollen wir einkaufen gehen?*

Barnet går i skolan.	*Das Kind geht in die Schule.*
Det går bra!	*Das ist in Ordnung!*
Var går filmen?	*Wo läuft der Film?*
Vart går den här vägen?	*Wohin führt dieser Weg?*
Det går tyvärr inte.	*Das geht leider nicht.*
Hur gick det till?	*Wie ist denn das passiert?*
gå fel	verlaufen
Han gick fel.	*Er hat sich verlaufen.*
gå fram	vorangehen
gå fram till fönstret	zum Fenster gehen
gå från bordet	vom Tisch gehen
gå förbi	vorbeigehen, vorübergehen
gå före, (gå efter)	vorgehen, (nachgehen)
Klockan går före (efter).	*Die Uhr geht vor (nach).*
gå iland	an Land gehen
gå in	hineingehen
gå med	mitgehen
gå med i en förening	in einen Verein gehen (eintreten)
gå ned	hinuntergehen; untergehen
gå och bada	baden gehen
gå och fråga	fragen gehen
gå och lägga sig	zu Bett gehen
gå och öppna ☞ 65, 323	öffnen gehen
gå rakt fram	geradeaus gehen
gå ut	herausgehen, hinausgehen
gå ut och gå	spazieren gehen
gå ut och äta	ins Restaurant essen gehen
gå vidare	weitergehen; weitermachen
gågata, gågatan, gågator	Fußgängerzone
gång, gången, gånger	Gang

promenera, promenerar, promenerade, promenerat — **spazieren gehen**

promenad, promenaden, promenader	Spaziergang
ta (sig) en promenad, tar …, tog …, tagit …	einen Spaziergang machen
promenerande	Spaziergänger

komma, kommer, kom, kommit	**kommen**
Kan du komma?	*Kannst du kommen?*
Jag kommer från Berlin.	*Ich komme von Berlin.*
Han kom inte.	*Er kam nicht.*
komma i (på) fråga	infrage kommen
komma tillbaka	wiederkommen

aber:

komma att	werden
komma, kommat, komman	Komma

resa ✍ 234, reser, reste, rest	**reisen**
resa, resan, resor	Reise

23.4 Arbeiten und wohnen

arbeiten

arbeta, arbetar, arbetade, arbetat	**arbeiten**
Min pappa arbetar här.	*Mein Papa arbeitet hier.*
Jag arbetar som lärare.	*Ich arbeite als Lehrer.*
Jag har arbetat hela dagen.	*Ich habe den ganzen Tag gearbeitet.*
arbeta på en bok	an einem Buch arbeiten
arbete, arbetet, arbeten	Arbeit
Söker han arbete?	*Sucht er Arbeit?*
arbetare, arbetaren, arbetare	Arbeiter
Vägarbetarna hade orange kläder.	*Die Straßenarbeiter hatten orangefarbene Kleidung.*
arbetsdag, -dagen, -dagar	Arbeitstag
arbetstid, -tiden, -tider	Arbeitszeit
arbetsförmedling, -förmedlingen	Arbeitsamts, Arbeitsvermittlung
arbetskamrat, -kamraten, -kamrater	Kollege
arbetskonflikt, -konflikten, -konflikter	Arbeitskampf
arbetskraft, -kraften, -krafter	Arbeitskraft
arbetsplats, -platsen, -platser	Arbeitsplatz
arbetsrum, -rummet, -rum	Arbeitszimmer

arbetsgivare, -givaren, -givare	Arbeitgeber
arbetstagare, -tagaren, -tagare	Arbeitnehmer
arbetstillstånd, -tillståndet, -tillstånden	Arbeitserlaubnis
arbetslöshet, -lösheten, -lösheter	Arbeitslosigkeit
arbetsam, arbetsamt, arbetsamma	arbeitsam, fleißig; mühsam
arbetslös, -löst	arbeitslos
arbetsskygg, -skyggt	arbeitsscheu

syssla (sig) (med), sysslar ..., sysslade ..., sysslat ...	(sich) **beschäftigen** (mit), **machen**
Vad sysslar du med nu?	*Womit beschäftigst du dich jetzt?*
syssla, sysslan, sysslor	Arbeit, Anstellung
sköta sin syssla	seine Arbeit machen
sysslolös, sysslolöst	arbeitslos
sysslolöshet, sysslolösheter	Arbeitslosigkeit

sysselsätta ngn, -sätter ..., -satte ..., -satt ...	jmd. **beschäftigen**
sysselsätta sig	sich beschäftigen
sysselsättning, -sättningen, -sättningar	Beschäftigung

aber:

syssling, sysslingen, sysslingar	Cousin

siehe auch:

hålla på, håller, höll, hållit	beschäftigt sein mit
Barnen håller på att laga frukost.	*Die Kinder sind mit dem Zubereiten des Frühstücks beschäftigt.*

göra, gör, gjorde, gjort	**machen**
Vad ska vi göra i helgen?	*Was können wir am Wochenende machen?*
Det gör mig ont.	*Das tut mir leid.*
Jag har gjort läxan.	*Ich habe die Aufgabe gemacht.*
Dalahästar är gjorda av trä.	*Dalapferde sind aus Holz gemacht.*
göra affärer	Geschäfte machen

tjäna (på), tjänar, tjänade, tjänat	**verdienen** (an)
Man tjänar inte mycket i det här jobbet.	*Man verdient nicht viel bei dieser Arbeit hier.*
tjäna bra	gut verdienen
förtjänst, förtjänsten, förtjänster	Verdienst
Det är hennes förtjänst att …	*Es ist ihr Verdienst, dass …*
tjänst, tjänsten, tjänster	Dienst
tjänstebil, -bilen, -bilar	Dienstwagen
tjänstebostad, -bostaden, -bostäder	Dienstwohnung
tjänsteman, -mannen, -män	Angestellter; Beamter
tjänsteresa, -resan, -resar	Dienstreise
tjänsterum, -rummet, -rum	Dienstzimmer

wohnen ☞ 16, 139

bo, bor, bodde, bott	**wohnen, leben**
Var bor du?	*Wo wohnst du?*
Jag bor på Nylundsgatan.	*Ich wohne in der Nylundsgatan.*
Hon har bott här länge.	*Sie hat lange hier gewohnt.*
bo hos ngn	bei jmd. wohnen
För ett år sedan bodde jag hemma hos mina föräldrar.	*Für ein Jahr wohnte ich dann zu Hause bei meinen Eltern.*
bo ihop, (bo i kollektiv)	zusammen wohnen, (in einer Wohngemeinschaft wohnen)
bebodd, (obebodd)	bewohnt, (unbewohnt)
beboelig	bewohnbar
bo, bon, bor	Bau, Horst
bygga bo	sein Nest bauen (Vögel)
sambo, sambon, sambor	Lebensgefährte
bostad, bostaden, bostäder	Wohnung, Wohnstätte
bostadshus, -huset, -hus	Wohnhaus

(in)**bjuda**, bjuder, bjöd, bjudit	**einladen**
bjuda ngn på middag	jmd. zum Mittagessen einladen
bjudning, bjudningen, bjudningar	Einladung
inbjudning, -bjudningen, -bjudningar	Einladung
inbjudan (unveränderlich)	Einladung
Tack för inbjudan!	*Danke für die Einladung!*
inbjudande	einladend, verlockend

leva, lever, levde, levt	**leben**
Det är dyrt att leva här.	*Es ist teuer, hier zu leben.*
Här lever man bra.	*Hier lebt es sich gut.*
uppleva	erleben
upplevelse, upplevelsen, upplevelser	Erlebnis
levande	lebendig
levnadsstandard, -standarden, -standarder	Lebensstandard
Levnadsstandarden var högre här.	*Der Lebensstandard war hier höher.*

liv, livet, liv	**Leben**
I den här boken berättar författaren om sitt liv.	*In diesem Buch erzählt der Schriftsteller über sein Leben.*
i hela mitt liv	mein ganzes Leben lang
Han kämpade för freden i hela sitt liv.	*Er kämpfte in seinem ganzen Leben für den Frieden.*
aldrig i hela mitt liv	nie im (in meinem) Leben
med liv och lust	mit Lust und Liebe
Min mor arbetade alltid med liv och lust.	*Meine Mutter arbeitete immer mit Lust und Liebe.*
livboj, -bojen, -bojar	Rettungsring
livlös, livlöst	leblos
livsfara, -faran, -faror	Lebensgefahr
med fara för livet	unter Lebensgefahr
livsfarlig, -farligt	lebensgefährlich
livsstil, -stilen, -stilar	Lebensstil
livstid, -tiden, -tider	Lebenszeit
under hans livstid	zu seinen Lebzeiten
Goethe arbetade mycket i Weimar under sin livstid.	*Goethe arbeitete zu seinen Lebzeiten viel in Weimar.*
livsmedel, -medlet, -medel	Lebensmittel
De har mycket livsmedel här.	*Hier gibt es viele Lebensmittel.*
livsmedelsaffär, -affären, -affärer	Lebensmittelgeschäft
Var finns det någon bra livsmedelsaffär här i närheten?	*Wo gibt es hier in der Nähe ein gutes Lebensmittelgeschäft?*
livskamrat, -kamraten, -kamrater	Lebensgefährte
livstecken, -tecknen, -tecknar	Lebenszeichen
livsviktig, -viktigt	lebenswichtig
livsnödvändig, -nödvändigt	lebensnotwendig

hyra, hyr, hyrde, hyrt	**mieten**
Var kan jag hyra en bil?	*Wo kann ich ein Auto mieten?*
hyra ut	vermieten
Vi hyr ut stugan till en tysk familj.	*Wir vermieten die Stuga an eine deutsche Familie.*
hyra, hyran, hyror	Miete
hyrbil, -bilen, -bilar	Mietauto
hyresgäst, -gästen, -gäster	Mieter
hyresvärd, -värden, -värdar	Vermieter, Wirt, Hauswirt
hyreskontrakt, -kontraktet, -kontrakt	Mietvertrag
hyreshus, -huset, -hus	Mietshaus
hyreslägenhet, -lägenheten, -lägenheter	Mietwohnung

byta, byter, bytte, bytt	(um)**tauschen**
Ska vi byta plats?	*Wollen wir die Plätze tauschen?*
Spara kvittot om du vill byta.	*Heb den Kassenbon auf, wenn du umtauschen willst.*
byta jobb	den Job wechseln
Han bytte jobb ofta.	*Er wechselte oft die Arbeitsstelle.*
byta kläder	die Kleider wechseln, sich umziehen
byta lakan	das Bett frisch beziehen
byta om	sich umziehen
byta tåg	umsteigen (Zug)
byta ut	vertauschen, austauschen
byte, bytet, byten	Tausch, Umtausch
bytesaffär, -affären, -affärer	Tauschgeschäft
bytesrätt, -rätten, -rättar	Umtauschrecht

ändra, ändrar, ändrade, ändrat	**ändern**
Tiderna ändrar sig.	*Die Zeiten ändern sich.*
(för) ändra	ändern, verändern
ändra på, (ändra sig)	ändern, (sich ändern)
förändra	(ver)ändern
Efter bilolyckan var hon helt förändrad.	*Nach dem Autounfall war sie ganz verändert.*
ändring, ändringen, ändringar	Änderung
(för)ändring	Änderung, Veränderung

bygga, bygger, byggde, byggt	**bauen**
bygga om, (bygga till)	umbauen, (anbauen)
byggherre, -herren, -herrar	Bauherr
byggplats, -platsen, -platser	Bauplatz, Baustelle
byggsats, -satsen, -satser	Bausatz
byggnad, byggnaden, byggnader	Bau, Gebäude
under byggnad	in Bau (befindlich)
byggnadsarbetare, -arbetaren, -arbetare	Bauarbeiter
byggnadslov, -lovet, -lov	Baugenehmigung
byggnadstillstånd, -tillståndet, -tillstånd	Baugenehmigung
byggnadsplan, -planen, - planer	Bauplan, Bebauungsplan
byggnadsställning, -ställningen, -ställningar	Baugerüst

sova, sover, sov, sovit	**schlafen**
Han sover oroligt.	*Er schläft unruhig.*
Har du sovit gott?	*Hast du gut geschlafen?*
sovrum, -rummet, -rum	Schlafzimmer
sovvagn, -vagnen, -vagnar	Schlafwagen
sovsäck, -säcken, -säckar	Schlafsack
Jag har min sovsäck med mig.	*Ich habe meinen Schlafsack dabei.*

drömma, drömmer, drömde, drömt	**träumen**
Jag drömde på natten.	*Ich träumte in der Nacht.*
dröm, drömmen, drömmar	Traum
drömmande	verträumt
drömmare, drömmaren, drömmare	Träumer
Han är en drömmare.	*Er ist ein Träumer.*

tvätta (sig), tvättar, tvättade, tvättat	(sich) **waschen**
Han tvättade sig.	*Er wusch sich.*
Hon tvättade barnet.	*Sie wusch das Kind.*
tvätta av	abwaschen
tvätta fönster	Fenster putzen
tvätta sig om händerna (i ansiktet)	sich die Hände (das Gesicht) waschen

tvätt, tvätten, tvättar	Wäsche
tvättmaskin, -maskinen, -maskiner	Waschmaschine
Nu är tvättmaskinen sönder igen.	*Die Waschmaschine ist schon wieder kaputt.*
tvättmedel, -medlet, -medel	Waschmittel
Är det här tvättmedlet bra till den vita klänningen?	*Ist dieses Waschmittel hier gut für das weiße Kleid?*
tvättpulver, -pulvret, -pulver	Waschpulver
tvättstuga, -stugan, -stugor	Waschküche
tvättvatten, -vattnet, -vatten	Waschwasser
tvättbar, tvättbart	waschbar
tvättäkta	waschecht

diska, diskar, diskade, diskat	**spülen, abwaschen**
Var försiktig när du diskar vinglasen.	*Sei vorsichtig, wenn du das Weinglas abwäschst.*
disk, disken, diskar	Abwasch; Tresen
diskborste, -borsten, -borstar	Abwaschbürste
diskmaskin, -maskinen, -maskiner	Geschirrspülmaschine
diskmedel, -medlet, -medel	Spülmittel
diskvatten, -vattnet, -vatten	Spülwasser

aber:

diska, diskar, diskade, diskat	disqualifizieren

skölja, sköljer, sköljde, sköljt	**spülen**
sköljmedel, -medlet, -medel	Weichspüler
sköljning, sköljningen, sköljningar	Spülung

skura, skurar, skurade, skurat	**scheuern**
skurmedel, -medlet, -medel	Scheuermittel
skurborste, -borsten, -borstar	Scheuerbürste, Schrubber
skurtrasa, -trasan, -trasor	Scheuerlappen

aber:

skur ☞ 282, skuren, skurar	Schauer

spela ✍ 170, 173, 254, spelar, spelade, spelat	**spielen** (Sport, Instrument, Karten)
Det spelar ingen roll.	*Das spielt keine Rolle.*
spela om	um etwas spielen
spelkort, -kortet, -kort	Spielkarte
spela kort	Karten spielen
Vi spelar kort.	*Wir spielen Karten.*
spela ett instrument	ein Instrument spielen
Min dröm är att lära mig spela piano.	*Mein Traum ist, Klavier spielen zu lernen.*
spelautomat, -automaten, -automater	Spielautomat
spelhåla, -hålan, -hålor	Spielhalle
spelregel, -regeln, -reglar	Spielregel

leka, leker, lekte, lekt	**spielen (Kinder)**
Barnen leker i sanden.	*Das Kind spielt im Sand.*
Barnen lekte med sina nya leksaker.	*Das Kind spielte mit seinen neuen Spielsachen.*
lek, leken, lekar	Spiel
lekkamrat, -kamraten, -kamrater	Spielkamerad
lekplats, -platsen, -platser	Spielplatz
leksak, -saken, -saker	Spielzeug
leksaksaffär, -affären, -affärer	Spielzeug-, Spielwarengeschäft
lekfull, -fult	spielerisch

blanda, blandar, blandade, blandat	**mischen**
Vem blandar? (i kortspel)	*Wer mischt? (im Kartenspiel)*
blanda sig	sich mischen
blanda sig i andras angelägenheter	sich in fremde Angelegenheiten einmischen
blandad, blandat	gemischt
med blandade känslor	mit gemischten Gefühlen
blandning, blandningen, blandningar	Mischung, Gemisch
blandskog, -skogen, -skogar	Mischwald

dela, delar, delade, delat	**teilen**
dela ngt med ngn	etwas mit jmd. teilen
dela av	abteilen
dela i fem delar	in fünf Teile teilen

dela in, (dela upp)	einteilen, (aufteilen)
del, delen, delar	Teil
en del av personalen	ein Teil des Personals
en hel del barn	eine Menge Kinder
en hel del arbete	eine ganze Menge Arbeit
jag för min del	ich für meinen Teil, ich meinerseits
till en del, (till stor del)	zum Teil, (zum großen Teil)
till största delen	zum größten Teil, größtenteils
delta, deltar, deltog, deltagit	**teilnehmen**
Jag deltog i en kurs.	*Ich nahm an einem Kurs teil.*
deltagare, deltagaren, deltagare	Teilnehmer
delvis	teilweise
fungera, fungerar, fungerade, fungerat	**funktionieren**
Tvättmaskinen fungerar.	*Die Waschmaschine funktioniert.*
baka, bakar, bakade, bakat	**backen**
bageri ☞ 81, bageriet, bagerier	Bäckerei
klippa, klipper, klippte, klippt	**schneiden**
Har du klippt dig?	*Hast du dich geschnitten?*
(gå och) klippa sig	sich die Haare schneiden lassen
klippa av, (klippa ut)	abschneiden, (ausschneiden)

aber:

klippa, klippan, klippor	Felsen, Klippe

skära, skär, skar, skurit	**schneiden**
skära av, (skära bort, skära upp, skära igenom)	abschneiden, (wegschneiden, aufschneiden, durchschneiden)
skära sig	sich schneiden
skärande	schneidend, scharf
skärböna ☞ 73, -bönan, -bönor	Schnittbohne
skärgård, -gården, -gårdar	Schären
hacka, hackar, hackade, hackat	**hacken**

23.5 Hobbys

använda, använder, använde, använt	**anwenden, verwenden, benutzen**
användning, användningen, användningar	Anwendung, Verwendung, Gebrauch
ha användning för ngt, har …, hade …, haft …	für etwas Verwendung haben
komma till användning, kommer …, kom …, kommit …	Verwendung finden, verwendet werden
användbar, användbart	anwendbar, brauchbar

måla, målar, målade, målat	**malen, streichen**
Han målar ofta landskap.	*Er malt oft Landschaften.*
Hon målade köket i somras.	*Sie hat im Sommer die Küche gemalert.*
Vem har målat tavlan?	*Wer hat das Bild gemalt?*
måla sig	sich anmalen, schminken
målare, målaren, målare	Maler
målning, målningen, målningar	Gemälde
målarfärg, -färgen, -färger	Malerfarbe
målerisk, måleriskt	malerisch

aber:

mål, målet, mål	Stimme, Ziel; Tor ☞ 256; Mahlzeit ☞ 267

cykla, cyklar, cyklade, cyklat	**Rad fahren, radeln**
Han brukar cykla till jobbet.	*Er fährt gewöhnlich mit dem Fahrrad zur Arbeit.*
Pojken cyklar alltid till skolan.	*Der Junge fährt immer mit dem Fahrrad zur (in die) Schule.*
cykel, cykeln, cyklar	Fahrrad
Han tog cykeln.	*Er hat das Fahrrad genommen.*
motorcykel	Motorrad
cykelbana, -banan, -banar	Fahrradweg
cykelhjälm, -hjälmen, -hjälmar	Fahrradhelm
cykelpump, -pumpen, -pumpar	Fahrradpumpe
cykeltur, -turen, -turar	Fahrradtour

cykelverkstad, -verkstaden, -verkstäder	Fahrradwerkstatt
cykelväg, -vägen, -vägar	Fahrradweg
cyklist, cyklisten, cyklister	Fahrradfahrer, Radfahrer

rida, rider, red, ridit	**reiten**
Hon rider varje dag.	*Sie reitet jeden Tag.*
Han red igår.	*Er ritt gestern.*
ridhus, -huset, -hus	Reithalle
ridhäst, -hästen, -hästar	Reitpferd
ridskola, -skolan, -skolar	Reitschule
ridsport, -sporten, -sporter	Reitsport
ridtur, -turen, -turar	Spazierritt

siehe auch:

ryttare, ryttaren, ryttare	Reiter

simma, simmar, simmade simmat	**schwimmen**
Kan ditt barn simma?	*Kann dein Kind schwimmen?*
Pojkarna simmar i simhallen.	*Die Jungen schwimmen in der Schwimmhalle.*
Flickorna och pojkarna simmade ikapp.	*Die Mädchen und die Jungen schwammen um die Wette.*
gå och simma	schwimmen gehen
Vi går och simmar en gång i veckan.	*Wir gehen einmal in der Woche schwimmen.*
simbassäng, -bassängen, -bassänger	Schwimmbecken
simhall, -hallen, -hallar	Schwimmhalle
simmare, simmaren, simmare	Schwimmer
simskola, -skolan, -skolor	Schwimmunterricht

aber:

svimma, svimmar, svimmade, svimmat	ohnmächtig werden

sy, syr, sydde, sytt	**nähen**
I helgen sydde min mor nya gardiner.	*Am Wochenende hat meine Mutter neue Gardinen genäht.*

sy för hand	mit der Hand nähen
sy på maskin	auf (mit) der Maschine nähen
Hon syr för hand och på maskin.	*Sie näht mit der Hand und der Maschine.*
syateljé, -ateljén, -ateljéer	Damenschneiderei, Modesalon
symaskin, -maskinen, -maskiner	Nähmaschine

snickra, snickrar, snickrade, snickrat	**schreinern, tischlern**
Min far snickrar alltid på stugan.	*Mein Vater tischlert immer an der Stuga.*
snickare, snickaren, snickare	Tischler
snickeri, snickeriet, snickerier	Tischlerei
snickarverkstad, -verkstaden, -verkstäder	Tischlerwerkstatt

teckna, tecknar, tecknade, tecknat	**zeichnen**; ein Zeichen geben
teckna en försäkring	eine Versicherung abschließen
tecken, tecknet, tecken	Zeichen
teckenspråk, -språket, -språk	Zeichensprache
tecknad, tecknat	gezeichnet
tecknad film, tecknade filmen, tecknade filmer	Zeichentrickfilm
tecknare, tecknaren, tecknare	Zeichner
teckning, teckningen, teckningar	Zeichnung
namnteckning	Unterschrift
Jag ber om din namnteckning.	*Ich bitte um deine Unterschrift.*

23.6 Verben, die Gegensätze ausdrücken

geben und nehmen

få, får, fick, fått	**erhalten,** bekommen, dürfen, müssen
Jag får ett brev idag.	*Ich bekomme heute einen Brief.*
1909 fick Selma Lagerlöf nobelpriset i litteratur.	*1909 erhielt Selma Lagerlöf den Nobelpreis für Literatur.*
få se ngt	etwas zu sehen bekommen

ge, ger, gav, givit/gett	**geben**
Jag skulle ge mycket för att ...	*Ich gäbe viel darum, wenn ...*
Vem ger?	*Wer gibt? (Kartenspiel)*
Skolan ger kurser i alla möjliga ämnen.	*Die Schule bietet Kurse in allen möglichen Fächern an.*
ge ngn ngt i present	jmd. etwas schenken
ge efter	nachgeben
ge sig, (ge upp)	sich ergeben, (aufgeben)
ge tillbaka	zurückgeben, herausgeben

ta ☞ 236, tar, tog, tagit	**nehmen**
Vi tar två portioner.	*Wir nehmen zwei Portionen.*
Har du tagit dina tabletter?	*Hast du deine Tabletten genommen?*
ta ett beslut	etwas beschließen
ta en paus	eine Pause machen
Vi måste ta en paus.	*Wir müssen eine Pause machen.*
ta av sig, (ta på sig)	sich ausziehen, (sich anziehen)
Jag tar på mig stövlarna i dag.	*Ich ziehe heute Stiefel an.*
ta för sig	zugreifen, sich bedienen
Ta för dig!	*Bediene dich! Lang zu!*
ta hand om	sich annehmen, übernehmen
Vem tar hand om barnen när du jobbar?	*Wer kümmert sich um die Kinder, wenn du arbeitest?*
ta in på hotell	in einem Hotel absteigen
Sven Meyer tar in på Hotell "Tre Liljor".	*Sven Meyer steigt in dem Hotel „Drei Lilien" ab.*
ta lång tid	lange dauern
ta ut pengar (på banken)	Geld (von der Bank) abheben
Behöver du också ta ut pengar?	*Musst du auch Geld abheben?*
ta ur	herausnehmen
Jag tar ur nyckeln.	*Ich ziehe den Schlüssel ab.*

helfen und schaden

hjälpa ☞ 120, hjälper, hjälpte, hjälpt	**helfen**
Kan du hjälpa mig?	*Kannst du mir helfen?*
Vad kan jag hjälpa dig med?	*Womit kann ich dir helfen?*
Det hjälper inte!	*Das hilft nichts!*

hjälp, hjälpen	Hilfe
Han tackade för hjälpen.	*Er bedankte sich für die Hilfe.*
ropa på hjälp	um Hilfe rufen
med hjälp av en linjal	mithilfe eines Lineals
hjälpmedel, -medlet, -medel	Hilfsmittel
hjälpverb, -verbet, -verb	Hilfsverb
hjälpsam, hjälpsamt, hjälpsamma	hilfsbereit

skada, skadar, skadade, skadat	**schaden, schädigen**
skada, skadan, skador	Schaden
ta skada	Schaden nehmen
skadestånd, -ståndet, -stånd	Schadensersatz
skadeersättning, -ersättningen, -ersättningar	Schadensersatz
skadereglering, -regleringen, -regleringar	Schadensregulierung
skadeglädje, -glädjen	Schadenfreude
skadeglad, -glatt	schadenfroh
skadlig, skadligt	schadhaft, schädlich
skadlig för hälsan	schädlich für die Gesundheit
skadelös, -löst	schadlos

siehe auch:

defekt, defekt	schadhaft

bitten und danken

be, ber, bad, bett	**bitten**
be ngn om ngt	jmd. um etwas bitten

ursäkta, ursäktar, ursäktade, ursäktat	**entschuldigen**
ursäkta sig	sich entschuldigen
Ursäkta mig!	*Verzeihung!*
ursäkt, ursäkten, ursäkter	Entschuldigung
be ngn om ursäkt för ngt	jmd. um Verzeihung (Entschuldigung) bitten für etwas

siehe auch:

Förlåt!	Verzeihung!

var så god, auch: varsågod	**bitte, bitte schön**
Varsågod och sitt.	*Setz dich bitte!*

Var snäll och ...	**bitte** ...
Var snäll och hjälp mig!	*Helfen Sie mir bitte!*
Var snäll och säg det en gång till.	*Sag das bitte noch einmal.*
Är du snäll och öppnar?	*Bist du so gut und öffnest?*

tacka, tackar, tackade, tackat	**danken**
Jag tackar dig.	*Ich danke dir.*
Han tackade för hjälpen.	*Er bedankte sich für die Hilfe.*
tack, tacket oder tacken, tack	Dank
Tack så mycket!	*Vielen Dank!*
Tack för inbjudan!	*Danke für die Einladung!*
Tack för att du väntade.	*Danke, dass du gewartet hast.*
Tack detsamma!	*Danke gleichfalls!*
tacksam, tacksamt, tacksamma	dankbar

erlauben und verbieten

tillåta, tillåter, tillät, tillåtit	**erlauben**
Det är inte tillåtet att röka här.	*Es ist nicht gestattet, hier zu rauchen.*
tillåtelse (till), tillåtelsen ..., tillåtelser ...	Erlaubnis (für, zu)
tillåten, tillåtet, tillåtna	erlaubt, gestattet, zulässig

siehe auch:

lov, lovet, lov	Erlaubnis
Tack och lov!	Gott sei Dank!
Får jag lov?	Darf ich? Darf ich bitten? (Tanz)
lova, lovar, lovade, lovat	versprechen
Han lovade att diska.	Er hat versprochen abzuwaschen.
lovlig, lovligt	erlaubt

förbjuda, förbjuder, förbjöd, förbjudit	**verbieten**
Parkering (camping) förbjuden!	*Parken (Camping) verboten!*
Det är förbjudet att parkera här.	*Es ist verboten, hier zu parken.*
Är det rökning förbjuden här?	*Ist (das) Rauchen hier verboten?*
förbud, förbudet, förbuden	Verbot
förbudsskylt, -skylten, -skyltar	Verbotsschild

anfangen und enden

förbereda, förbereder, förberedde, förberett	**vorbereiten**
förbereda för (på)	vorbereiten für (auf)
Det var jag inte förberedd på.	*Darauf war ich nicht vorbereitet.*
förbereda sig	sich vorbereiten
förberedelse, förberedelsen, förberedelser	Vorbereitung

starta, startar, startade, startat	**starten; anspringen**
Starta bilen!	*Starte das Auto!*
Spelet har startat.	*Das Spiel hat begonnen.*
startkapital, -kapitalet, -kapitalen	Anfangskapital

inleda, inleder, inledde, inlett	**beginnen**, einleiten, eröffnen
inleda ett samtal	ein Gespräch beginnen
inledning (till), inledningen, inledningar	Einleitung (in)
Jag läste inledningen.	*Ich las die Einleitung.*
inledningsvis	einleitend
inledande	einleitend

börja (med ngt), börjar, började, börjat	**anfangen** (mit etwas)
Vi börjar klockan åtta.	*Wir fangen um acht Uhr an.*
Det var du som började.	*Du hast angefangen.*
början (unveränderl.)	Anfang, Beginn
från (första) början	von Anfang an, von vornherein
i början av maj (av året)	Anfang Mai (des Jahres)
nybörjarkurs, -kursen, -kurser	Anfängerkurs

siehe auch:

sätta i gång 302	in Gang setzen, anfangen

fortsätta, fortsätter, fortsatte, fortsatt	**fortsetzen**
Han fortsatte sin resa.	*Er setzte seine Reise fort.*
fortsättning, fortsättningen, fortsättningar	Fortsetzung
Fortsättning följer.	*Fortsetzung folgt.*

sluta, sluter, slöt, slutit	**schließen, abschließen**
sluta ett avtal	einen Vertrag abschließen
sluta fred	Frieden schließen
sluta ögonen	die Augen schließen
avsluta (sluta upp)	aufschließen

sluta sig	**sich schließen**
sluta sig samman	sich zusammenschließen

sluta, slutar, slutade, slutat	**enden**, beenden, zu Ende gehen, aufhören, schließen
Hur skall det sluta?	*Wie soll das enden?*
När slutar du jobba?	*Wann hörst du auf zu arbeiten?*
Han slutade med att säga …	*Er schloss mit den Worten …*
Var slutade vi sist?	Wo sind wir das letzte Mal stehen geblieben?
Det har slutat regna.	*Es hat aufgehört zu regnen.*
sluta skolan	die Schule verlassen
När slutar du skolan idag?	*Wann kommst du heute aus der Schule?*
sluta med ngt	mit etwas aufhören
avslutningsdag, -dagen, -dagar	Abschlusstag
besluta	beschließen
beslut, beslutet, beslut	Beschluss
ta ett beslut, tar …, tog …, tagit …	etwas beschließen
sluten, slutet, slutna	geschlossen

siehe auch:

slut, slutet, slut	Ende, Schluss, alle, ausverkauft
till slut	zum Schluss, am Ende
slutkapitel, -kapitlet, -kapitlen	Schlusskapitel
slutord, -ordet, -ord	Schlusswort
slutprodukt, -produkten, -produkter	Endprodukt
slutresultat, -resultatet, -resultat	Endergebnis
slutsats, -satsen, -satser	Schlusssatz, Schlussfolgerung
dra en slutsats	eine Schlussfolgerung ziehen
slutscen, -scenen, -scener	Schlussszene
slutsignal, -signalen, -signaler	Schlusszeichen, Schlusspfiff
slutskede, -skedet, -skeden	Endphase
slutspel, -spelet, -spel	Endspiel
slutspurt, -spurten, -spurtar	Endspurt
slutstation, -stationen, -stationer	Endstation
slutsumma, -summan, -summor	Endsumme
slutlig, slutligt	schließlich, endlich
slutsåld, -sålt	ausverkauft
slutgiltig, -giltigt	endgültig

siehe auch:

upphöra, upphör, upphörde, upphört	aufhören

aber:

slutta, sluttar, sluttade, sluttat	abfallen
sluttande	abfallend, nicht eben
sluttning, sluttningen, sluttningar	Abhang

Achtung:

sluta, sluter, slöt, slutit	schließen, abschließen
sluta, slutar, slutade, slutat	enden, zu Ende gehen, aufhören

öffnen und schließen

öppna, öppnar, öppnade, öppnat	**öffnen** 65
Kan du öppna den här flaskan?	*Kannst du diese Flasche öffnen?*
Är du snäll och öppnar?	*Bist du so gut und öffnest?*

öppna sig	sich öffnen
öppnas	wird geöffnet
öppet ☞ 18	geöffnet, offen
öppen	offen
stå öppen	offen stehen
öppen spis, ... spisen, ... spisar	Kamin
öppenhjärtig, öppenhjärtigt	offenherzig
öppnare, öppnaren, öppnare	Öffner
flasköppnare, (konservöppnare)	Flaschenöffner, (Büchsenöffner)
öppettid, -tiden, -tider	Öffnungszeit, Geschäftszeit

stänga ☞ 66, stänger, stängde, stängt	**schließen**
Kan du stänga fönstret?	*Kannst du das Fenster schließen?*
Dörren stängs kl. 20.00.	*Die Tür wird um 20.00 Uhr geschlossen.*

suchen und finden

leta (efter), letar, letade, letat	**suchen** (nach etwas, jmd.)
Vi letar efter hus.	*Wir suchen nach einem Haus.*
Vad letade han efter?	*Wonach suchte er?*
leta igenom, (leta upp, leta ut)	durchsuchen, (aufsuchen, aussuchen)

söka (efter ngt, ngn), söker ..., sökte ..., sökt ...	**suchen** (nach etwas, jmd.); beantragen, bewerben
Vem söker du?	*Wen möchtest du sprechen?*
Tekniker sökes!	*Techniker gesucht!*
söka ett stipendium	ein Stipendium beantragen
söka igenom, (söka upp)	durchsuchen, (aufsuchen)
sökande, sökanden, sökande	Bewerber; Sucher
anmäla sig som sökande till ett jobb	*sich um einen Job bewerben*

försöka	**versuchen, probieren**
försök, försöket, försök	Versuch
försöksdjur, -djuret, -djur	Versuchstier
försökskanin, -kaninen, -kaniner	Versuchskaninchen
försöksperson, -personen, -personer	Versuchsperson
försöksvis (Adverb)	versuchsweise

siehe auch:

undersöka, -söker, -sökte, -sökt	untersuchen
Polisen undersöker saken.	*Die Polizei (Der Polizist) untersucht die Angelegenheit.*
undersökning, -sökningen, -sökningar	Untersuchung

siehe auch:

experiment ✍ 54, experimentet, experiment	versuchen, probieren

hitta, hittar, hittade, hittat	**finden**
Jag måste hitta ett par nya skor.	*Ich muss ein Paar neue Schuhe finden.*
Vi hittar inte skoaffären.	*Wir finden das Schuhgeschäft nicht.*
De hittade inte utgången.	*Sie fanden den Ausgang nicht.*
Polisen har inte hittat mordvapnet.	*Die Polizei (Der Polizist) hat die Mordwaffe nicht gefunden.*
hitta dit, (hitta hit)	hinfinden, (herfinden)
hitta på	erfinden
hittegods	Fundsachen

finna, finner, fann, funnit	**finden, befinden, ersehen**
Ingen har funnit mig.	*Niemand hat mich gefunden.*
finna för gott	für gut befinden
finna ut	herausfinden

finnas, finns, fanns, funnits	**finden, geben**
Det finns ...	*Es gibt ...*
Det finns mycket att prata om.	*Es gibt viel zu besprechen.*
Finns det en restaurang här?	*Gibt es hier ein Restaurant?*

verlieren und gewinnen

förlora, förlorar, förlorade, förlorat	**verlieren**
förlorare, förloraren, förlorare	Verlierer

tappa, tappar, tappade, tappat	**verlieren**
tappa bort sig	sich verlieren, sich verirren

vinna, vinner, vann, vunnit	**gewinnen**
vinnare, vinnaren, vinnare	Gewinner
utvinning, utvinningen	Gewinnung (Bergbau)
vinst, vinsten, vinster	Gewinn
vinstgivande	gewinnbringend
vinst- och förlusträkning, -räkningen, -räkningar	Gewinn- und Verlustrechnung

bestellen und abbestellen

beställa, beställer, beställde, beställt	**bestellen**
Vi beställer ett bord på restaurangen.	*Wir bestellen einen Tisch im Restaurant.*
beställa tid, beställer ..., beställde ..., beställt ...	sich einen Termin geben lassen, einen T. vereinbaren
Han beställde tid.	*Er hat sich einen Termin geben lassen.*
beställning, beställningen, beställningar	Bestellung, Auftrag

siehe auch:

reservera ett rum	ein Zimmer bestellen
hälsa ngn från ...	jmd. Grüße bestellen von ...

avbeställa	**abbestellen**

boka, bokar, bokade, bokat	**buchen, bestellen**
Jag bokade flygresan.	*Ich habe die Flugreise gebucht.*
boka av	abbestellen

24 Einige wichtige Adjektive und Adverbien

24.1 Farben

färg ☞ 142, färgen, färger	**Farbe**
färgpenna, -pennan, -pennor	Buntstift
färg-TV	Farbfernsehen
färgblind, -blint	farbenblind
blå, blått	**blau**
ljusblå, (violblå)	hellblau, (veilchenblau)
blåbär ☞ 73, -bäret, -bär	Blaubeere
blåklint, -klinten, -klintar	Kornblume
blåklocka, -klockan, -klockor	Glockenblume
blåmes, -mesen, -mesar	Blaumeise
blåmärke, -märket, -märken	blauer Fleck
blåaktig, -aktigt	bläulich
blåblommig, -blommigt	blau geblümt
blårandig, -randigt	blau gestreift
blårutig, -rutigt	blau kariert
blåögd, -ögt	blauäugig; naiv
brun, brunt	**braun**
brunett	brünett
brunögd, -ögt	braunäugig
grön, grönt	**grün**
Det är grönt ljus.	*Die Ampel ist grün.*
Det blir grönt.	*Es wird grün. Es grünt.*
grönaktig, -aktigt	grünlich
grön våg, gröna vågen, gröna vågor	grüne Welle

grönkål, -kålen	Grünkohl
grönområde, -området, -områden	Grünfläche
grönpeppar, -pepparn	grüner Pfeffer
grönsaker (Pl.)	Gemüse
grönsaksaffär, -affären, -affärer	Gemüsegeschäft
grönsallad, -salladen, -sallader	grüner Salat, Kopfsalat

grå, grått	**grau**
Han har ett par grå byxor.	*Er hat eine graue Hose.*
gråhårig, -hårigt	grauhaarig
gråkall, -kallt	nasskalt
gråsprängd, -sprängt	grau meliert
gråsparv, -sparven, -sparvar	Spatz

gul, gult	**gelb**
gula, gulan, gulor	Eigelb, Dotter
gulaktig, -aktigt	gelblich

guld	**golden**
guldgul	goldgelb
gullig, gulligt	golden, süß
guld, guldet	Gold
guldmynt, -myntet, -mynt	Goldmünze
guldsmed, -smeden, -smeder	Goldschmied

silver	**silbern**
silver, silvret, silver	Silber
av silver	silbern
silverbröllop ☞ 96, -bröllopet, -bröllop	Silberhochzeit

rosa (keine Beugung)	**rosa**
Rosa är ungefär ljusrött.	*Rosa ist ungefähr helles Rot.*

röd, rött	**rot**
en rödnäst man	ein Mann mit roter Nase
Hon var rödögd.	*Sie hatte rote Augen.*
rödhårig, -hårigt	rothaarig

ljusrött	hellrot
Röda havet	das Rote Meer
Röda korset	das Rotes Kreuz
rödbeta, -betan, -betor	Rote Beete

svart, svart	**schwarz**
svarthårig, -hårigt	schwarzhaarig
svartvit, -vitt	schwarzweiß
svartögd, -ögt	schwarzäugig
Svarta havet	Schwarzes Meer
svarta börsen	Schwarzmarkt
arbeta svart med ngt	Schwarzarbeit machen
svartjobb, -jobben	Schwarzarbeit
klädd i svart	schwarz gekleidet
svartmåla, -målar, -målade, -målat	schwarz malen
svartsjuk, -sjukt	eifersüchtig

aber:

svårtsjuk	schwer krank

vit, vitt	**weiß**
vithårig, -hårigt	weißhaarig
vitkål, -kålen	Weißkohl
vitlök, -löken, -lökar	Knoblauch
vitpeppar, -pepparn	weißer Pfeffer
vitsippa, -sippan, -sippor	Buschwindröschen
vitt vin, -vinet, -viner (auch: vitvin)	Weißwein
vittvätt, -tvätten	Weißwäsche, Kochwäsche

24.2 Adjektive und Adverbien, die Gegensätze ausdrücken

alt, jung und neu

gammal, gammalt, gamla	**alt**
Hur gammal är han?	*Wie alt ist er?*

Han är tio år gammal.	*Er ist zehn Jahre alt.*
äldre,	älter (Komparativ),
äldst	am ältesten (Superlativ)
Gamla stan	die Stockholmer Altstadt

ålder, åldern, åldrar	**Alter**
ålderdom, ålderdomen	Altertum
ålderdomshem, -hemmet, -hem	Altersheim

ny, nytt	**neu, jung**
Vad nytt?	*Was gibt es Neues?*
Ingenting nytt har hänt.	*Es ist nichts Neues passiert.*
De är nygifta.	*Sie sind jung verheiratet.*
nybygge, -bygget, -byggen	Neubau
nyhet, nyheten, nyheter	Nachricht, Neuigkeit, Neuheit
nyrik, -rikt	neureich
nyår, -året, -år	Neujahr
nypotatis, -potatisen, -potatisar	Frühkartoffel

ung, ungt	**jung**
Hon är för ung för att köra bil.	*Sie ist zu jung, um Auto zu fahren.*
ung och gammal	Jung und Alt
yngre, yngst	jünger (Komparativ), jüngst (Superlativ)
Vem är yngst, han eller hon?	*Wer ist jünger, er oder sie?*
ungdom, ungdomen, ungdomar	Jugend, Jugendliche
ungdomar	junge Leute
ungdomlig, ungdomligt	jugendlich
ungdjur, -djuret, -djur	Jungtier
en unge	ein Junges
Kristi lärjungar	die Jünger Christi
ungkarl, -karlen, -karlar	Junggeselle

arm und reich

arm, armt	**arm**
Det arma barnet gråter jämt.	*Das arme Kind weint ständig.*
armod, armodet	Armut

aber:

arm ☞ 109, armen, armar	Arm

fattig, fattigt	**arm**
De fattiga länderna i tredje världen organiserar sig.	*Die armen Länder in der Dritten Welt organisieren sich.*
fatta och rika	Arm und Reich
fattigdom, -domen	Armut
fattigkvarter, -kvarteret, -kvarter	Armenviertel

rik (på), rikt	**reich** (an)
Han är en rik man.	*Er ist ein reicher Mann.*
barnrik	kinderreich
framgångsrik	erfolgreich
rikedom, -domen, -domar	Reichtum
riklig, rikligt	reichlich
rike ☞ 206, riket, riken	Reich

sauber und schmutzig

ren, rent	**rein, sauber**
ren formalitet, ... formaliteten, ... formaliteter	bloße Formalität
ren glädje, ... glädjen	reine Freude
ren luft, ... luften	reine, saubere Luft
ren vinst, ... vinsten, ... vinster	Reingewinn
rent guld, ... guldet, ... guld	reines Gold
rent spel, ... spelet, ... spel	ehrliches Spiel
göra ren, gör..., gjorde..., gjort...	rein machen
rengöring, rengöringen, rengöringar	Reinigung, Säuberung
rengöringsmedel, -medlen, -medlar	Reinigungsmittel
hålla ren, håller ..., höll ..., hållit ...	rein (sauber) halten
renhållning, -hållningen, -hållningar	Reinigung, Müllabfuhr
tvätta ren tvättar ..., tvättade ..., tvättat ...	rein waschen
renlig, renligt	reinlich
renhet, renheten, renheter	Reinheit

aber:

ren ☞ 202, renen, renar	Ren(tier)

smutsig, smutsigt	**schmutzig**
vara smutsig om händerna	schmutzige Hände haben
smuts, smutsen	Schmutz
smutsfläck, -fläcken, -fläckar	Schmutzfleck
smutslitteratur, -litteraturen	pornografische Literatur
smutstvätt, -tvätten	schmutzige Wäsche
smutsa ned sig, smutsar ..., smutsade ..., smutsat ...	sich schmutzig machen

attraktiv, schön und hässlich

attraktiv, attraktivt	**attraktiv**
attraktion, attraktionen, attraktioner	Attraktion
fin, fint	**fein, schön, zart**
tryckt med fin stil	klein gedruckt
vacker, vackert	**schön**
En vacker dag kommer hon.	*Eines schönen Tages wird sie kommen.*
Hon är den vackraste flickan.	*Sie ist das schönste Mädchen.*
skön, skönt	**schön**
en skön semester	ein schöner Urlaub
skönhet, skönheten, skönheter	Schönheit
Hon var en skönhet.	*Sie war eine Schönheit.*
snygg, snyggt	**sauber, hübsch, schön**
snygga till sig	sich zurechtmachen
trevlig, trevligt	**gemütlich, nett, schön**
Trevlig semester!	*Einen schönen Urlaub!*
Det var trevligt att träffas.	*Schön, dass wir uns getroffen haben.*
otrevlig	hässlich

ful, fult	**hässlich**
Han sade fula ord.	*Er sagte hässliche Worte.*
fulhet, fulheten, fulheter	Hässlichkeit

aber:

full	341	voll; betrunken

elegant und plump

elegant, elegant	**elegant**
Byxorna ser eleganta ut.	*Die Hosen sehen elegant aus.*
elegans, elegansen	Eleganz

plump, plumpt	**plump**

modisch und altmodisch, modern und unmodern

moderiktig, -riktigt	**modisch**
mode, modet, moden	Mode
modeord, -ordet, -ord	Modewort
modeskapare, -skaparen, -skapare	Modeschöpfer

siehe auch:

bijouterier (Pl.)	**Modeschmuck**

gammalmodig, -modigt	**altmodisch**

siehe auch:

gammaldags	altmodisch
Han är lite gammaldags.	*Er ist ein bisschen altmodisch.*

modern, modernt	**modern**
moderna språk	moderne Sprachen
modern konst, ... konsten	moderne Kunst

modernisera, moderniserar, moderniserade, moderniserat	modernisieren
modernisering, moderniseringen, moderniseringar	Modernisierung
omodern	altmodisch, unmodern

teuer und billig

dyr, dyrt	**teuer**
Nu är goda råd dyra.	*Nun ist guter Rat teuer.*
Det är dyrt.	*Das ist teuer.*
en dyr klenod	ein teures Kleinod
dyrbar, dyrbart	kostspielig, kostbar, teuer
dyrbarhet, dyrbarheten, dyrbarheter	Kostbarkeit

billig, billigt	**billig, preiswert**
Vi hittade en affär med billiga priser.	*Wir fanden ein Geschäft mit niedrigen Preisen.*

weich und hart

len, lent	**weich, sanft**
Hon var mjuk och len i rösten.	*Sie hatte eine weiche und sanfte Stimme.*
lena, lenar, lenade, lenat	mildern, linden

lös, löst	**weich, lose**
löskokt	weich gekocht
löskokta ägg	weich gekochte Eier
lösskägg	Weichei
lösaktig, -aktigt	leichtfertig
lösa, löser, löste, löst	lösen

mild, milt	**weich**, sanft, mild, freundlich
milt klimat, … klimatet	mildes Klima
milt väder, … vädret	mildes Wetter

mjuk, mjukt	**weich, geschmeidig**
mjukt bröd, … brödet	weiches Brot
en mjuk färgton	ein weicher Farbton

mjuka upp, mjukar …, mjukade …, mjukat …	weich machen
mjukna, mjuknar, mjuknade, mjuknat	weich werden
mjukglass, -glassen, -glasser	Softeis
mjukost, -osten, -ostar	Streichkäse, Weichkäse
mjukvara, -varan	Software
mjukhet, mjukheten	Weichheit

vek, vekt	**weich, schwach**
vekling, veklingen, veklingar	Weichling, Schwächling
Han är en vekling.	*Er ist ein Weichling (Weichei).*

hård, hårt	**hart, fest**
stenhård	steinhart
hårdkokt	hart gekocht
hårdkokta ägg	hart gekochte Eier
hårt bröd, … brödet	hartes Brot
hårda ord (Pl.)	harte Worte
hårda tider (Pl.)	harte (schwere) Zeiten
hårdhet, hårdheten, hårdheter	Härte
hårdhjärtad, -hjärtat	hartherzig
hårdmetall, -metallen, -metaller	Hartmetall

kräftig, stark und schwach

kraftig, kraftigt	**kräftig**
kraftord, -ordet, -ord	Kraftwort, Kraftausdruck
kraftsport, -sporten, -sporter	Kraftsport
kraftlös, -löst	kraftlos, schwach

stark, starkt	**stark**
Det är hans starka sida.	*Das ist seine starke Seite.*
starka nerver (Pl.)	starke Nerven
starköl, -ölet, -öl	Starkbier
starkström, -strömmen, -strömmar	Starkstrom
färgstark	in kräftigen Farben

svag, svagt	**schwach, schwächlich**
Han var svag efter sjukdomen.	*Er war nach der Krankheit schwach.*
»Resa« är ett svagt verb.	*»Resa« ist ein schwaches Verb.*
svaga nerver (Pl.)	schwache Nerven
en svag elev, ... eleven, ... elever	ein schwacher Schüler
Han var svag i matte.	*Er war in Mathe schwach.*
svagström, -strömmen, -strömmar	Schwachstrom

groß und klein

stor	**groß**
Jag är lika stor som min son.	*Ich bin so groß wie mein Sohn.*
större, störst	größer (Komparativ), größte (Superlativ)
Båten är större.	*Das Boot ist größer.*
till största delen	zum größten Teil, größtenteils
för stor	zu groß
medelstor, -stort	mittelgroß
mellanstor	mittelgroß
Jag skulle vilja hyra en mellanstor bil.	*Ich möchte gern ein mittelgroßes Auto mieten.*
stor bokstav, ... bokstaven, ... bokstäver	Großbuchstabe
Storbritannien	Großbritannien
storfamilj, -familjen, -familjer	Großfamilie
storstad, -staden, -städer	Großstadt
storvilt, -viltet	Großwild

liten, litet	**klein**
Det var så lite.	*Das ist nicht der Rede wert.*
mycket liten	winzig
mindre, minst	kleiner (Komparativ), kleinst (Superlativ)
små	kleine (Pl.)
småbarn, -barnet, -barn	Kleinkind
småbil, -bilen, -bilar	Kleinwagen
småbrukare, -brukaren, -brukare	Kleinbauer
småflicka, -flickan, -flickor	kleines Mädchen
småfranska, -franskan, -franskor	Brötchen
smågata, -gatan, -gator	kleine Straße
småhus, -huset, -hus	Einfamilienhaus

lilla	**klein**
lilla barn, ... barnet, ... barn	Kindchen
lilla mamma, ... mamman, ... mammor	Mutti
lilla flickan, ... flickan, ... flickor	die Kleine
lilla pojken, ... pojken, ... pojkar	der Kleine
lillan, (lillen)	die Kleine, (der Kleine)
lilltå, -tån, -tår	kleiner Zeh
lillgammal	altklug

aber:

lila	lila

lang und kurz

lång, långt	**lang, weit**
Träbjälken är 3m lång.	*Der Holzbalken ist 3 m lang.*
Hur långt är det till ...?	*Wie weit ist es bis ...?*
längre, längst	länger (Komparativ), längst (Superlativ)
längst fram	ganz vorn
avlång	länglich
långbord, -bordet, -bord	langer Tisch
långfilm, -filmen, -filmar	Spielfilm
långfinger, -fingret, -fingrar	Mittelfinger
långfranska, -franskan, -franskor	Weißbrot
långhårig, -hårigt	langhaarig
långresa, -resan, -resor	lange Reise, große Fahrt
långsiktig, -siktigt	langfristig
långsiktiga planer	langfristige Pläne
ta lång tid, tar ..., tog ..., tagit ...	lange dauern

aber:

längs	entlang
långfingrad person, ... personen, långfingrada personer	Langfinger

länge (Adverb)	**lange**
Hur länge har Ni bott här?	*Wie lange wohnen Sie schon hier?*
längesedan	lange her
Det var längesedan vi hörde från honom.	*Wir haben lange nichts von ihm gehört.*
för länge sedan	vor langem, vor langer Zeit
på länge	seit langem
längre, längst	länger; weiter; mehr (Komparativ), am längsten (Superlativ)
längre fram	weiter nach vorn; später
längre upp	weiter oben
längd, längden, längder	Länge
på längden	der Länge nach
längdhopp, -hoppet, -hopp	Weitsprung
hoppa längd, hoppar ..., hoppade ..., hoppat ...	weitspringen

kort, kort	**kurz**
kort och gott	kurz und gut
hålla ngn kort	jmd. kurz halten
(kort) novell, ... novellen, ... noveller	Kurzgeschichte
korthet, kortheten	Kürze
i korthet	in Kürze
fatta sig kort, fattar ..., fattade ..., fattat ...	sich kurz fassen
kortfilm, -filmen, -filmar	Kurzfilm
kortslutning, -slutningen, -slutningar	Kurzschluss
kortsiktig, -siktigt	kurzsichtig
kort sagt	kurz gesagt, kurzum
kortklippt, -klippt	kurz geschnitten
kortklippt hår	*kurz geschnittenes Haar*

aber:

kort ☞ 27, kortet, kort	Karte; Foto, Bild

weit und breit

lång, långt	**weit**, lang
längre, längst	weiter (Komparativ), weitest (Superlativ)
på längre sikt	auf längere Sicht
långbyxor (Pl.)	lange Hosen

vid, vitt (Adjektiv)	**weit**
Pojken gick ut i vida världen.	*Der Junge ging hinaus in die weite Welt*
gå vidare	weitergehen
och så vidare (osv.)	usw.
tills vidare	bis auf Weiteres; einstweilen

siehe auch:

en lång resa	eine weite Reise

bred, brett	**breit**
en meter bred	ein Meter breit
Bordet är en meter brett.	*Der Tisch ist ein Meter breit.*
bre (breda) ut sig, brer oder breder ..., bredde ..., brett ...	sich breit machen
bredd, bredden, bredder	Breite
i bredd	nebeneinander
gå tre personer i bredd	zu dritt nebeneinander gehen
De går två och två i bredd.	*Sie gehen zu zweit nebeneinander.*
breddgrad, -graden, -grader	Breitengrad
på våra breddgrader	*in unseren Breiten*
bredbent	breitbeinig

hoch und tief

hög, högt	**hoch**
tre meter hög	drei Meter hoch
Berlins högsta berg är 59 m högt!	*Berlins höchster Berg ist 59 m hoch!*
högre, högst	höher (Komparativ), höchst (Superlativ)
högaktningsfull, -aktningsfullt	Hochachtungsvoll (Briefflоskel)
högaktuell, -aktuellt	hoch aktuell
högfjäll, -fjället, -fjäll	Hochgebirge

högform, -formen	Hochform (Sport)
höggradig, -gradigt	hochgradig
höghus, -huset, -hus	Hochhaus
högland, -landet, -land	Hochland
högröd, -rött	hochrot
högskola, -skolan, -skolor	Hochschule
högsommar, -sommaren, -somrar	Hochsommer
högstadium, -stadiet, -stadier	Oberstufe der Grundschule
högtryck, -trycket, -tryck	Hochdruck
högtyska	hochdeutsch
högvatten, -vattnet	Hochwasser

aber:

hög ☞ 351	laut
höger ☞ 343	rechts

låg, lågt	**tief, niedrig, gering**
Solen står lågt.	*Die Sonne steht tief.*
lägre,	tiefer, niedriger, geringer (Komparativ),
lägst	tiefst, am tiefsten usw. (Superlativ)
lågpris, -priset, -pris	Tiefpreis
lågtrycksområde, -området, -områden	Tiefdruckgebiet
lågsäsong, -säsongen, -säsonger	Nebensaison
lågkonjunktur, -konjunkturen, -konjunkturer	Konjunkturtief
lågfrekvens, -frekvensen, -frekvenser	Niedrigfrequenz
lågspänning, -spänningen, -spänningar	Niedrigspannung, Kleinspannung

djup, djupt	**tief**
djup, djupet, djup	Tiefe
Djupet är 3 m.	*Die Tiefe beträgt 3 m.*
djup tallrik, … tallriken, … tallrikar	tiefer Teller
djupfryst	tiefgekühlt
djupfrysta grönsaker (Pl.)	Tiefkühlgemüse
djupsinnig, -sinnigt	tiefsinnig
fördjupning, fördjupningen, fördjupningar	Vertiefung

leicht und schwer

lätt, lätt	**leicht**
jättelätt	kinderleicht
lättare musik	leichte Musik
lätthet, lättheten	Leichtigkeit
lättklädd, lättklätt	leicht gekleidet
lättmetall, -metallen, -metaller	Leichtmetall
lättsinne, -sinnen	Leichtsinn
lättsinnig, -sinnigt	leichtsinnig
lättvikt, -vikten, -vikter	Leichtgewicht
lättvin, -vinet, -viner	leichter Wein
lättöl, -ölet	Leichtbier, Schwachbier

svår, svårt	**schwierig, schwer**
Jag har svårt att bestämma mig.	*Ich kann mich nicht entscheiden.*
svår förlust, svår förlusten, svåra förlustar	schwerer Verlust
svår fråga, svår frågan, svåra frågor	schwierige Frage
svår olycka, svår olyckan, svåra olyckor	schweres Unglück
svårbegriplig, -begripligt	schwerverständlich
svårighet, svårigheten, svårigheter	Schwierigkeit
Vi hade samma svårigheter.	*Wir hatten die gleichen Schwierigkeiten.*
svårighetsgrad, -graden, -grader	Schwierigkeitsgrad

voll und leer

full, fullt (av, med)	**voll** (von)
en text full med fel	ein Text voller Fehler
Vi får betala fullt pris.	*Wir müssen voll bezahlen.*
Han stoppade fickorna fulla.	*Er stopfte sich die Taschen voll.*
halvfull	halbvoll
fullbokad, -bokat	ausgebucht
fullkomlig, -komligt	vollkommen
fullmåne, -månen, -månar	Vollmond
fullsatt, -satt	voll besetzt
en fullsatt buss	ein voll besetzter Bus
fullständig, -ständigt	vollständig

fullträff, -träffen, -träffar	Volltreffer
i full fart	in voller Fahrt, mit Vollgas
fullvärdig, -värdigt	vollwertig
full	betrunken

aber:

ful ☞ 333, fult	hässlich, garstig

tom, tomt, tomma	**leer**
tom på folk	menschenleer
tombutelj, -buteljen, -buteljer	leere Flasche
tomflaska, -flaskan, -flaskor	leere Flasche
tomgång, -gången	Leerlauf
tomhänt	mit leeren Händen
tomlåda, -lådan, -lådor	leere Kiste
tomrum, -rummet, -rum	Hohlraum, leerer Raum

aber:

tomt, tomten, tomter	Grundstück
tomte, tomten, tomter	Weihnachtsmann, Kobold

gerade und krumm

rak, rakt	**gerade**
rakt fram	geradeaus
Gå rakt fram!	*Gehe geradeaus!*
raksträcka, -sträckan, -sträckor	Gerade (Sport)
en rak vänster	eine linke Gerade (Boxen)

aber:

rät linje, … linjen, … linjer	Gerade (Math.)

krokig, krokigt	**krumm, gebogen**
kröka; kröker; krökte; krökt	krümmen
Han krökte inte ett finger.	*Er machte nicht einen Finger krumm.*
krök, kröken, krökar	Krümmung

eckig und rund

kantig, kantigt	**eckig**
kant, kanten, kanter	Kante, Rand, Saum
bordskant	Tischkante
från alla håll och kanter	von allen Ecken und Enden

rund, runt	**rund**
runda, rundan, rundor	Runde
Vi går en runda.	*Wir gehen eine Runde.*
runda, rundar, rundade, rundat (av)	(ab) runden
rundgång, -gången	Rundgang
rundresa, -resan, -resor	Rundreise
rundtur, -turen, -turer	Rundfahrt
rundvandring, -vandringen, -vandringar	Rundgang

rechts und links

höger, Pl.: högra	**rechts**
Låt inte den vänstra handen veta vad den högra gör!	Lass die linke Hand nicht wissen, was die rechte tut.
till höger	nach rechts
högertrafik, -trafiken	Rechtsverkehr

vänster, Pl.: vänstra	**links**
Ta första vägen vänster!	*Nimm den ersten Weg links!*
till vänster	nach links
partiets vänsterflygel, ... -flygeln	linker Flügel der Partei
vänstern	die Linke (Politik)
vänsterradikal, -radikalt	linksradikal
vänstersväng, -svängen, -svängar	Linkskurve
vänstertrafik, -trafiken	Linksverkehr

natürlich, unnatürlich und übernatürlich

naturlig ☞ 183, naturligt	**natürlich**
i naturlig storlek	in natürlicher Größe
onaturlig, (övernaturlig)	unnatürlich, (übernatürlich)
naturligtvis (Adverb)	natürlich, selbstverständlich
naturlighet, naturligheten	Natürlichkeit

wirklich und unwirklich

verklig, verkligt	**wirklich**
verklighet, verkligheten, verkligheter	Wirklichkeit
overklig	unwirklich

gefühlvoll und gefühllos

känslosam, känslosamt, känslosamma	**gefühlvoll**
känslobetonad	gefühlsbetont
känslomässig, känslomässigt	gefühlsmäßig
känslig, känsligt	empfindlich
känslokall, -kallt	gefühlskalt
känslolös, -löst	gefühllos
känslolöshet, -lösheten, -lösheter	Gefühllosigkeit
känslosak, -saken	Gefühlssache
känsla, känslan, känslor	Gefühl
med känsla	mit Gefühl
Det var en härlig känsla.	*Das war ein herrliches Gefühl.*
med blandade känslor	mit gemischten Gefühlen
känsel, känseln	Gefühl
kännbar (mit nn!)	fühlbar
en kännbar förlust	ein empfindlicher Verlust
ett kännbart straff	eine empfindliche Strafe

lustig, fröhlich und traurig, ernst

glad, glatt	**lustig, froh, fröhlich**, vergnügt
Jag är glad över (för) ...	*Ich freue mich (bin froh) über ...*
gladlynt, -lynt	heiter, fröhlich

kul	**lustig, nett**
Kul, att träffas.	*Nett, Sie zu sehen.*
Vi hade väldigt kul.	*Wir haben uns köstlich amüsiert.*

lustig, lustigt	**lustig, komisch**
göra sig lustig över ..., gör ..., gjorde ..., gjort ...	sich lustig machen über ...

en lustig film	ein unterhaltsamer (lustiger) Film
en lustig historia	eine lustige Geschichte, ein Witz
lustighet, lustigheten, lustigheter	Späßchen, Witz
lust, -lusten	Lust
Jag inte har lust att gå på bio.	*Ich habe keine Lust, ins Kino zu gehen.*
lustmord, -mordet, -mord	Lustmord
lustspel, -spelet, -spel	Lustspiel

rolig, roligt	**lustig**, erfreulich, spaßig, amüsant
Det var roligt att träffa dig.	*Es hat mich gefreut, dich zu sehen.*

munter, muntert, muntra	**lustig, munter, heiter**
muntra upp, muntrar ..., muntrade ..., muntrat ...	aufmuntern, aufheitern

sorglig, sorgligt	**traurig**
sorgligt nog	leider
sorglös, -löst	sorglos
sorg, sorgen, sorger	Trauer, Kummer
sorgebarn, -barnet, -barn	Sorgenkind
sorgemusik, -musiken	Trauermusik

aber:

sork, sorken, sorkar	Wühlmaus

ledsam, ledsamt, ledsamma	**langweilig, traurig, unangenehm**
ledsen, ledset, ledsna	traurig, betrübt
Jag är ledsen att ...	*Ich bedaure, dass ...*

allvarlig, allvarligt	**ernst**
Nu blir det allvar.	*Nun wird es ernst.*
allvar, allvaret	Ernst
Menar du allvar?	*Meinst du das ernst?*
på allvar	im Ernst

glücklich und unglücklich

lycklig, lyckligt	**glücklich**
Jag känner mig lycklig när jag vandrar i den vackra naturen.	*Ich fühle mich (bin) glücklich, wenn ich in der schönen Natur wandere.*
lycka, lyckan	Glück
Nu är experimentet lyckligen avslutat.	*Nun ist das Experiment glücklich abgeschlossen (beendet).*
lyckligtvis, lyckligtvist	glücklicherweise
lycksalig, -saligt	glückselig
önska ngn lycka till, önskar …, önskade …, önskat …	jmd. gratulieren (zu), jmd. beglückwünschen
olycklig	unglücklich

zufrieden und unzufrieden

belåten, belåtet, belåtna	**zufrieden**
Är du belåten med det?	*Bist du damit zufrieden?*
belåtenhet, belåtenheten, belåtenheter	Zufriedenheit
missbelåtenhet	Unzufriedenheit
missbelåten	unzufrieden

herrlich, wunderbar und schrecklich

härlig, härligt	**herrlich, wunderbar**
Våren är årets härligaste tid.	*Der Frühling ist die herrlichste (schönste) Jahreszeit.*
härlighet, härligheten, härligheter	Herrlichkeit

präktig, präktigt	**herrlich, prächtig, gewaltig**
ett präktigt slott	ein prächtiges Schloss

underbar, underbart	**wunderbar, herrlich**
Småland är ett underbart landskap.	*Småland ist eine wunderbare Landschaft.*
Vi har underbara vänner i Sverige.	*Wir haben wunderbare Freunde in Schweden.*
en underbar utsikt över …	eine wunderbare Aussicht über …

utmärkt, utmärkt	**herrlich, ausgezeichnet**
Det är utmärkt!	*Das ist ausgezeichnet!*
utmärka, utmärker, utmärkte, utmärkt	auszeichnen, kennzeichnen

utmärka sig för	sich durch etw. auszeichnen
utmärkande (för)	kennzeichnend, bezeichnend (für)
utmärkelse, utmärkelsen, utmärkelser	Auszeichnung

fantastisk, fantastiskt	**phantastisch**

fascinerande	**faszinierend**
fascinera, fascinerar, fascinerade, fascinerat	faszinieren
fascination, fascinationen	Faszination

förskräcklig, förskräckligt	**schrecklich**
en förskräcklig olycka	ein fürchterliches Unglück
förskräckt	verschreckt
förskräcklighet, -skräckligheten, -skräckligheter	Schrecklichkeit
skräck, skräcken	Schreck
av skräck	vor Schreck

gemütlich und ungemütlich

trevlig, trevligt	**gemütlich, nett, angenehm**
Det finns en trevlig restaurang vid sjön.	*Es gibt ein gemütliches Restaurant am See.*
Är hans bror trevlig?	*Ist sein Bruder nett?*
Trevlig helg!	*Schönes Wochenende!*
Jag önskar en trevlig resa.	*Ich wünsche eine angenehme Reise.*
hemtrevlig	gemütlich
otrevlig	unbehaglich, unangenehm

bequem und unbequem

bekväm, bekvämt	**bequem**
Vi sitter på en bekväm soffa.	*Wir sitzen auf einem bequemen Sofa.*
bekvämlighet, bekvämligheten, bekvämligheter	Bequemlichkeit
Ni har en sommarstuga med alla moderna bekvämligheter.	*Sie haben eine Sommerstuga mit allen modernen Bequemlichkeiten.*
obekväm	unbequem

müde und frisch und munter

trött, trött	**müde**
Nu är vi ganska trötta.	*Jetzt sind wir ganz müde.*
dödstrött	todmüde
trötta, tröttar, tröttade, tröttat	müde machen, anstrengen
tröttande	ermüdend
tröttsam, tröttsamt, tröttsamma	ermüdend
trötthet, tröttheten	Müdigkeit
munter, muntert, muntra	**munter, heiter**
muntra upp,	
muntrar ..., muntrade ..., muntrat ...	aufmuntern, ermuntern, aufheitern
munterhet, munterheten, munterheter	Munterkeit, Heiterkeit
frisk, friskt	**frisch, gesund**
Mina föräldrar är friska.	*Meine Eltern sind gesund.*
frisk luft, ... luften	frische Luft
frisk och kry	frisch und munter
friskintyg, -intyget, -intyg,	Gesundheitszeugnis
friskvård, -vården	Gesundheitsfürsorge
färsk, färskt	**frisch**
färskbröd, -brödet, -bröd	frisches Brot
färskpotatis, -potatisen, -potatisar	neue Kartoffeln
färskvaror (Pl.)	leicht verderbliche Lebensmittel
vaken, vaket, vakna	**wach, aufmerksam**
Jag låg vaken hela natten.	*Ich lag die ganze Nacht wach.*
vaka, vakar, vakade, vakat	wachen
vaka över ngn/ngt	wachen über jmd./etwas
vakna (upp), vaknar ..., vaknade ..., vaknat ...	wach werden, munter werden, aufwachen
vaksam, vaksamt, vaksamma	wachsam
vaksamhet, vaksamheten, vaksamheter	Wachsamkeit
pigg, piggt	**munter, lebhaft**
pigg och kry	gesund und munter

Hon är pigg och kry.	*Sie ist gesund und munter.*
känna sig pigg	sich wohl fühlen
pigga upp ngn, piggar ..., piggade ..., piggat ...	jmd. munter machen
Det piggade upp.	*Das hat gut getan.*
piggna till	wieder munter werden

aber:

pigg, piggen, piggar	Dorn, Stachel

hungrig, durstig und satt

hungrig, hungrigt	**hungrig**
vara hungrig (efter)	hungrig sein (nach), Hunger haben
Jag är hungrig.	*Ich bin hungrig.*
hunger, hungern	Hunger
hungersnöd, -nöden	Hungersnot
hungerstrejk, -strejken, -strejker	Hungerstreik
hungra, hungrar, hungrade, hungrat	hungern

törstig, törstigt	**durstig**
Jag är törstig.	*Ich habe Durst.*
kaffetörstig, (blodtörstig)	Durst nach Kaffee, (blutrünstig)
törsta, törstar, törstade, törstat	dursten
törst, törsten (efter)	Durst (nach)

mätt (av, på)	**satt** (von)
se sig mätt på ngt, ser ..., såg ..., sett ...	sich an etwas satt sehen
mätta, mättar, mättade, mättat	sättigen, satt machen
Det mättar.	*Das macht satt.*
mättad	gesättigt

kalt, warm und heiß

kall, kallt	**kalt**
en kall dag	ein kalter Tag
det kalla kriget	der Kalte Krieg

iskall	eiskalt
kallblodig, -blodigt	kaltblütig
kallna, kallnar, kallnade, kallnat	kalt werden
kallhyra, -hyran, -hyror	Kaltmiete
Kallhyran för lägenheten är 800 skr.	*Die Kaltmiete für die Wohnung beträgt 800 skr.*

kylig, kyligt	**kühl**
kyl, kylen, kylar	Kühlschrank
kyla, kylan, kylor	Kühle, Kälte
kylare, kylaren, kylare	Kühler (Auto)
kylarvatten, -vattnet	Kühlwasser
kylhus, -huset, -hus	Kühlhaus

varm, varmt	**warm**
bli varm, blir ..., blev ..., blivit ...	warm werden
Det är fem grader varmt ute.	*Draußen sind 5 Grad (Wärme).*
varmfront, -fronten, -fronter	Warmfront
varmblodig, -blodigt	warmblütig, heißblütig
varmhjärtad, -hjärtat	warmherzig
varmluft, -luften	Warmluft
varmrätt, -rätten, -rätter	warmes Gericht
varmvatten, -vattnet	warmes Wasser
värma, värmer, värmde, värmt	wärmen
värma sig	sich wärmen
värma sig vid elden	sich am Feuer wärmen
värma upp ngt	etwas warm machen
värme, värmen	Wärme
värmeflaska, -flaskan, -flaskor	Wärmflasche
värmeförlust, -förlusten, -förluster	Wärmeverlust
värmegrad, -graden, -grader	Wärmegrad

het, hett	**heiß, hitzig**
en het stekpanna	eine heiße Bratpfanne
glödhet, -hett	glühend heiß
hetta, hettan	Hitze
I den här hettan ...	In dieser Hitze hier ...
gå hett till, går ..., gick ..., gatt ...	heiß hergehen
i stridens hetta	in der Hitze des Gefechts

hetsig, hetsigt	hitzköpfig, stressig
hetta, hettar, hettade, hettat	erhitzen, heiß machen
hetsa upp ngn	jmdn. heißmachen

hell und dunkel

ljus, ljust	**hell**
ett ljust öl	ein helles Bier
ett glas ljust öl	ein Helles
ljusblå, -blått, (ljusröd, -rött, ljushårig, -hårigt)	hellblau, (hellrot, hellblond)
ljus, ljuset, ljus	Licht, Kerze
ljusstake, -staken, -stakar	Kerzenständer

mörk, mörkt	**düster, dunkel**
mörk choklad, ... chokladen	Bitterschokolade
mörk kostym, ... kostymen, mörka kostymer	schwarzer Anzug
mörk slips, ... slipsen, mörka slipsar	schwarzer Schlips
mörkblond, -blont, (mörkhårig, -hårigt, mörkblå, -blått)	dunkelblond, (dunkelhaarig, dunkelblau)
mörka moln (Pl.)	dunkle Wolken
den mörka årstiden	die dunkle Jahreszeit
mörker, mörkret	Dunkelheit
mörkna, mörknar, mörknade, mörknat	dunkel werden

laut und leise

hög, högt	**laut**
Prata inte så högt!	*Sprich nicht so laut!*
högtalare, -talaren, -talare	Lautsprecher
högre	lauter (Komparativ)

aber:

hög ☞ 339, högt	hoch
hög, högen, högar	Haufen
enligt (lag)	laut (Gesetz)

ljudlig, ljudligt	**laut**
Läraren läste med ljudlig stämma.	*Der Lehrer las mit lauter Stimme.*
ljud, ljudet, ljud	Laut
ljudstyrka, -stykan	Lautstärke
högljud	lauutstark
ljudlös, ljudlöst	lautlos

tyst, tyst	**leise, still, stumm**
Var tyst!	*Sei leise!*
tala (gå) tyst	leise sprechen (gehen)
Var snäll och gå tyst!	*Geh bitte leise!*
tystna, tystnar, tystnade, tystnat	verstummen, still werden
tystnad, tystnaden	Stille
tysthet, tystheten	Stille
Han gjorde det i tysthet.	*Er machte das in aller Stille.*
i det tysta	in der Stille, im Stillen

svag, svagt	**schwach, leise**

deutlich und undeutlich

tydlig, tydligt	**deutlich**
Var snäll och tala tydligt.	*Sprich bitte deutlich.*
otydlig	undeutlich

aktiv und passiv

aktiv, aktivt	**aktiv, tätig, wirksam**
aktivera, aktiverar, aktiverade, aktiverat	aktivieren
aktivitet, aktiviteten, aktiviteter	Aktivität, Tätigkeit

passiv, passivt	**passiv**
passivitet, passiviteten	Passivität

gut und schlecht

bra (Adjektiv, Adverb)	**gut, gesund**
Jag mår bra.	*Mir geht es gut.*
Var det bra så?	*Darf es sonst noch etwas sein?*

Tack, det är bra så.	*Stimmt so. Danke, das reicht.*
Du ser bra ut.	*Du siehst gut aus.*
bättre, bäst	besser (Komparativ), best (Superlativ)
Hon är den bästa väninnan.	*Sie ist die beste Freundin.*
bra mycket	ziemlich viel

god	**gut**
en god vän	ein guter Freund
Han är en god vän till mig.	*Ich bin mit ihm befreundet.*
bättre, bäst	besser (Komparativ), best (Superlativ)
något bättre	etwas besser
godartad, -artat	gutartig
godbit, -biten, -bitar	Leckerbissen
godhet, godheten	Güte
göra gott, gör …, gjorde …, gjorde …	Gutes tun
i god tid	rechtzeitig
medelgod	mittelgut

aber:

gud (auch: Gud), guden, gudar	Gott (mehr siehe hier) ☞ 181

gott (Adverb)	**gut**
Gott!	*Gut, schön!*
kort och gott	kurz und gut
smaka gott, smakar …, smakade …, smakat …	gut schmecken
göra så gott man kan, gör …, gjorde …, gjort …	sein Bestes tun
Jag gör så gott jag kan.	*Ich gebe mein Bestes.*

jätte, jätten, jättar, jätte-	**Riese, riesen-, sehr**
jättebra	sehr gut, prima, toll
jättefin	sehr schön
jättegod	sehr gut, lecker, prima, klasse

siehe auch:

jättehög	riesenhoch
jättelik	riesenhaft, riesig
jättelätt	kinderleicht
jättemycket	enorm viel
jättemånga	enorm viele
jätteskön	sehr schön
jättesnäll	ungeheuer nett, unheimlich nett
jättestor	riesengroß

dålig, dåligt	**schlecht**
Det är dåligt väder.	*Es ist schlechtes Wetter.*
Inte dåligt, det!	*Alle Achtung, gar nicht so übel!*
sämre, sämst	schlechter (Komparativ), schlechtest (Superlativ)
sämre och sämre	immer schlechter
Han har sämst betalt.	*Er wird am schlechtesten bezahlt.*
dåliga tider (Pl.)	schlechte Zeiten

ond, ont	**böse, schlimm**
onda aningar	böse Ahnungen
ont 116 (unv.)	Schmerz, Böses, Übel
ett nödvändigt ont	ein notwendiges Übel
värre, värst	schlechter, schlimmer (Komparativ), schlimmst, am schlimmsten (Superlativ)
Det gör saken bara värre.	*Das verschlimmert die Sache nur.*
värre och värre	immer schlimmer
i värsta fall	schlimmstenfalls
vara beredd på det värsta	auf das Schlimmste gefasst sein

fleißig und faul

flitig, flitigt	**fleißig, emsig**
Han är en flitig teaterbesökare.	*Er ist ein fleißiger Theaterbesucher.*
flit, fliten	Fleiß
med flit	mit Fleiß; absichtlich

lat	**faul**
ligga på latsidan, ligger ..., låg ..., legat ...	auf der faulen Haut liegen
lata sig, latar ..., latade ..., latat ...	faulenzen
latmask, -masken, -maskar	Faulpelz, Faultier (Person)
Peter är en latmask.	*Peter ist ein fauler Hund.*

genau, ungenau und oberflächlich

exakt, exakt	**exakt, genau**
en exakt kopia	eine exakte (genaue) Kopie
exakt tid	die genaue Zeit
Klockan går exakt (rätt).	*Die Uhr geht genau.*
Han är exakt lika gammal ...	*Er ist genauso alt ...*
exakthet, exaktheten, exaktheter	Exaktheit, Genauigkeit
inexakt	unexakt, ungenau

noga, noga	**exakt, genau**
Det vet jag inte så noga.	*Das weiß ich nicht so genau.*
vara noga med ngt	es mit etw. genau nehmen
Han är noga med sitt yttre.	*Er drückt sich genau aus.*
noga räknat	genau genommen
noggrannhet, noggrannheten, noggrannheter	Genauigkeit

precis, precist	**exakt, genau, präzis**
Det blir precis 150 skr.	*Das macht genau 150 skr.*
precis klockan 5	Punkt 5 Uhr
precisera, preciserar, preciserade, preciserat	präzisieren
precision, precisionen	Genauigkeit, Präzision
oprecis	unexakt, ungenau

ytlig, ytligt	**oberflächlich**
Han har bara ytliga kunskaper.	*Er hat nur oberflächliche Kenntnisse.*
ytlighet, ytligheten, ytligheter	Oberflächlichkeit
yta, ytan, ytor	Fläche, Oberfläche
Smålands naturpark har en yta på 100 hektar.	*Smalands Naturpark hat eine Fläche von 100 ha.*

ordentlich und unordentlich

ordentlig, ordentligt	**ordentlich**
göra i ordning ngt, gör ..., gjorde ..., gjort ...	etwas in Ordnung bringen
ordning, ordningen, ordningar	Ordnung
ordningstal, -talet, -tal	Ordnungszahl
oordning	Unordnung
oordentlig	unordentlich

beständig und unbeständig

stadig, stadigt	**fest, beständig, bleibend**
stadigt väder	beständiges Wetter
ostadig	unbeständig

freundlich und unfreundlich

snäll, snällt	**artig, freundlich, lieb, nett**
Var snäll och ...	*Sei so lieb und ... Bitte ...*
Det var snällt av dig!	*Das ist (war) nett von dir!*
Kan Ni vara snäll och ge mig boken.	*Geben Sie mir bitte das Buch.*

vänlig, vänligt	**freundlich**
vän, vännen, vänner	Freund
en god vän	ein guter Freund
vara god vän med	gut befreundet sein mit
affärsvän	Geschäftsfreund
vänlighet, vänligheten, vänligheter	Freundlichkeit

ovänlig, ovänligt	**unfreundlich**
ovän, ovännen, ovänner	Feind
vara ovän med	mit jmd. böse sein

höflich und unhöflich

hövlig, hövligt	**höflich**
Du måste vara hövlig mot dina gäster.	*Du musst zu deinen Gästen höflich sein.*
hövlighet, hövligheter, hövligheten	Höflichkeit
hövlighetsvisit, -visiten, -visiter	Höflichkeitsbesuch
ohövlig	unhöflich

sicher und unsicher

säker, säkert, säkra	**sicher**
När han hade kommit innanför dörren kände han sig säker.	*Nachdem er hinter die Tür gekommen war, fühlte er sich sicher.*
säkert, säkerligen	sicherlich
Filmen är säkert rolig.	*Der Film ist sicher(lich) lustig.*
säkerhet, säkerheten, säkerheter	Sicherheit
säkerhetsanordning, -anordningen, -anordningar	Sicherheitsvorrichtung
säkerhetsbestämmelse (Pl.)	Sicherheitsvorschriften
säkerhetsbälte, -bältet, -bälten	Sicherheitsgurt
säkerhetslås, -låset, -lås	Sicherheitsschloss
säkerhetsnål, -nålen, -nålar	Sicherheitsnadel
säkerhetspolitik, -politiken	Sicherheitspolitik
säkerhetsrisk, -risken, -risker	Sicherheitsrisiko
säkra, säkrar, säkrade, säkrat	sichern
säkring, säkringen, säkringar	Sicherung (Elektrotechnik)
osäkerhet	Unsicherheit
osäker	unsicher
En rånare gör trakten osäker.	*Ein Räuber macht die Gegend unsicher.*

vorsichtig und riskant

försiktig, försiktigt	**vorsichtig, behutsam**
försiktighet	Vorsicht
Var försiktig!	*Sei vorsichtig!*

siehe auch:

Se upp!	*Vorsicht!*

riskabel, riskabelt, riskabla	**riskant, gewagt**
riskera, riskerar, riskerade, riskerat	riskieren, wagen
risk, risken, risker	Risiko, Gefahr
på egen risk	auf eigene Gefahr
riskzon, -zonen, -zoner	Gefahrenzone
riskavfall, -avfallet	Sondermüll
riskfri, -fritt	sicher, gefahrlos

eilig, schnell und langsam

hastig, hastigt	**eilig, schnell, rasch, hastig**
hastighet, hastigheten, hastigheter	Geschwindigkeit
i hastigheten	in der Eile
ljudets hastighet	Schallgeschwindigkeit
ljusets hastighet	Lichtgeschwindigkeit

fort (Adverb)	**schnell**
så fort som möjligt	schnellstens
köra fort, kör ..., körde ..., kört ...	schnell fahren
Bilisten körde för fort.	*Der Autofahrer fuhr zu schnell.*

strax (Adverb)	**gleich, sofort, schnell**
strax bredvid	gleich nebenan
Klockan är strax tre.	*Es ist gleich drei Uhr.*

snabb, snabbt	**schnell, rasch**
Hon är snabb i vändningarna.	*Sie ist flink.*
så snabbt som möjligt	schnellstens
snabbhet, snabbheten, snabbheter	Schnelligkeit
snabbköp, -köpen, -köper	Supermarkt
snabbmat, -maten	Schnellgericht
snabbtelefon, -telefonen, -telefoner	Haustelefon
snabbtvätt, -tvätten, -tvättar	Schnellreinigung
snabbåt, -båten, -båtar	Schnellboot
snabbtåg, -tåget, -tåg	Schnellzug

siehe auch:

snälltåg	Schnellzug

aber:

snäll 356	artig, freundlich, lieb, nett

rask, raskt	**schnell, rasch**; rüstig, gesund
i rask takt	in schnellem Tempo
Raska på!	*Mach schnell! Na, mach schon!*

aber:

flott, flott	flott, fesch, schneidig
leva flott	flott leben
Hon har en flott kostym.	*Sie hat ein flottes Kostüm.*
flott, flottet	Schmalz, (Braten-)Fett
flotta, flottan, flottor	Flotte

långsam, långsamt, långsamma	**langsam; zeitraubend**
Var snäll och tala långsamt.	*Sprich bitte langsam.*
Kör långsamt!	*Fahr langsam!*
sakta (Adverb)	**langsam, gemächlich**
Kör sakta!	*Fahr langsam!*

oft und selten

ofta (Adverb)	**oft**
Hur ofta kommer han?	*Wie oft kommt er?*
sällan (Adverb)	**selten, auf keinen Fall**
Är du trött? Sällan!	*Bist du müde? Auf keinen Fall!*

bekannt und unbekannt

bekant, bekant	**bekannt**
Är det bekant var Värnamo ligger?	*Ist bekannt, wo Värnamo liegt?*
en bekant, Pl.: bekanta	ein Bekannter
vänner och bekanta	Freunde und Bekannte
en gammal bekant	ein alter Bekannter
bekantskap, bekantskapen, bekantskaper	Bekanntschaft
en flyktig bekantskap med …	eine flüchtige Bekanntschaft mit …
obekant	unbekannt
en obekant	ein Unbekannter
känd, känt	**bekannt**
Artisten är känd.	*Der Künstler ist bekannt.*
kändis, kändisen, kändisar	Bekannter
okänd	unbekannt

främmande	**fremd**
en vilt främmande människor	ein wildfremder Mensch
främmande, främmandet	Fremder
främmande ord, ... ordet, ... ord	Fremdwort
Det är en främmande ord för mig.	*Das ist für mich ein Fremdwort.*

gewöhnlich und ungewöhnlich

vanlig, vanligt	**gewöhnlich**
en vanlig måndag	ein gewöhnlicher Montag
som vanligt	wie gewöhnlich
vanligtvis, vanligtvist	gewöhnlich, in der Regel
ovanlig	ungewöhnlich
ett ovanligt namn	ein ungewöhnlicher Name

abstrakt und konkret

abstrakt, abstrakt	**abstrakt**
abstrakt konst, (abstrakta idéer)	abstrakte Kunst, (abstrakte Ideen)
abstraktion, abstraktionen, abstraktioner	Abstraktion, Verallgemeinerung

konkret, konkret	**konkret**
Polisen har konkret bevismaterial.	*Die Polizei hat konkretes Beweismaterial.*
konkretisera, konkretiserar, konkretiserade, konkretiserat	konkretisieren

einfach, doppelt und kompliziert

enkel, enkelt, enkla	**einfach**
Det är enkelt.	*Das ist einfach.*
Det är enklast.	*Das ist am einfachsten.*
enkelhet, enkelheten, enkelheter	Einfachheit
enkelbiljett, -biljetten, -biljetter	einfache Fahrkarte
en enkel till Lund	eine einfache Fahrt nach Lund
enkelhytt, -hytten, -hytter	Einzelkabine
enkelrum, -rummet, -rum	Einzelzimmer
Vi tar två enkelrum.	*Wir nehmen zwei Einzelzimmer.*
enkelspårig, -spårigt	einspurig

aber:

barnbarn ☞ 90	Enkel

simpel, simpelt, simpla	**einfach, simpel; gemein**
Vi bodde i en simpel stuga.	*Wir wohnten in einer einfachen Stuga.*
Helt simpelt!	*Ganz einfach!*
simpelhet, simpelheten, simpelheter	Gemeinheit

dubbel, dubbelt, dubbla	**doppelt**
dubbelrum, -rummet, -rum	Doppelzimmer
dubbelroll, -rollen, -roller	Doppelrolle
dubbelmoral, -moralen	Doppelmoral

komplicerad, komplicerat, komplicerade	**kompliziert**
en komplicerad apparat	ein komplizierter Apparat
komplicera, komplicerar, komplicerade, komplicerat	komplizieren
komplikation, komplikationen, komplikationer	Komplikation

direkt und indirekt

direkt, direkt	**direkt**
Han är inte direkt taktfull.	*Er ist nicht gerade taktvoll.*
Det finns en direktförbindelse från Rostock till Trelleborg.	*Es gibt eine direkte Verbindung von Rostock nach Trelleborg.*
indirekt	indirekt

wichtig und unwichtig

viktig, viktigt	**wichtig**
Det är mycket viktigt för mig att jag förstår allt.	*Es ist sehr wichtig für mich, dass ich alles verstehe.*
en viktig princip	ein wichtiges Prinzip
göra sig viktig, gör ..., gjorde ..., gjort ...	sich wichtig machen
oviktig	unwichtig

richtig, wahr und falsch

riktig, riktigt	**richtig**
Jag vet inte riktigt om …	*Ich weiß nicht recht, ob …*
oriktig	falsch

rätt, rätt	**richtig**
Gå alltid i rätt riktning.	*Geh immer in die richtige Richtung.*
Pojken sjunger rätt bra.	*Der Junge sang recht gut.*

sann, sant	**wahr**
Det är sant.	*Das ist wahr.*
Inte sant? (auch: Inte hur?)	*Nicht wahr?*
Det är inte (kan inte vara) sant!	*Das kann doch nicht wahr sein!*
Det är sant eller falskt.	*Das ist wahr (richtig) oder falsch.*
sanning, sanningen, sanningar	Wahrheit
tala sanning	die Wahrheit sagen
sanningsenlig, sanningsenligt	wahrheitsgemäß, wahrheitsgetreu
sannolik, sannolikt	wahrscheinlich
sannolikhet, sannolikheten, sannolikheter	Wahrscheinlichkeit
osann	falsch, unwahr
osannolik, osannolikt	unwahrscheinlich

falsk, falskt	**falsch; heimtückisch**
falskt alarm, … alarmet	falscher Alarm, blinder Alarm
falska pengar (Pl.)	Falschgeld
falskdeklaration, -deklarationen, -deklarationer	Steuerhinterziehung

fel	**falsch**
Min klocka går fel.	*Meine Uhr geht falsch.*
Då har du slagit fel nummer.	*Da bist du falsch verbunden.*
höra fel, hör …, hörde …, hört …	sich verhören
ringa fel, ringer …, ringde …, ringt …	sich verwählen
räkna fel, räknar …, räknade …, räknat …	sich verzählen, sich verrechnen
fel, felet, fel	Fehler; Schuld
Vems fel är det?	*Wer ist daran schuld?*

Det är mitt fel.	*Das ist mein Fehler.*
felaktig, -felaktigt	fehlerhaft
felaktig användning, felaktiga användningen, felaktiga användningar	falsche (fehlerhafte) Anwendung
felaktighet, felaktigheten, felaktigheter	Fehlerhaftigkeit
felparkering, -parkeringen	Falschparken
felfri, -fritt	fehlerfrei, fehlerlos, einwandfrei

siehe auch:

falska pengar	Falschgeld

gültig und ungültig

giltig, giltigt	**gültig**
giltighet, giltigheten, giltigheter	Gültigkeit
giltighetstid, -tiden, -tider	Gültigkeitsdauer
giltiga skäl (Pl.)	triftige Gründe
ogiltig	ungültig
ogiltigförklara, -förklarar, -förklarade, -förklarat	für ungültig erklären

dumm und klug

dum, dumt, dumma	**dumm**
Han gjorde ett dumt förslag.	*Er machte einen dummen Vorschlag.*
dumhet, dumheten, dumheter	Dummheit, Blödsinn
Hon pratade dumheter.	*Sie erzählte dummes Zeug.*
dumhuvud, -huvudet, -huvud	Dummkopf

klok, klokt	**klug, schlau**
Jag blir inte klok på det här.	*Ich werde daraus nicht schlau.*
ett klokt råd	ein kluger Rat
klokhet, klokheten, klokheter	Klugheit

slug, slugt	**schlau**
Han studerade matematik så han måste vara ganska slug.	*Er hat Mathematik studiert, da muss er ganz schlau sein.*
slughuvud, -huvudet, -huvud	schlauer Kopf

spannend, interessant, langweilig und uninteressant

spännande	**spannend**
Vi såg en spännande film.	*Wir sahen einen spannenden Film.*
spänning, spänningen, spänningar	Spannung

intressant, intressant	**interessant**
Dirigenten är en intressant person.	*Der Dirigent ist eine interessante Person.*
ointressant	uninteressant
intresserad	interessiert
vara intresserad av ngt	an etwas interessiert sein
ointresserad	*uninteressiert*
intressera (sig för), intresserar ..., intresserade ..., intresserat ...	(sich) interessieren (für)
intresse, intresset, intressen	Interesse
Han har intresse för ngt ...	*Er hat Interesse für (an) etwas ....*
Vi har många gemensamma intressen.	*Wir haben viele gemeinsame Interessen.*

siehe auch:

ledsam, trist	langweilig, trist

populär und unpopulär

populär, populärt	**populär, beliebt**
impopulär	unpopulär

frei, unfrei und obligatorisch

fri, fritt	**frei**
Vi har fritt från skolan.	*Wir haben schulfrei.*
Jag tog fritt från arbetet.	*Ich nahm mir frei von der Arbeit.*
i det fria	im Freien
frivillig, -villigt	freiwillig

ledig, ledigt	**frei**, leicht, ungehemmt, ungezwungen
Är platsen ledig?	*Ist der Platz frei?*
I morgon har vi ledigt från skolan.	*Morgen haben wir schulfrei.*
På mina lediga stunder går jag och simmar.	*In meinen freien Stunden gehe ich schwimmen.*
lediga platser (Pl.)	Stellenangebote

ledigförklara en plats, -förklarar ..., -förklarade ..., -förklarat ...	eine Stelle ausschreiben
ledighet, ledigheten, ledigheter	Freizeit, Urlaub, Ferien

obligatorisk, obligatoriskt	**obligatorisch**

tvingat	**gezwungen**
tvingande	zwingend, dringend
tvinga, tvingar, tvingade, tvingat	zwingen
Det dåliga vädret tvingade läraren att avsluta vandringen.	*Dieses schlechte Wetter zwang den Lehrer, die Wanderung zu beenden.*
tvinga på ngn ngt	jmd. etw. aufzwingen

tolerant und intolerant

tolerant, tolerant	**tolerant**
tolerans, toleransen	Toleranz
tolerera, tolererar, tolererade, tolererat	tolerieren
Läraren tolererade inget slarv.	*Der Lehrer tolerierte keine Unordnung.*
intolerant	intolerant
intolerans, intoleransen	Intoleranz
religiös intolerans	religiöse Intoleranz

Notizen

Notizen

Notizen

Notizen

Svenska

Lehrbuch der schwedischen Sprache

für Anfänger
Von Henrike Gundlach und Christiane Vortmeyer
2., überarbeitete Auflage 2007. XII, 272 Seiten.
978-3-87548-453-3. Kartoniert.

Konzipiert für Anfänger ohne Vorkenntnisse, vermittelt dieses Schwedischlehrbuch kommunikative Kompetenz für Alltag, Reise und Beruf sowie fundierte Grammatikkenntnisse.
Neun Kapitel mit je vier Dialogen sind durch eine fortlaufende Handlung miteinander verbunden. Neben landeskundlichen Themen behandeln die Dialoge authentische Alltagssituationen. Jeder Dialog führt ein Phänomen der Grammatik bzw. des Satzbaus ein, das ausführlich beschrieben wird und durch Übungen vertieft werden kann. – Die im Buch enthaltenen Lösungen und die Begleit-CDs erleichtern das Selbststudium.

2 Begleit-CDs mit allen Texten sowie Aussprache- und Hörübungen, ca. 100 Minuten. 978-3-87548-356-7.

Schwedische Phonetik

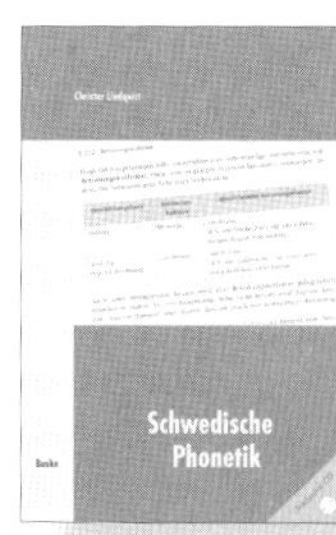

für Deutschsprachige. Von Christer Lindqvist.
2007. X, 208 Seiten + 1 Audio-CD.
978-3-87548-358-1. Kartoniert.

Ergänzend zu anderen Lehrbüchern können mit diesem Band die schwedischen Ausspracheregeln intensiv studiert und die eigene Sprachkompetenz verbessert werden. Die Darstellung regt zu gezielten Übungen an. Dabei wird besonders auf die Ausspracheschwierigkeiten von deutschen Muttersprachlern eingegangen. – Auf der Audio-CD sind zahlreiche Aussprachebeispiele zu hören.

Diese und viele andere Sprachlehrbücher und Nachschlagewerke erhalten Sie in jeder guten Buchhandlung oder auf

www.buske.de

Hinweise zur PC-Version

Um mit der PDF-Datei auf der beigefügten CD-ROM arbeiten zu können, ist die Installation eines PDF-Readers erforderlich; empfohlen wird der unter *www.adobe.com/de/products/reader* zum kostenlosen Download angebotene *Adobe Reader*.

Die PC-Version bietet Ihnen die folgenden Anwendungsmöglichkeiten:
Mit der *Suchfunktion* finden Sie blitzschnell die gewünschte Vokabel (Menü Bearbeiten – Suchen bzw. Strg + f). Die Suchfunktion können Sie natürlich auch nutzen, wenn Sie bei einer grammatischen Form nicht ganz „sattelfest" sind, indem Sie ein Wortbestandteil in die Suchmaske eingeben.

Sie können Wörter und Sätze kopieren und in einen eigenen Text einfügen (*Kopieren*: Menü Bearbeiten – Kopieren; *Einfügen*: Menü Bearbeiten – Einfügen).

Die blau markierten *Hyperlinks* entsprechen den im Buch mit einem Handsymbol gekennzeichneten Verweisen.

Druck- und PC-Version sind inhaltlich identisch und unterscheiden sich lediglich im Layout und beim Seitenumbruch.